推薦序 007
導論 009
第一章 找出你的生命色彩 017
導言 生命色彩 045
第二章 身體類生命色彩 046
紅色 046
橘色 054
紅紫色 061
黃色 069
第三章 心智類生命色彩 082
理性棕褐色 082
環境棕褐色 091
感性棕褐色 101
抽象棕褐色 111
綠色 122
第四章 情感類生命色彩 134
藍色 134
紫色 149

薰衣草紫色 162
透明色 174
靛藍色 180

第五章 組合生命色彩 195
紫色／黃色 196
紫色／棕褐色 199
紫色／綠色 202
藍色／紫色 207
黃色／綠色 210
黃色／綠色／紫色 214
棕褐色／綠色 215
棕褐色／黃色 218
藍色／綠色 221
藍色／黃色 225
紅色覆蓋 229

導言 關係 233

第六章 與身體類生命色彩的關係 234
紅色 234
橘色 243

紅紫色 251
黃色 259

第七章 與心智類生命色彩的關係 271
理性棕褐色 271
環境棕褐色 280
感性棕褐色 288
抽象棕褐色 297
綠色 308

第八章 與情感類生命色彩的關係 323
藍色 323
紫色 335
薰衣草紫色 346
透明色 353
靛藍色 362

第九章 結論 373
常見問題Q&A 373

# 推薦序

——喬伊斯・布萊曼博士（Joyce Bleiman）

上個世紀的科技進步，讓我們只相信和依賴自己看得見、聽得見、觸摸得到、品嚐得到、聞得到，以及能用工具測量到的東西。我們對科技的倚賴日益增加，導致我們和自己與生俱來的人性、直覺、無限潛能，還有生命進程的連結愈來愈疏離。

對多數人而言，現在這個時代富裕豐饒，人類也日益繁榮長壽。然而，即使人們擁有了前所未有的財富，許多人卻深感幻滅、孤立與迷失。無論是人際關係、食物、藥物、酒精還是購物，都無法填補這種空洞。這是因為我們缺少了某種東西。

我們其實是用盡了各種方式，讓自己去忽略內在的聲音，去忽略天生的智慧想要傳達給我們的訊息；而這些卻是非常重要的訊息，關乎我們是誰，以及我們此生的目的。

本書的內容正是要讓我們更了解人類性格的獨特特質，並且從理解中找到內心的平靜與圓滿。在我擔任「人類與組織系統」教授的職涯中，我熱切尋找各種理論與觀念，試圖幫助人們打破文化的桎梏與感知的侷限。無論是在課堂上或在我擔任顧問期間，這本書都是相當有用的工具，幫助許多人用嶄新的方式更加理解自己與他人，而且不帶任何批判。

作者帕瑪拉・歐斯里有一項特別的天賦：她能夠看見人類的光環，而且還能夠加以闡釋。這種過人的天賦讓她成為一個非常特別的人。難能可貴的是她相當正直、具有同理心與極佳的溝通能力，能將自己的所知傳達給各行各業的人，造福大眾。

本書將會引導我們，改變我們對於真實世界的認知，還有我們對於人類真正潛能的理解。作者以其特殊天賦傳講的人類光環，已經在神經心理學領域的新發現中獲得了證實。

核子斷層掃描提供的腦部影像，讓研究人員得以進一步了解人類行為與心理的特性。深入認識人類的光環後，也得出了相似的見解。事實上，我曾經請一位資深的神經精神科醫師將從核子斷層掃描的常見類型，與本書中所敘述的類型加以比對，他對兩者的相似度很感興趣，同時感到非常驚訝。

電腦及其衍生而來的各項科技，讓我們可以更自由地探索未知的可能性；同樣地，本書可以幫助我們恢復與找回自己的能力，相信那些我們無法用眼睛看到的事物，那些我們來到此生就已經知曉的事物，讓我們的此生圓滿、完整，找到屬於自己的獨特天賦。

# 導論

你是一個什麼樣個性的人？你來到這世上的目標與目的是什麼？在身體、心理、情感層面上，你是如何過自己的人生？什麼樣的伴侶最適合你？你對於職涯、金錢、家庭、性愛的態度是什麼？你最適合什麼樣類型的職業？你對成功的定義是什麼？你有哪些正面的特質和負面的傾向？你如何保持與強化自己正面的人格特質？你有哪些健康方面的問題？大多數人都會對這些問題感興趣。多年來我發現，回答這些問題的重要線索和答案，就藏在我們的光環中。

光環是指從物質發出的電磁場或能量場（不過有些物質的密度過高，振動頻率又緩慢，很難測出光環）。歷代的藝術家早已描繪過光環，就是在那些睿智的精神導師與聖者頭部或身體周圍，所出現的那一圈光暈。顯然，這些人物的光環非常清晰且力量強大，讓其他人能輕易目睹、覺察或感知。近來，透過克里安攝影（Kirilian photography）[1]，我們已能用科學的方式偵測到光環。

一九八三年，我參加了麥克・布羅禮（Michael Bromley）老師的通靈課程後，發現自己開啟了天眼，能夠接收到和他人相關的訊息，因而對光環產生興趣。之後我參加芭芭拉・包爾斯博士（Dr. Barbara Bower）帶領的多場工作坊（芭芭拉本人能夠實際看見光環），察覺到自己接收到的他人的心靈訊息，和她對於各種光環色彩的描述與資訊一致。最後，我也透過通靈發展出看見這些色彩的能力，並發現每個生命色彩都對應的基本人格特質。

① 一種捕捉電暈放電現象的攝影技術。

我看見的光環是會發亮的顏色帶，有不同色彩的發亮光束，完全包圍著人體。每個人的光環都是由許多不同色彩的發光顏色帶組成，從身體往四周發散達約一百八十二公分。我能夠從光環顏色的飽和度、亮度，以及寬度、大小，看出這人是否健康、快樂，還是沮喪。有人的光環很明亮、飽和、寬廣，顯示出一種開朗、幸福、自信與健康；有人的光環黯淡，緊緊包圍著身體，顯現出害怕、病痛、缺乏自尊心、絕望，或是覺得自己需要保護。顏色深沉的光環展現的往往是憂鬱、憤怒或自憐。每個顏色帶背後都有一個故事，隱藏著關於這個人的訊息。

能夠「解讀」光環，並且了解每個生命色彩背後的意義，幫助我明白了自己是如何思考、和他人互動、處理感情關係，以及自己生命的目的。我寫此書的目的，是想將我所知道的事情分享出來，讓大家能夠了解自己是如何、為何會用某種特定的方式度過人生。得知這些訊息，你就能放手做自己、更接納自己與他人，同時也能學會運用有效的方式改變自己想改變的行為與態度。

光環中不同色彩的產生方式和聲音產生的方式十分雷同。以聲音來說，振動的速度愈快，產生的音頻就愈高。例如在鋼琴上彈一個低音，它發出的共鳴振動就比高音C慢。同樣的，當構成光環的能量波改變振動的速度，色彩也會隨之改變。在光環中，速度較慢的振動會產生紅色和橘色，較快的振動則是產生藍色、紫色、靛藍色。低音與高音並無好壞之分，只是聲音不同而已。同樣地，光環中的橘色與藍色也沒有好壞之分。不同的色彩代表我們在這世上對於各種經驗的渴求。如果我們的光環色彩全都相同，生命將會平凡又無趣；就好比一首歌如果只有一種音符，聽起來一定很單調。

我在撰寫這本光環色彩的書時，並不想做任何限制、區別，或是讓某些讀者有「高人一等」的感覺。顏色本身並無壞之分。光環中的顏色所反映的是我們在此生的選擇，但這並不意味我們被限定只能有某個特定的目標，或是只能用特定的方式生活。我們可以用任何自己選擇的方式發展、成長，或改變。瞭解每種色彩的特質後，各位甚至能夠為了特定的目的，例如療癒、成功，或有同理心，而有意識地加入某個色彩。我的目標是想告訴大家：雖然我們用的方式不同、目的不同，但我們都是一體。每個人都是繽紛光環中的一部分。

## 光環的生命色彩

你的光環包含了許多不同色彩的顏色帶。最靠近身體的一、兩條顏色帶代表了你最在乎的事、度過人生的方式，以及來到這個世上的主要目的。這些就是你的生命色彩，也就是本書中所敘述的光環色彩。這些顏色帶不太會有變化；不過，光環外層的顏色帶會經常改變顏色和位置，反映特定時間所發生的事。

為了簡單起見，我將生命色彩分成三大類別：身體類生命色彩、心智類生命色彩、情感類生命色彩。

帶有身體類生命色彩的人，主要透過身體和觸覺處理訊息。這類色彩包括了紅色、橘色、紅紫色、

黃色。

心智類生命色彩的人生活得很理性，他們會先蒐集訊息，然後加以分析。這類色彩包括了理性棕褐色、抽象棕褐色、感性棕褐色、環境棕褐色、綠色。

情感類生命色彩包括了藍色、紫色、靛藍色、薰衣草紫色、透明色。有這些色彩的人主要透過感覺、情感、直覺來生活。

有些生命色彩主要出現在男性身上，有些則主要出現在女性身上。本書中使用的「他」或「她」都是主觀的。

我相信，在內在的層面上，是我們選擇了自己的生命色彩。只是我們並不受限於只能活在這些色彩之中。我們選擇了某些生命色彩來到這個世上，並不代表我們不能去體驗其他生命色彩的特質、目的、看重之事、方式。雖然我們有原本的生命色彩，但也會不斷在光環的外層增加其他色彩。多年來，接觸過許多個案後，我發現人們若是忽視或摒棄了自己原有生命色彩的特質，內在一定會感到失去連結、困惑、不和諧。多數人必須要先滿足自己原本的生命色彩，才能增加其他的色彩。我們必須先愛自己，並接受自己原本的面貌，然後才能心滿意足地體驗其他色彩的特質。

有些人天生只有一種生命色彩；有些人有兩種生命色彩，我稱之稱為組合生命色彩。組合生命色彩

看起來是持續最靠近身體周圍的兩道顏色帶。同時擁有兩種生命色彩會是一種力量非常強大的組合，能增添個人的能力，或者是造成內在的強烈衝突。

每個人選擇兩種生命色彩的原因都不同。有些人選擇兩種生命色彩，是因為第二種色彩的特質能夠為生命中的重要目標加添更大的力量、能量、樂趣，或是創意；也可能是想要確保自己能保持平衡、務實、責任感，或能倚靠自己。

如果一個人擁有的兩種生命色彩是屬於同一個類別，例如藍色／紫色的組合（屬於情感類生命色彩），那麼這些人可能同時過著兩個人生。他們可能急著想完成自己人生的功課，這樣就不需要再次輪迴到這個世界。或者他們在上輩子還沒學完所有的功課（或是還沒從中獲得所有的益處），便把這些功課繼續帶到此生。

擁有組合生命色彩的人，往往會感覺得到自己同時在過兩種人生。當他們從某個人生的經驗轉換到另一個人生的經驗時（不需要死亡或是更換軀體），通常會感受到人生有重大的轉變。他們的個性可能會突然劇烈轉變。例如，一個充滿愛的藍色人，向來認為生命中最重要的就是婚姻和伴侶關係，結果突然間發現自己有強烈的渴望，想要投身到外面的世界，為這個世界帶來重大的影響。她再也無法只待在家裡當個家庭主婦。她所熟悉的關係、工作、優先順序、情感，都開始讓她覺得陌生。她發現自己好像完全成了另外一個人。

如果想知道自己是否過著兩個人生，首先可以問問自己是否相信或感覺到自己正過著這種生活（永遠要相信自己和自己的感覺）。在回答完生命色彩問卷的題目之後，看看自己獲得最高分的兩個色彩，是否為同一個光環類別。如果是，而且你感覺自己正處於轉變的過程，或是已經轉變成完全不同的人，那麼你很可能就是這一類的人。

同時過著兩個人生，只會出現在這些人身上：擁有兩種屬於同一個類別的生命色彩。許多擁有組合生命色彩的人，在從原本著重的生命色彩轉換為另一個色彩時，都會經歷類似的人生轉變。例如，一個黃色／紫色（分別屬於身體與情感類別）組合生命色彩的人，原本是以黃色人格特質為主，在轉變為以紫色的特質為主時，可能同時也會經歷到職涯或婚姻狀態的轉變。不過，此人並不會跟藍色／紫色人一樣，感覺自己是在同時過著兩種人生。

我們通常會在人生中的某個時刻為自己的光環增加其他色彩，讓那個顏色也成為我們人格特質的一部分。只要覺得快樂，而且這些色彩對自己有益，我們並不需要知道自己是天生就有某個生命色彩，還是後天加上的。舉例來說，如果你天生的生命色彩是藍色，後來在光環中加上了黃色，而這個新增的顏色對你的人生有正面的影響，那麼就享受吧！你就成了擁有藍色／黃色個性的人。可是如果你覺得自己天生是黃色／紫色組合生命色彩的人，卻為了取悅父母或是被社會接受，而加上了理性棕褐色，那麼這個新增的顏色很可能會壓抑你真正的本性。在這種情況下，你或許應該考慮對那個色彩的人格特質放手，這樣才能夠探索自己真正的生命色彩是怎樣的特質。

## 關於本書

在接下來的章節當中，我會說明，當我們處於「穩定」（平衡）與「不穩定」（失衡）時，每個生命色彩所展現的基本屬性、生命目的、目標，還有特質。我們在處於穩定狀態時，個性積極正向，並且能夠發揮真正的潛力；狀態不穩定時，就會感到恐懼、自我懷疑、猶豫，無法完全發揮自己的才能。

我在書中會提供一些方法，告訴大家在發現自己處於不穩定狀態時，要如何恢復平衡，重新回到穩定的狀態。我也會說明各個色彩的特質，包括在關係、性愛、身為父母／子女的角色、解決問題的技巧、對成功的定義、偏好的職業，還有身體或健康方面的問題。

你可以從本書的敘述中找出自己的生命色彩，並且利用書中內容提升自己的人生。讀完本書，你或許能開始辨識出自己朋友和家人的人格特質。你也可以藉由本書講述關係的章節，學習到自己和他人相處的方式。

# 第一章　找出你的生命色彩

有兩種方式可以找出你的生命色彩：第一種是讀完本書中對於每個生命色彩的描述，看看哪個色彩最符合你的人格特質。大多數人可以輕易用這個方式找到自己的生命色彩或組合生命色彩，還有朋友和家人的生命色彩。第二種方式則是回答本章最後面的題目。

請記得：某些生命色彩之間通常只有細微的差異。例如，藍色、黃色和紫色全都會展現出同樣的情感特質、對關係的渴望（儘管原因不同）、想幫助別人的慾望，只是方式各不相同。舉例來說，生命色彩為黃色人，通常是透過修理東西來幫助別人，包括修理車子、廚房水槽或身體方面的問題。黃色人在幫助他人時，會傾向不要太涉入情感層面的問題。生命色彩為藍色人，則是偏向以一對一的方式，幫助他人處理情感方面的問題，例如諮商、教導、照護（生命色彩為藍色的護理師，會關心病患的情感狀況多於身體疾病）。生命色彩為紫色人，會比較會想要用啟發或激勵的方式，同時幫助很多人。他們很少會想要一次幫助一個人，也沒那個耐心。

如果你仔細看完所有生命色彩的描述，應該會直覺認為其中有一兩種生命色彩貼近真實的自己。比較常見的情況是，我們會擁有兩種生命色彩，而且往往是其中一種在主導。

有時候，因為家庭的壓力或期盼，我們會壓抑自己與生俱來的生命生彩。例如，黃色生命色彩的人應該是無拘無束、活力充沛，但當中有些人可能在掌控型、主導型或「有頭有臉」的父母逼迫下，變成

了乖乖牌。父母可能會教導他們，做人不可以糊里糊塗、愛玩、沒有責任感。這會導致敏感的黃色人失去原有的熱情、創造力，也不再試圖讓人開懷大笑。父母通常都是以自己的想法、依照自己的生命色彩來養育孩子。他們會想方設法這樣做，是因為他們沒有察覺到孩子有不同的生命色彩，甚至不瞭解自己此生的目的與挑戰是什麼。

如果想找出自己的生命色彩，不妨先填寫本章後面的題目。請誠實作答，不要勾選你認為自己應該要這樣回答的答案。寫完後，找出自己獲得最高分的類別。這就是你的生命色彩。然後找到獲得第二高分的類別，若第二高的分數很接近最高的分數，你很可能就擁有組合生命色彩，這兩種顏色都是你的生命色彩。如果次高的分數遠低於最高的分數，那麼你可能僅有一種生命色彩。但如果是有三四個高分，你可能還有另一個或兩種生命色彩，已成為你性格的一部分。（比如說，常有黃色／綠色的組合生命色彩，另外又加上紫色。紫色看起來是能夠讓衝突平靜下來與維持平衡的顏色，黃色／綠色之間則是常常出現對立的狀況）。

接著，請詳閱書裡列出的職業，看看哪個類別最吸引你。你選擇的類別能夠進一步顯示出你的生命色彩。當你認為已經找到自己的生命色彩，請閱讀關於那個顏色的章節描述，以便更深入瞭解。如果你擁有有兩種生命色彩，就請閱讀組合生命色彩的部分。如果你符合那些顏色的敘述，你就找到你的生命色彩了。當然，最後還是要由你自己做判斷。

本書中關於關係的篇章，可以幫助你瞭解如何與其他生命色彩的人相處。這些章節只是一種指引，

不是限制，或絕對的指令。任何關係都可能因為有足夠的愛、承諾與慾望而長長久久。書中這部分能夠幫助你找到提升關係的方法，讓你預先明瞭會在哪些部分遇到困難。

最後一章會提供一些訊息，或許能幫助你學習如何看到人類的光環，還有如何為自己光環外圍的顏色帶增加顏色。

## 如何找到生命色彩

1. 回答本章後面的題目。找出回答最多「是」（最高分）的一至兩種類別。
2. 閱讀關於職業的列表。找出最吸引你的職業類別（或者曾吸引你）。
3. 閱讀關於你生命色彩的章節。
4. 若你是組合生命色彩，閱讀第五章關於組合生命色彩的部分。
5. 想知道哪個生命色彩的人與你最契合，請翻到關係的章節，閱讀與你生命色彩相關的部分。

## 測驗你的生命色彩

在填寫之前，請讀完每個類別「所有」的問題。這樣會讓你對每個光環色彩所對應的性格類型有概略的瞭解。接著開始作答，把每個類別你回答「是」的次數加總起來。

請務必誠實作答，不要以「你希望自己是這樣」，或「你認為自己應該是這樣」的心態來回答。在焦慮不安或感到痛苦時作答，可能會扭曲或改變你真正的答案，所以不建議在情緒壓力很大時作答。

# 發現你的生命色彩

## 測驗

Questionnaire

## 生命色彩 #1

| 是 | 偶爾 | 不是 | 生命色彩#1 |
|---|---|---|---|
| ☐ | ☐ | ☐ | 我相信生命是關乎身體與生物層面，不是精神層面。 |
| ☐ | ☐ | ☐ | 我比較相信唯有能夠實際觸摸得到的事物，才是真實的存在。 |
| ☐ | ☐ | ☐ | 我比較想要成為強壯、誠實和坦率的人。 |
| ☐ | ☐ | ☐ | 我很容易發脾氣，但也很快氣消，不會記恨在心。 |
| ☐ | ☐ | ☐ | 我比較喜歡要用到勞力、可以馬上看到實際成果的工作。 |
| ☐ | ☐ | ☐ | 我喜歡採取行動，執行計劃，而不是在那邊討論想法與籌劃。 |
| ☐ | ☐ | ☐ | 我相信我人生主要的目標與目的就是努力工作，但也要體驗所有肉體與生理方面的樂趣。 |
| ☐ | ☐ | ☐ | 我比較想獨來獨往。 |
| ☐ | ☐ | ☐ | 我比較想透過性愛與肉體來表達自己，而不是透過思維與情感。 |
| ☐ | ☐ | ☐ | 我很難跟其他人表達自己的感受。 |
| ☐ | ☐ | ☐ | 我通常很強大、獨立、有自信、務實。 |
| ☐ | ☐ | ☐ | 我努力不懈、不辭辛勞，總是能讓團隊其他成員一起向往前衝。 |

| 各項總分 | |
|---|---|
| 是 | |
| 偶爾 | |
| 不是 | |

# 生命色彩 #2

| 是 | 偶爾 | 不是 | 生命色彩#2 |
| --- | --- | --- | --- |
| ☐ | ☐ | ☐ | 我是個敢向危險挑戰、喜歡冒險的人。 |
| ☐ | ☐ | ☐ | 我喜歡危險、刺激，關於體能方面的挑戰——愈危險愈好。 |
| ☐ | ☐ | ☐ | 朝九晚五的工作與家庭生活，對我來說很無趣。 |
| ☐ | ☐ | ☐ | 我比較喜歡可以用到需要無比勇氣（體能方面）的工作。例如當個特技替身應該很棒。 |
| ☐ | ☐ | ☐ | 我多半把錢花在從事冒險活動，例如登山或賽車，而不是投資理財。 |
| ☐ | ☐ | ☐ | 我比較喜歡自己一個人，或是跟其他喜歡冒險活動的同好在一起。 |
| ☐ | ☐ | ☐ | 身體上的疼痛並不會嚇倒我、讓我害怕而放棄。 |
| ☐ | ☐ | ☐ | 我比較喜歡危險性高的個人運動，而不是團體運動。 |
| ☐ | ☐ | ☐ | 我喜歡去挑戰體能極限。 |
| ☐ | ☐ | ☐ | 我不需要和別人分享自己情感方面的感受。 |
| ☐ | ☐ | ☐ | 別人常會覺得我只顧自己、冷漠疏離。 |
| ☐ | ☐ | ☐ | 我對於精神層次的信仰和概念沒有興趣。 |

| 各項總分 | |
| --- | --- |
| 是 | |
| 偶爾 | |
| 不是 | |

## 生命色彩 #3

| 是 | 偶爾 | 不是 | 生命色彩#3 |
|---|---|---|---|
| □ | □ | □ | 我喜歡誇張，不按牌理出牌的生活方式。 |
| □ | □ | □ | 我的衣服、房子、行動、思想多半很古怪（並非是「超前」時代或具備前瞻性，就只是超乎尋常）。 |
| □ | □ | □ | 我覺得做出愚蠢粗俗的行為很有趣，也不會覺得丟臉。 |
| □ | □ | □ | 我認為人生就像《愛麗斯夢遊仙境》一樣，是一種冒險。 |
| □ | □ | □ | 我對於精神方面的理念或幫助地球沒有興趣，只想去經歷這個世界上各種奇異的事物。 |
| □ | □ | □ | 我通常不在乎社會的規範或法律。 |
| □ | □ | □ | 我喜歡派對跟節慶，但我很難交到朋友，因為我的行為舉止有時候會嚇到人。 |
| □ | □ | □ | 我是個獨來獨往的人。 |
| □ | □ | □ | 我腦筋動得很快，但別人很難瞭解我的想法。 |
| □ | □ | □ | 我喜歡令人震驚的藝術呈現。 |
| □ | □ | □ | 我往往不喜歡為朋友或家人負責。 |
| □ | □ | □ | 我比較喜歡住在大城市裡，這樣我就可以隱身於人群之中。 |

| 各項總分 | |
|---|---|
| 是 | |
| 偶爾 | |
| 不是 | |

# 生命色彩 #4

是　偶爾　不是　生命色彩 #4

| 是 | 偶爾 | 不是 | 生命色彩 #4 |
| --- | --- | --- | --- |
| □ | □ | □ | 玩樂對我來說是首要之務。 |
| □ | □ | □ | 我的幽默感絕佳，而且喜歡大笑。 |
| □ | □ | □ | 我非常樂觀、積極向上，總是面帶笑容。 |
| □ | □ | □ | 我看起來比實際年齡年輕。 |
| □ | □ | □ | 我不喜歡受人控制，痛恨別人叫我做東做西。 |
| □ | □ | □ | 我需要規律運動或跳舞。 |
| □ | □ | □ | 我常坐不住，精力旺盛。 |
| □ | □ | □ | 我想成為一個有創意、有藝術天分，或是會動手做事的人。 |
| □ | □ | □ | 當有衝突發生時，我的第一個反應是趕快避開、離開或逃跑。 |
| □ | □ | □ | 我是敏感的人。我的情感很容易受到傷害。 |
| □ | □ | □ | 我現在或曾經沉溺於以下至少某一項東西：藥物、酒精、香菸、咖啡因、性、運動、巧克力或其他甜食、暴飲暴食。 |
| □ | □ | □ | 我相信性愛應該是充滿樂趣的。 |

| 各項總分 | |
| --- | --- |
| | 是 |
| | 偶爾 |
| | 不是 |

## 生命色彩 #5

| 是 | 偶爾 | 不是 | 生命色彩#5 |
|---|---|---|---|
| ☐ | ☐ | ☐ | 我喜歡操作機械、電子產品和機器，例如電腦、計算機、電器和電玩。 |
| ☐ | ☐ | ☐ | 我比較喜歡安穩、穩定的工作，能提供固定的收入。 |
| ☐ | ☐ | ☐ | 我不是情感豐富的人。 |
| ☐ | ☐ | ☐ | 我傾向看到能夠支持想法成立的證據、邏輯與資料。 |
| ☐ | ☐ | ☐ | 我喜歡處理計劃或工作的細節。 |
| ☐ | ☐ | ☐ | 我的頭腦很會分析、有邏輯、有條有理。 |
| ☐ | ☐ | ☐ | 我的信念是「眼見為憑」。 |
| ☐ | ☐ | ☐ | 我在金錢方面很務實，比較偏好穩健型的投資。 |
| ☐ | ☐ | ☐ | 我遵守法律規範，偏好條理清晰。 |
| ☐ | ☐ | ☐ | 我會花比較長的時間做決定（你要花多久時間回答這題都沒關係）。 |
| ☐ | ☐ | ☐ | 我的作息規律。 |
| ☐ | ☐ | ☐ | 我有點囤積癖，會留著一些東西，以備不時之需。 |

| 各項總分 | |
|---|---|
| 是 | |
| 偶爾 | |
| 不是 | |

## 生命色彩 #6

| 是 | 偶爾 | 不是 | 生命色彩#6 |
|---|---|---|---|
| □ | □ | □ | 我喜歡分析與估量周遭的環境。 |
| □ | □ | □ | 我能夠透過內在的身體感知，判斷出重量、距離，還有體積大小（例如我只要用手掂掂，就能知道東西的重量）。 |
| □ | □ | □ | 我注重邏輯，想法實際。 |
| □ | □ | □ | 我是個慢熟的人，而且通常花很多時間獨處。 |
| □ | □ | □ | 我很著迷諸如飛機、潛水艇儀表板之類的東西。 |
| □ | □ | □ | 我是一個負責、盡職、確實遵守指令的員工。 |
| □ | □ | □ | 我感知到的現實是合乎邏輯、三度空間的世界。 |
| □ | □ | □ | 我喜歡獨處，而且不會把個人的情感表現出來。 |
| □ | □ | □ | 我是一個安靜寡言的人，但獨立、堅強。 |
| □ | □ | □ | 我喜歡平穩的工作與穩定的薪水。 |
| □ | □ | □ | 我是一個嚴肅、自制的人。 |
| □ | □ | □ | 教養孩子時，我是個理性管教者。 |

| 各項總分 | |
|---|---|
| 是 | |
| 偶爾 | |
| 不是 | |

## 生命色彩 #7

| 是 | 偶爾 | 不是 | 生命色彩#7 |
|---|---|---|---|
| ☐ | ☐ | ☐ | 我在人生中最看重的是家庭與家人。 |
| ☐ | ☐ | ☐ | 我認為支持社區活動，還有參加家長會這類集會很重要。 |
| ☐ | ☐ | ☐ | 我比較喜歡在工作中擔任輔佐角色，專門處理細節工作，例如秘書、帳務人員、醫師助理、家管等。 |
| ☐ | ☐ | ☐ | 我是善解人意、心平氣和、有耐心、理性的人。 |
| ☐ | ☐ | ☐ | 我認為家裡要有安定感與穩定感，這點很重要。 |
| ☐ | ☐ | ☐ | 我是一個很有耐心的傾聽者。 |
| ☐ | ☐ | ☐ | 我是一個安靜、內斂的人，常常很害羞。 |
| ☐ | ☐ | ☐ | 我傾向以理性瞭解情況的脈絡；不過我也會在情感方面幫助有需要的人。 |
| ☐ | ☐ | ☐ | 我相信服務他人是真正崇高偉大的事。 |
| ☐ | ☐ | ☐ | 我通常會把家人的需求擺在自己的需求之前。 |
| ☐ | ☐ | ☐ | 我比較喜歡條理分明的環境。 |
| ☐ | ☐ | ☐ | 我通常會以沉著、理性與平靜的態度，處理自己生氣的情緒。 |

| 各項總分 | |
|---|---|
| 是 | |
| 偶爾 | |
| 不是 | |

# 生命色彩 #8

| 是 | 偶爾 | 不是 | 生命色彩 #8 |
|---|---|---|---|
| □ | □ | □ | 我喜歡可以讓我不必按順序處理「所有」細節的工作。 |
| □ | □ | □ | 我知道所有需要處理的細節，但我就是很難決定要先處理哪一項。 |
| □ | □ | □ | 我常常看到問題有好多種解決方式。 |
| □ | □ | □ | 我常常很散漫，總是忘記跟人有約，或者把行程訂得太滿，導致撞期。 |
| □ | □ | □ | 我比較想要有穩定的收入。 |
| □ | □ | □ | 我常會從理論來談情感，而不是真正去感受。 |
| □ | □ | □ | 我認識很多人，但知心朋友很少。 |
| □ | □ | □ | 我喜歡參加社交活動，在那裡我可以跟很多人聊天談話。 |
| □ | □ | □ | 我喜歡跟人相處，但是往往很難維持親密的關係。 |
| □ | □ | □ | 我非常忙，事情也是亂成一團，經常忘記還有帳單要繳。 |
| □ | □ | □ | 我不是那麼看重自己的財物，所以常會疏於管理。 |
| □ | □ | □ | 我總是把東西亂放。 |

| 各項總分 | |
|---|---|
| 是 | |
| 偶爾 | |
| 不是 | |

# 生命色彩 #9

| 是 | 偶爾 | 不是 | 生命色彩＃9 |
|---|---|---|---|
| ☐ | ☐ | ☐ | 我是一個工作狂，很難徹底放鬆。 |
| ☐ | ☐ | ☐ | 我總是匆匆忙忙。 |
| ☐ | ☐ | ☐ | 我是一個完美主義者，嚴以律己，也嚴以待人。我會直言不諱，吹毛求疵。 |
| ☐ | ☐ | ☐ | 我喜歡事情井井有條、有效率、規劃完善。我常常會寫清單。 |
| ☐ | ☐ | ☐ | 我認為人生最重要的三件就是：賺很多錢、達到財務與事業上的目標，以及受到其他位高權重、聰明的人尊敬（我把這些看得比幫助他人與拯救地球還重要。參見生命色彩＃11）。 |
| ☐ | ☐ | ☐ | 我喜歡肩負責任，接受委任。 |
| ☐ | ☐ | ☐ | 我是一個意志堅強、不屈不撓的人。 |
| ☐ | ☐ | ☐ | 我需要學習，激發腦力。 |
| ☐ | ☐ | ☐ | 我喜歡研發計劃與想法這種難度較高的工作，而不只是負責執行細節。 |
| ☐ | ☐ | ☐ | 我對於伴侶的要求很高，很容易就會覺得別人無趣。 |
| ☐ | ☐ | ☐ | 如果別人缺乏企圖心，也不主動積極，我就會感到沒耐心和失望。 |
| ☐ | ☐ | ☐ | 我有辦法威嚇別人。 |

| 各項總分 | |
|---|---|
| 是 | |
| 偶爾 | |
| 不是 | |

## 生命色彩 #10

| 是 | 偶爾 | 不是 | 生命色彩#10 |
|---|---|---|---|
| □ | □ | □ | 人們時常找我傾訴情感問題，我也都會好好傾聽，開導他們。 |
| □ | □ | □ | 我的情感豐富，很容易感動落淚。 |
| □ | □ | □ | 人生中我最重視的就是彼此相愛、單一伴侶的關係。 |
| □ | □ | □ | 我很難放下感情。 |
| □ | □ | □ | 靈性、愛、人，是我人生中最重要的三個要素。 |
| □ | □ | □ | 金錢不是我最看重的東西。 |
| □ | □ | □ | 我喜歡幫助與照顧所有人。 |
| □ | □ | □ | 如果我拒絕別人，會覺得愧疚。 |
| □ | □ | □ | 我常常手腳冰冷。 |
| □ | □ | □ | 發生衝突時，我會希望每個人是彼此相愛。 |
| □ | □ | □ | 我對別人很有同理心。 |
| □ | □ | □ | 我做事往往是靠直覺。 |

| 各項總分 | |
|---|---|
| 是 | |
| 偶爾 | |
| 不是 | |

# 生命色彩 #11

| 是 | 偶爾 | 不是 | 生命色彩#11 |
| --- | --- | --- | --- |
| □ | □ | □ | 我覺得自己有訊息要傳達給眾人。 |
| □ | □ | □ | 我有想要向世人傳達的信念。 |
| □ | □ | □ | 我有改善地球的強烈願望。 |
| □ | □ | □ | 我很有面對大眾的表演慾。 |
| □ | □ | □ | 如果我有很多錢，我會去旅行，或參與人道關懷的工作。 |
| □ | □ | □ | 我比較看重的是自由與獨立。 |
| □ | □ | □ | 我會比較想要自己創業當老闆。 |
| □ | □ | □ | 我對於宇宙和外太空的概念有興趣。 |
| □ | □ | □ | 我常常最後成了領導者，或者成為眾人注目的焦點。 |
| □ | □ | □ | 我常覺得自己與眾不同。 |
| □ | □ | □ | 我熱衷於性愛。 |
| □ | □ | □ | 我會同時參與太多計劃。 |

| 各項總分 | |
| --- | --- |
| | 是 |
| | 偶爾 |
| | 不是 |

## 生命色彩 #12

| 是 | 偶爾 | 不是 | 生命色彩#12 |
| --- | --- | --- | --- |
| □ | □ | □ | 比起現實世界，我更喜歡奇想與幻想的世界。 |
| □ | □ | □ | 我是個安靜、敏感、講究靈性層面的人。 |
| □ | □ | □ | 我常常忘東忘西，迷迷糊糊。 |
| □ | □ | □ | 我好像會常常靈魂出竅，心不在焉。 |
| □ | □ | □ | 別人會指責我不負責任、不切實際。 |
| □ | □ | □ | 我很不會處理日常事務。 |
| □ | □ | □ | 我很不會處理跟錢有關的事情。 |
| □ | □ | □ | 大部分時間我喜歡一個人獨處，做白日夢。 |
| □ | □ | □ | 我喜歡美麗、文雅、精緻的藝術物品，討厭泥巴、蟲子或粗俗的地方。 |
| □ | □ | □ | 我是個有想像力、創造力的人，只是通常很難將自己的點子付諸實現。 |
| □ | □ | □ | 我會希望有人能幫忙我解決自己的問題。 |
| □ | □ | □ | 我比較喜歡在輕鬆、沒什麼壓力的環境工作。 |

| 各項總分 | |
| --- | --- |
| 是 | |
| 偶爾 | |
| 不是 | |

# 生命色彩 #13

是　偶爾　不是　生命色彩#13

| 是 | 偶爾 | 不是 | |
|---|---|---|---|
| □ | □ | □ | 我是高度敏感的人，受不了周圍有太多人。 |
| □ | □ | □ | 我覺得自己有安靜、內在的療癒力量。 |
| □ | □ | □ | 我經常不知道自己在這個地球上該做什麼，並為此感到害怕。 |
| □ | □ | □ | 我在社交場合中常常覺得不太自在。 |
| □ | □ | □ | 我會為了迎合旁人而改變自己的個性。 |
| □ | □ | □ | 我是個內向、安靜、沒什麼自信的人。 |
| □ | □ | □ | 跟其他能夠負起責任、為我做決定的人在一起，會讓我比較有安全感和有保障。 |
| □ | □ | □ | 我需要花很多時間一個人靜坐冥想，為自己充電。 |
| □ | □ | □ | 我通常會選擇在安靜、平靜、祥和的地方工作。 |
| □ | □ | □ | 現實世界常讓我覺得冷酷、嚴峻、有威脅感。 |
| □ | □ | □ | 我與上天的內在連結和靈性，是我生命中最重要的面向。 |
| □ | □ | □ | 我經常花時間安靜閱讀，或是待在自己的花園裡。 |

| 各項總分 | |
|---|---|
| | 是 |
| | 偶爾 |
| | 不是 |

# 生命色彩 #14

| 是 | 偶爾 | 不是 | 生命色彩#14 |
|---|---|---|---|
| ☐ | ☐ | ☐ | 我的外表看起來很中性。 |
| ☐ | ☐ | ☐ | 我沒辦法接受自己外在的這個身體。 |
| ☐ | ☐ | ☐ | 我這個人在生理上、心理上、情感上都高度敏感。 |
| ☐ | ☐ | ☐ | 我有很強的直覺，或是有很強的靈感。 |
| ☐ | ☐ | ☐ | 我對於前世有清楚的記憶，或是可以看到其他次元的靈體。 |
| ☐ | ☐ | ☐ | 我自然而然就會使用電腦與其他科技。 |
| ☐ | ☐ | ☐ | 我沒有辦法認同世界的現況，常常覺得自己不屬於這個世界。 |
| ☐ | ☐ | ☐ | 我「知道」萬事萬物都有靈性的能量。 |
| ☐ | ☐ | ☐ | 我是高度敏感、極富憐憫心的人，但也很堅強、獨立。 |
| ☐ | ☐ | ☐ | 我常常對舊有的、教條式的信念與方式產生質疑。 |
| ☐ | ☐ | ☐ | 我不會強迫自己去做違背理念的事，即使那樣能取悅他人。愧疚與處罰對我無效。 |
| ☐ | ☐ | ☐ | 我覺得自己在創造力與靈性方面「超越」其他人。 |

| 各項總分 | |
|---|---|
| 是 | |
| 偶爾 | |
| 不是 | |

## 紅色覆蓋

最後這部分的題目是要測試你是否為紅色覆蓋的人。紅色覆蓋並不是一種生命色彩。如果你在以下的問題中，有三或四個的回答為「是」，那麼你有可能就是紅色覆蓋的人。請閱讀本書第五章，進一步瞭解「紅色覆蓋」。

| 是 | 偶爾 | 不是 | 紅色覆蓋 |
|---|---|---|---|
| □ | □ | □ | 我總是覺得很緊繃，常常無法控制自己的怒氣或憤恨。 |
| □ | □ | □ | 我的人生一直都很辛苦。 |
| □ | □ | □ | 我在關係、健康、金錢、職涯方面，總是遇到衝突和挫敗。 |
| □ | □ | □ | 我在小時候遇過至少下列一項狀況：<br>Ⓐ在情感上、身體上或心靈上遭受過遺棄或拒絕（例如，原本不想生下來的孩子、領養的孩子、酗酒的父母）。<br>Ⓑ在情感上、身體上或心靈上受到虐待。<br>Ⓒ在出生前、出生時，或年幼時遭遇生死關頭。 |

| 各項總分 | |
|---|---|
| 是 | |
| 偶爾 | |
| 不是 | |

## 找到你的光環生命色彩

列出你回答最多「是」的類別，看看哪個是你的生命生彩。

回答最多「是」的類別號碼為：#________

回答次多「是」的類別號碼為：#________

紅色覆蓋　「是」________　「否」________

**生命色彩類別號碼的解答**

| | |
|---|---|
| #1 紅色 | #8 抽象棕褐色 |
| #2 橘色 | #9 綠色 |
| #3 紅紫色 | #10 藍色 |
| #4 黃色 | #11 紫色 |
| #5 理性棕褐色 | #12 薰衣草紫色 |
| #6 環境棕褐色 | #13 透明色 |
| #7 感性棕褐色 | #14 靛藍色 |

## 職業

請從下列選出最吸引你的職業類別，來進一步確認自己的生命色彩。請注意：即使你現在正從事某種職業，但不代表那就是最適合你、或讓你覺得最有成就感的工作。如果你不滿意現在的工作，可能代表你還沒有找到自己的生命生彩。

請看看下列那個職業類別最吸引你，或是如果不考慮收入或家庭因素，哪個類別可能會最讓你感興趣。也看一下這裡頭哪些是你以前從事過的職業。某些職業可能會出現在不只一個類別之中，例如「作家」就出現在很多類別裡。在你最感興趣的類別裡，請留意一下其他的職業，或許有可能找到自己真正的生命色彩。

### #1

- 消防員
- 救援人員
- 警察
- 軍事人員
- 足球員
- 拳擊手
- 卡車司機
- 重型設備操作員
- 營建施工人員
- 維修員
- 技工
- 搬家人員
- 店長
- 曳引機駕駛
- 農夫
- 外科醫師
- 酒保
- 服務生
- 肉販
- 舞者

### #2

- 賽車手
- 跳傘運動員
- 滑翔翼飛行員
- 野外嚮導
- 溯溪泛舟者
- 獵人
- 特技替身
- 登山家
- 探勘者
- 救援人員
- 消防員
- 警察
- 調查員
- 深海潛水伕
- 賞金獵人
- 高空特技表演者
- 私家偵探
- 保鏢
- 馴獸師
- 護理人員

## #3

小丑
藝術家
喜劇演員
演員
藝術品交易商或收藏家
創作者
布景設計師
舞臺服裝設計師
攝影家
出版業者（特別是非主流的前衛出版品）
企業家
業務員（特別是特殊物品）

## #5

工程師
建築師
帳務人員
會計師
電腦分析師
研究員
科學家
辦公室職員

資料處理人員
工廠組裝人員
圖書館員
法院書記
電器維修員
技術人員
電腦操作員

## #4

音樂家
藝術家
喜劇演員
作家
工人
園藝人員
健美先生／小姐
救生員
消防員
汽車維修技師
運動員
衝浪者

油漆師傅
營建施工人員
酒保
廚師
服務生
按摩治療師
治療師
醫師、護理人員、護理師
營養學家
獸醫
世人的開心果

## #6

考古學家
地質學家
環境研究員
科學家
探勘者
地圖繪製員
森林保護員
軍事人員
飛行員
收發人員

採購人員
城市規劃師
開發者
建築師
電腦操作員
實驗室技術員
電信工程師
航太工程師
電器維修員
農夫

## #7

帳務人員
櫃檯人員
秘書
辦公室職員
會計師
仲裁人
諮商師
治療師

法官
牙醫
保健專家
社福工作者、社工
老師
幼保人員

## #9

公司行政人員
企業家
銀行家
製造商
募款人
組織者
辦公室主管

行銷宣傳人員
投資規劃顧問
房地產仲介
業務員（特別是汽車、保險、不動產等高價產品）
證券經紀人
業務經理或代理人
政治家
王者（或世界的擁有者）

## #8

老師
顧問
都市開發商
庭園設計師
園藝人員
業務員
程式設計師
設計師

## #10

父母親
管家
服務生
社工
靈媒
神職人員
占星師
心理學家
心靈導師

老師、教育工作者
諮商師
護理師
幼保人員
非營利組織工作者
秘書
志工
修女、神父／牧師
家管

## #11

- 演出者
- 演員
- 歌手
- 音樂家
- 藝術家
- 作家
- 設計師
- 製作人
- 導演
- 攝影機組人員
- 老師
- 神職人員
- 心理學家
- 顧問
- 講師
- 政治家
- 律師
- 公司管理階層
- 公司老闆
- 開發者
- 投資經紀人
- 領導者
- 太空人
- 社運人士

## #12

- 說故事者
- 默劇表演者
- 藝術家（特別是奇幻類）
- 作家（特別是童書類）
- 舞者
- 演員
- 舞臺服裝設計者
- 室內設計師
- 老師
- 歌手
- 音樂家

## #13

- 藝術家
- 室內設計師
- 花藝師
- 藥草栽培者
- 物理治療師
- 牙醫助理
- 圖書館員
- 秘書
- 櫃檯人員
- 按摩治療師
- 治療師（醫療方面）

## #14

- 藝術家
- 作家
- 音樂家
- 設計師
- 照護員
- 動物保育員
- 社工
- 老師、教育工作者
- 諮商師
- 程式設計師
- 電腦操作員

## #15

演員
音樂家
歌手
藝術家
喜劇演員
演出者
舞者
導演

針灸師
心理治療師
物理治療師
按摩治療師
牙醫
整脊師
美容師
環保人士
政治家

## #16

律師
記者
電腦操作員
政治家
物理學家
調解人（調停者）
科學家
公務人員
演說家
新聞播報員

店鋪經理
心理學家
編輯
作家
土地開發商
投資經紀人
商界人士
社福機構人員
神職人員
太空研究與發展人員

## #17

作家
製作人
導演
經理
店鋪擁有者
演出者
公司老闆
企業家
講師
專員

出版業者
銀行老闆或經理
財務經紀人
股市投資人或顧問
公司董事或所有者
研討會與工作坊領導人
政治家
企業顧問
房地產仲介
行銷宣傳人員

## #18

老師
心理學家
神職人員
傳教士
音樂家
演員
攝影家
作家

藝術家
旅行社人員
導遊
導演
外語口譯員
語言治療專家
社福機構主管
政治或環保領域志工

## #19

作家
製作人
發明家
導演
飛行員
整脊師
企業家
音樂家、作曲家

珠寶商
汽車業務員
職業運動員
餐廳、球隊、健身房、汽車修理廠、建設公司老闆／經理
律師
老師
法官

## #20

會計師
保險經紀人
銀行家
投資顧問
大公司員工

行政主管
稅務分析師
公職人員
政府單位員工
研究人員

## #21

建築師
工程師
繪圖員
設計師
醫師
牙醫
廚師
醫療技術人員

飛行員
郵務人員
平面藝術家
技師
技術人員
電工人員
音樂家
作家

## #22

藝術家
舞者
演員
有氧運動教練
美髮師
美甲師
音樂家
花藝師
服務生

滑雪教練
小學或幼兒園老師
物理治療師
按摩治療師
美術老師
作家
空服員
護理人員、護理師、醫師

## #23

辦公室主管
信貸人員
活動專員
商店老闆

公關主管
企業顧問
非營利組織主管
募款人

人事主管
職涯顧問
醫院院務主任
房地產仲介

以上哪個類別的職業最吸引你呢？＿＿＿＿＿

翻回前面題目的部分，看一下你所填寫的答案是否與自己感興趣的職業一致。你覺得最貼切的敘述，很可能就是你的生命生彩。（你有發覺以前或現在的職業讓你不快樂，或沒有成就感嗎？你正在和自己真正的生命色彩背道而馳嗎？）

**職業的解答**

＃1 紅色
＃2 橘色
＃3 紅紫色
＃4 黃色
＃5 理性棕褐色
＃6 環境棕褐色
＃7 感性棕褐色
＃8 抽象棕褐色
＃9 綠色
＃10 藍色
＃11 紫色
＃12 薰衣草紫色
＃13 透明色
＃14 靛藍色
＃15 紫色／黃色
＃16 紫色／棕褐色
＃17 紫色／綠色
＃18 藍色／紫色
＃19 黃色／綠色
＃20 棕褐色／綠色
＃21 棕褐色／黃色
＃22 藍色／黃色
＃23 藍色／綠色

# 導言　生命色彩

本書接下來會敘述所有十四種生命色彩，和最常見的組合生命色彩。期盼本書可以幫助讀者瞭解、接受自己的原貌，也幫助讀者學習如何能夠讓身心平穩，保持平衡。很多人在小的時候會掩蓋自己原本的一兩種生命色彩，因為他們覺得那個真實的本我是不對、不夠格，且不適當的。舉例來說，黃色人因為精力太過旺盛，讓父母感到很頭痛，因此他們可能會壓抑自己的活力，讓自己變得像是可靠的棕褐色人。紫色小孩則是常抑制自己超乎尋常的能力和夢想，以免嚇到保守傳統的父母，或者讓他們不高興。基於傳統社會的期待，許多孩子都被教養成具有棕褐色或藍色人的性格特質；但這導致大多數擁有其他生命色彩的孩子在長大成人後感到困惑，或者跟真正的自我是脫離且缺乏連結的。

# 第二章　身體類生命色彩

## 紅色

紅色人重視身體和性慾。他們喜歡透過身體與肉慾來展現自己，憑藉熱情、堅韌、勇氣和自信活在當下。紅色人喜歡活在現實的世界裡，掌控周遭的環境。他們認為，真實世界必須是具體的，必須讓他們能夠看得到、聽得到、聞得到、觸摸得到、品嚐得到。

紅色人的想法一點也不形而上。一面牆就是一面牆，沒什麼好討論或臆測。真實就是眼睛所見那樣，既不虛無飄渺，也不複雜難懂。他們要求實證，證明某個東西真實存在，而且必須是具體的。紅色人提醒我們：我們有身體，我們是血肉之軀。這些擁有強大人格特質的人，非常享受生命中身體層面的部分，他們不會把人生視為一場虛無，或想逃脫，遁入奇幻的想像世界。

這個色彩的人不會把注意力放在精神層面。如果他們從小就是基督徒，他們會將上帝視為真實活躍的存在，是公平與正義之神，而不是深奧難解的概念、某種意識或能量。他們會去教會，或加入宗教組織，是因為他們喜歡在敬拜時的歌唱、跳舞等肢體的展現。他們在宗教組織裡扮演勞動者的角色，例如搬動教會的椅子、建造教堂、在唱詩班唱歌，或者義賣會架設攤位，協助處理一切與實務有關的事項。

需要用到體力與耐力的時候，紅色人最顯得生氣勃勃，得心應手。他們喜歡像是實際搬動物體之類的挑戰，不喜歡處理與心理或情緒有關的問題。他們是工作者，能夠透過打包與拆箱、移動家具，或者建造房子，將他人的想法化為具體。這種人的性格務實、注重現實、努力工作，並且是行動導向。他們喜歡看到自己努力過後的直接成果。

與紅色人互動時，他們會誠實得讓人意外；也可能很唐突，讓人覺得有些粗魯。他們可能會非常直率，直言不諱。他們同時也是活力充沛、勇氣十足、充滿毅力與耐性、樂觀、忠誠、誠實且值得信賴的人。處於穩定狀態時，他們不太會動怒；但如果真的生起氣來，也會很快平息，不留嫌隙。不過一旦狀態失去穩定，紅色人就很愛發火、容易沮喪或肢體大爆走，有可能變成危險人物。他們常常是透過捶打牆壁、挑釁打架或激烈的性行為來發洩怒氣。

當紅色人保持穩定時，他們會尋找運動這類的適當管道發洩憤怒與精力。受到傷害時，他們解決痛苦的方式類似動物會採取的方式，例如在情感上抽離，在生理上就是大打出手。這個色彩的人有近乎動物求生存的本能。他們能在某個情況下感覺得到有危險出現，可能帶來威脅。他們憑直覺就知道需要什麼技巧與資源來克服難關，他們也很會幫助別人從自然災害中生存下來，例如水災、火災、地震等。他們在面對危險時會展現出無與倫比的勇氣。

紅色人可能很保守，無法接受新事物，相信眼前所見才是真實，自己的做法才是最好的。他們傾向為自己的感覺與想法辯護。對於紅色人來說，要擁有長久的關係是一大挑戰，因為要真正認識他們並不

容易。他們總是難以敞開心胸或者不太輕易信任別人，而且他們堅硬的保護殼往往會傷害到別人。

為了重新恢復平穩，紅色人必須為自己的精力跟灰心找到可以宣洩的適當管道，而且要學會什麼時候該放棄，什麼時候該努力堅持下去。比如說，當滾滾洪水即將淹沒整個城鎮，紅色人已經筋疲力竭時，他們仍會奮戰下去，因為他們討厭放棄。這類型的人過於固執，非要堅持到底不可，結果總是無法看到其實還有別的選項。如果城鎮真的即將被淹沒，「在能力範圍內拯救，之後再回來重建」應該會是更好的選項。他們無窮的精力與毅力往往讓被找去幫忙的人累到翻。紅色人必須學會分辨堅持與固執的差異，緩和自己大剌剌的部分，並學會讓別人表達自己的看法與信念。

憑藉著熱情、勇氣與活力生存於現實社會中，是紅色人的人生目的。他們選擇透過觸覺、味覺、嗅覺、視覺、聽覺這五感去體驗人生，而且是全面地體驗。他們也樂意將想法與計劃具體實現。紅色人瞭解行動的意義，希望可以真正地享受人生。

## 關係

雖然紅色人喜歡跟伴侶在一起，但是卻很難跟伴侶在情感上有親密的連結與互動，對於想要與紅色人建立深厚感情的人來說，這很令人挫折。紅色人非常忠誠，會一手包辦家中勞務；但在其他方面就不知道該如何與伴侶互動，因為他們很在意個人隱私，不會輕易講出自己的感覺，也不會往自己的內在深入省思。儘管紅色人有時候很喜歡待在群眾裡，不過他們對於建立關係非常謹慎小心。他們喜歡跟朋友在一起嬉鬧，但也希望有獨處的時候。他們會在想要自己獨處跟需要他人陪伴之間來回擺盪。

要應付紅色人的激烈性格，他們的另一半得非常堅韌、獨立、非常瞭解自己，而且必須要能承受他們築起的情感壁壘，還有暴烈、有時甚至危險的脾氣。即使紅色人每次一發脾氣馬上會冷靜下來，但另一半可能很快會對於這種突如其來的發作感到戒慎恐懼。紅色人的個性很吸引人、很強烈，也很強大。有些人喜歡他們那種無往不勝的力量與旺盛充沛的精力，也喜歡這些難以預測的紅色人為自己人生帶來的挑戰與刺激。大部分紅色人都勤奮工作，是腳踏實地的現實主義者，能讓另一半擁有真誠且實際的生活。不過有時跟紅色人生活在一起，會感覺好像在跟牛賽跑。

## 性

性對於紅色人而言，是充滿慾望與感官享受的經驗。這些擁有堅強性格的人相信，性慾是生活中不可缺少的部分。他們認為性愛是生命中一種肉慾上的歡愉，是擁有肉體所帶來的一種愉悅，應該用激情熱烈地享受生命，完整體驗它所帶來的感官享受。對紅色人來說，性愛是人生最極致的歡愉，就像他們也會細細品味嗅覺、味覺、觸覺上的感官體驗一樣。

但紅色人也會認為性與愛並非總是一體，而是與慾望、激情、肉體有關。對紅色人來說，性不應該是種禁忌，而是再自然不過、應該好好享受，且讓人愉悅的肉體經驗。紅色人若是身處於限制或譴責性行為的社會中，會很不好過，因為恪守社會規範終究還是會讓他們倍感焦慮和沮喪，也會讓他們懷疑自己的本質上是否出了問題。紅色人在性方面很需要徹底且感到自在的體驗。

## 身為父母

雖然紅色人會努力工作，為孩子提供衣食無虞的環境，但卻不見得跟孩子很親密。他們不太會表達情感，也不會跟孩子講述自己的感受。要他們敞開心胸分享自己私密、柔軟的部分，是很困難的。一起打球或做些粗活，才是他們能想到跟孩子產生連結的方式。

他們的孩子可能會被紅色父母的火爆脾氣與大力氣給嚇到，他們要不是很崇拜父母，就是怕得要命，或者覺得自己被拒絕，沒有被愛，這取決於孩子本身的光環色彩為何。不過紅色人並不是不愛自己的孩子，他們其實是很保護跟關心孩子的，他們只是不擅於表達自己的情感。紅色父母會教導孩子誠實的重要性，以及人生要靠自己打拼的信念。

## 身為小孩

紅色小孩總是很難應付。雖然他們很努力，也願意完成該做的事；但他們也可能過於固執，脾氣又差，讓父母感到相當挫折和沮喪。他們是最有可能會在學校帶頭滋事的傢伙，因為他們瞭解蠻力與跟拳頭的威力。雖然他們不想成為領袖，但也不想任人擺布。紅色人非常獨立，同時個性強悍。

他們在學校會對可以立即應用於生活的科目比較有興趣，例如汽車修理、木工、運動、音樂、烹飪、縫紉等課程，這些遠比哲學課更吸引他們；如果課程內容無法應用於生活，他們就會覺得毫無意義可言。他們是努力與誠實的工作者，但得要在其中看到實用性。

儘管每個孩子都需要也感受得到愛、情感與讚揚，紅色小孩卻會對於赤裸裸表達的情感感到難為

情。他們比較喜歡收到實質的獎勵，像是玩具、糖果之類。他們喜歡看到自己辛苦努力後所獲得的成果，所以「延遲獎勵」會讓他們難以忍受，並感到很沮喪。比方說，他們應得的獎勵如果是去迪士尼樂園，他們就會覺得應該要馬上去，而不是一個月以後才去，否則他們會無法將行動與獎賞連結起來。

身為紅色小孩的父母，挑戰之處就在於要幫助他們找到可以抒發挫折、怒氣跟無窮精力的健康管道，例如運動等消耗體力的事情。父母也必須幫助他們理解跟學習，如何以正面審慎的態度表達自己內在的感受，不妨經常溫和地與孩子討論他們有什麼感覺，來教導他們學會表達，幫助他們學習溝通的方法。

## 解決問題

紅色人解決問題的方式是以行動為導向（有正面期許、強而有力的行動）。他們不喜歡講理論。雖然他們很聰明，但是他們寧可把計劃直接付諸行動，看看是否可行。紅色人比較喜歡解決實質性的問題，而不是精神層面的問題。例如，如果一架鋼琴沒辦法從門口搬出去，他們可能會直接從窗戶搬出去、把門弄大一點，不然就是把鋼琴拆了。他們不會花幾個小時坐下來討論解決方法，而多半是靠直覺、堅持，或純粹用蠻力來找出解決方法。

處於狀態穩定時，紅色人會樂觀地認為所有問題都可以解決，但他們可能是治標不治本。他們會著重在問題上，用所有可能的方法嘗試把鋼琴移出房間。他們通常會找到可以解決的方法，即使所有人都認為無計可施，他們還是會堅持下去。他們也有那個體力與毅力把石頭推上山，耐力超乎常人。他們不

喜歡被環境給擊敗。這種純粹的樂觀與堅持下去的意志，往往會為其他人帶來啟發。

身心失去狀態穩定時，紅色人則是容易生氣與洩氣。其他人可能會很受不了他們一直想堅持下去跟戰勝一切。他們可能會讓團隊的人累垮，然後還不斷指責別人沒用又軟弱。他們那種要打敗對手、克服挑戰，而且不計一切代價要贏的渴望，很快會讓自己陷入孤立，讓別人根本不願伸出援手。

紅色人在解決問題的時候，會以很務實的角度審視一個計劃真正的重要性為何。雖然他們通常能就實質性的問題找到現實的解決方法，但不是每個問題都只存在於現實層面。光靠力氣並不是長久之計，有時甚至連緩兵之計也稱不上。（由於他們無比的勇氣與無私的奉獻，紅色人在戰爭時期會是無所畏懼的英雄。）

## 金錢

紅色人多半很有生意頭腦，理財很有成效。儘管都有例外，他們大多數不必太拼命就能賺到不少錢。錢對他們並不是那麼重要，只要能夠滿足基本所需，達到衣食無虞，他們就心滿意足了。紅色人喜歡好東西，像是好的衣著、舒適的家具、品質良好的工具與用品等，但他們的人生不會被物質所操控。他們不太擔心有沒有錢，因為知道自己可以自給自足，而且他們總是可以找到工作，賺到足夠的錢養活自己。他們視金錢為真實且現實的必需物，但不是能夠主宰人生的東西。

## 成功

成功對紅色人而言是可以具體估量的。他們認為只要努力，就可以有直接且明確的結果，而且喜歡採取行動，將某個想法或計劃付諸實踐。成功是需要勇氣、精力與毅力去克服或掌控環境。

## 職業

紅色人偏好需要勞力的工作，讓他們可以施展靈巧的身手，並且立即獲得成效。他們不想要坐等事情發生，而是想要自己能夠掌控結果。紅色人喜歡自己當老闆，以便能夠掌控自己的時間與精力。他們想要從事的行業，是能夠親眼看到自己真正具體完成了某件事。由於他們吃苦耐勞，身強體健，所以非常崇敬大自然的力量與偉大，而且常常很感激能夠在戶外工作。他們也喜歡接受挑戰，在惡劣危險的環境裡勇往直前。

紅色人對下列的職業會比較感興趣：

| | | | |
|---|---|---|---|
| 消防員 | 保全人員 | 技工 | 服務生 |
| 救生員 | 卡車司機 | 搬家人員 | 歌手 |
| 警察 | 重型設備操作員 | 肉販 | 舞者 |
| 軍事人員 | 營建施工人員 | 曳引機駕駛與農夫 | 模特兒 |
| 足球員 | 店長 | 外科醫師 | |
| 拳擊手 | 維修員 | 酒保 | |

有些紅色人會出現在娛樂圈，例如瑪麗蓮・夢露（紅色／黃色）、桃莉・巴頓（紅色／黃色）[2]、梅・蕙絲（Mae West）[3]、西恩潘（紅色／黃色）、瑪丹娜（紅色加紫色）。

### 健康

他們的健康問題通常與工作有關。例如可能因為太常搬東西造成疝氣或背痛、拿刀切肉時不小心切到手指、被火燙傷，或在追捕嫌疑犯時遭到對方槍擊。紅色人要保持身體健康，必須學會適可而止，不要做得太過頭，完成工作後也不要過於亢奮，並且避免暴飲暴食。他們喜歡感官的愉悅享受，因此會熱愛美食與美酒，而忘了要節制。

## 橘色

橘色人在光環色彩中是屬於追求刺激與冒險犯難的類型。他們喜歡帶有危險性的挑戰與刺激感，喜歡向周圍的環境挑戰，而且要超越身體極限。這個色彩的人甘願冒上生命危險，只為了要真正感覺自己活著，而且要是真正攸關生死的危險才行，這樣才能為他們帶來成就感與滿足感。他們喜歡危險當頭時腎上腺素急速分泌的亢奮感。橘色人認為刺激、狡詐的伎倆、亢奮，是人生必不可缺的項目，其他都是可有可無。武打明星成龍和知名摩托車特技演員伊夫・尼韋爾（Evel Knievel）都屬於橘色人。

橘色人是現實主義者，喜歡挑戰、克服現實的問題，而不是清談抽象的哲學思想。這些愛冒險的人

認為人生是真實而明確的存在，精神層面沒什麼太大意義，他們不想為這類概念煩惱。橘色人喜歡想像接下來會有什麼挑戰，擬定好策略，然後採取行動，只不過他們不喜歡有安全措施。對於橘色人來說，風險愈大愈好。他們喜歡「大膽抵達過去無人可及的地方」。他們會從各個面向規劃並審視自己要去完成的壯舉，直到滿意為止，然後再往更危險的階段前進。

橘色人非常善於透過對手的眼睛觀看事物。他們會預想對手會採取怎樣的行動，或者目標對象會怎樣反應，然後依此來擬定自己的策略。橘色人會從心理、生理與情感層面思考要如何克服所有相關因素，並在心理上做好萬全準備、分階段制訂計劃，以便真正存活下來。

若是處於穩定狀態，橘色人很會靈活應變，極度擅長揣摩對手的心理、推敲每個可能的計謀，然後大膽採取行動。他們可以用最充足的幹勁與自信過上最原始的生活，他們的勇氣與膽量也讓旁人折服。即使可能面臨死亡，他們仍勇敢地迎向挑戰，追求理想。他們也會無所畏懼地冒著生命危險拯救別人，成為偉大的英雄，例如在火場救人的消防員、攀登險峻山嶺的救難員、冒著生命危險拯救人質的警察。大多數橘色人不認為自己是什麼英雄，只是職責所在。

若是不夠穩定，橘色人可能會表現得很任性、很自我中心，活在自己的世界裡，不管會對家人造成什麼樣的影響。他們不太會表達情感或同理心，不懂得溫柔體貼，導致時常表現得很冷漠疏離。橘色人

---

② 美國歌手，以鄉村音樂的創作和演唱聞名。

③ 美國眾所皆知的性感偶像，活躍於一九〇〇到七〇年代。

面對的一大挑戰就是認識自己、進入自己內心，還有從心理、情感與精神上瞭解自己是誰。他們唯一願意面對的，就是那些需要體能上的勇氣與技藝的冒險。

橘色人若想一直保持穩定，就必須體悟到人生需要維持平衡——一種身心靈的平衡。要維持平衡，除了冒險挑戰外在的世界，也要探索內在的世界，這樣才能夠真正體驗生命的各個面向，也才能活得夠長久，並擁有隨年紀增長的智慧。

橘色人的人生目的是要極致地體驗身體的存在，達到現實的極限，並且大膽超越。就他們看來，重點在於自由地探索新的領域，面對各種因素，並且獲得勝利。他們不想受限，他們想要的是憑藉著勇氣與膽量，面對面挑戰人生。他們期盼自己能夠在生理與心理上都靈活應變，有能力迎接挑戰，並且克服困難。

## 關係

橘色人通常對於婚姻或家庭沒什麼興趣。對他們的伴侶來說，要能夠接受橘色人那種大膽的冒險實在不太容易，多數時候只能無可奈何地看著對方準備與打包裝備，不知道會有什麼後果、不知道還能不能再見到對方。這種不確定往往會導致彼此的衝突，大多數伴侶都無法應對；緊張的關係也常造成多數的伴侶關係以失敗告終。

因此橘色人通常都是孤家寡人。他們實在太熱衷於自己的冒險活動，沒辦法承諾維持長期穩定的關

係。他們在伴侶關係中通常只顧自己。他們去面對危及生命的冒險，是為了滿足自我的成就感，而不是為了他人。他們也不願意放下自己對於冒險的熱愛，去安撫所愛之人的恐懼。跟伴侶、孩子住在郊區，做著一份朝九晚五的工作，對於橘色人來說簡直是一種凌遲。

獨來獨往的橘色人，不太需要或想要建立親密的關係。他們認為，生命具有一種近乎動物般的原始本質。他們對同理心或體貼沒有什麼興趣。勇氣、膽量與冒險才會令他們整個人振奮起來。比起經營兩人關係，從冒險中存活下來更能激起他們的熱情，也更能使他們興奮。完成任務與平安活下來才是他們人生的全部。

由於身手矯健、技藝高超，橘色人通常身材好又修長，這點當然很容易吸引到異性。基本上他們要吸引異性不是難事，但要維持長久的關係就不容易。若想要維持穩定的關係，橘色人要找的另一半最好要很獨立、靈活，情感上夠堅強，才能包容他們的所做所為。或許他們可以找膽子夠大、喜歡冒險活動的人當作伴侶。只不過橘色人的伴侶還必須尊重他們那種極端的獨立自主性，並且忍受他們情感上的疏離。

## 性

性對橘色人不是那麼至關緊要，冒險活動的刺激感與亢奮才是他們最有興趣的事。若是出於主動，橘色人會覺得性很好玩，是一種不錯的放鬆，一種身體功能的運作，但外頭還有真實的世界正在等著他們去探索與征服。若是出於被動，橘色人會認為性是一種征服，一種挑戰。他們會在性方面利用別人，

然後一到要準備規劃冒險活動時，就會把對方丟在一邊或忘個精光。

## 身為父母

橘色人通常沒有小孩，因為小孩會綁住他們，令他們感到累贅。但如果有孩子的話，他們大多會把養育責任丟給伴侶，使得另一半對於他們這種態度怨恨不已。由於橘色人太喜歡冒險，通常不會是孩子的好榜樣，而因為不太溝通，也缺少情感上的交流，他們跟孩子也不親。他們通常不太關心孩子在教育或作息上是否有良好規範。

## 身為小孩

橘色人從小就喜歡冒險。他們會從很高的跳水板往下跳、爬到樹頂或從屋簷上跳下來，弄得渾身是傷也沒在怕。他們喜歡探索與挑戰身處的環境，讓父母因為擔心孩子的安危而覺得很頭痛。橘色的孩子會一直尋求刺激冒險的事。

橘色小孩不喜歡上學，覺得很無聊，更別說學校那些被動、知識性與非體能性的學習項目。他們膽大妄為，總是造成學校管教上的問題，跟其他同學也很疏遠。絕大多數學生並不像橘色小孩喜歡做那些危險的事，所以他們寧可自己把摩托車騎上陡峭的山坡，或試圖穿過危險湍急的河流。

對橘色小孩的父母而言，最困難的就是讓他們自由去探索外面的世界，而不讓自己緊張到胃潰瘍。橘色小孩天生注定過著危險的人生，父母親或許可以幫助他們學習如何計算風險，規劃成功的策略，因

為這才是讓橘色人在從事冒險活動時能夠安全存活的最好方式。如果他們能夠在面對危及生命的壓力下學會冷靜思考，他們就有機會活得夠久，活出更豐富的人生。（許多黃色人跟橘色人有類似喜好，行為舉止也很像；但黃色人怕痛，他們會隨著年齡漸長變得沒那麼愛冒險，並且謹慎許多。一般來說，黃色人愈來愈成熟穩重之後，就不會像橘色人那樣繼續從事極端的冒險活動；而且黃色人需要朋友，橘色人比較獨來獨往。）

## 解決問題

橘色人會檢視各種因素、計算風險、把所有可能的狀況先設想一遍、確認所需裝備都準備齊全、移除安全裝置，以便讓挑戰的刺激性與危險性達到極致，然後就去做。他們偏好從事體能挑戰，視生命為一場競賽，而把比較世俗的挑戰與日常生活的瑣碎問題留給其他人。雖然在面臨攸關生死的狀況時，橘色人在謀劃策略與解決問題上一絲不苟、小心翼翼，但對其他問題可就完全興趣缺缺。

## 金錢

由於橘色人喜愛冒險，他們似乎也很清楚自己可能壽命不長，因此對金錢並不是很在意。他們認為錢不過是一種工具，讓他們能夠在冒險的旅程中獲得所有必需的裝備。品質對橘色人而言很重要，所以若是去爬山，他們就會買齊用錢可以買到的最好配備，金錢可說是他們冒險活動的輔助。橘色人對於理財或長期規劃沒什麼興趣，而他們多半來不及享受退休的福利。所以他們比較是為了眼前的刺激而活。如果只是為了達到財務上的安全感而工作，對他們而言就實在是太無趣了。

## 成功

橘色人所認為的成功，就是每次克服自己所設定的挑戰，然後平安歸來。他們對成功的定義非常清楚明瞭：攀登至頂峰、按照計劃完成驚險的任務、贏得比賽、進出火場而安全無恙。

## 職業

橘色人喜歡自由接案，做自己喜歡做的事來獲得報酬，然後可以隨時去從事下一次的冒險活動。他們一般不會選擇責任繁重的工作，也不喜歡行政性質的工作。坐辦公桌對他們來說實在太靜態與乏味。這些冒險家喜歡有自主性的工作，例如接受某家企業贊助參加賽車比賽、潛水下去尋找藏在水底或海裡的寶藏，或者從飛機上做出驚險特技、為廣告宣傳。他們喜歡單槍匹馬的較勁，不喜歡團隊競賽，因為這樣才能真正測試出他們的技藝，不過這也使他們無法成為好員工或是團隊成員。

橘色人對下列職業會比較感興趣：

| | | |
|---|---|---|
| 賽車手 | 特技替身 | 深海潛水伕 |
| 跳傘運動員 | 登山家 | 賞金獵人 |
| 滑翔翼飛行員 | 探勘者 | 私家偵探 |
| 野外嚮導 | 救生員 | 保鏢 |
| 溯溪泛舟者 | 消防員 | 馴獸師 |
| 獵人 | 警察或調查員 | 高空特技表演者 |

橘色人似乎比較容易有割傷、瘀傷、擦傷、骨折這類的皮肉傷，比較不會有因壓力或心理因素造成胃潰瘍這類的健康問題。他們在健康上最大的問題就是能否活得夠久，最後才有和老年相關的身體疾病。要維持健康，橘色人必須要針對冒險活動的各個面向思考周全，而且要審慎地規劃。

在從前，由於比較需要體能上的膽量與體力，所以身體類生命色彩的人（特別是紅色人與橘色人）會比較常見。不過到了現在，人類已經愈來愈能掌握生存的基本需求，心智類和情感類生命色彩的人似乎變得更普遍了。

## 紅紫色

在所有光環色彩中，紅紫色人是最不遵循常規的人，現今比較少見。別人通常會覺得他們怪怪的、獨來獨往。他們會從不同尋常的角度看待人生，不會遵循社會規範。這些我行我素的人認為，追隨大眾的腳步既無趣又受限。他們比較喜歡不受拘束地活著。同儕壓力對他們沒什麼影響。他們只按照自己的步調行事。

紅紫色人非常聰明，也富有創造力與創新精神，熱愛最新流行的用品與發明；而他們自己常常也是發明者，喜歡想出新奇的方式做事情。他們樂於創作出奇特、有爭議性的物品，但看起來帶點藝術性，又很新潮，甚至可以說是超越潮流。他們的想像力沒有極限，不過他們也是會拿現實世界裡具體的東西

來嘗試。他們喜歡把實質的東西弄成新的樣貌，但一般人會覺得很怪異。他們創作的藝術很獨特又古怪，普普藝術教父安迪・沃荷（Andy Wharhol）就是紅紫色的代表人物。

紅紫色人處於平衡狀態時，會很樂意並勇於建立自己的風格。他們喜歡改變，熱愛超越傳統與習俗。他們喜歡驚世駭俗，想把大家從平凡單調的日常生活中搖醒。例如，紅紫色人會穿著奇裝異服、頂著紫色的龐克髮型上街。其他人通常沒那個膽子或念頭去過紅紫色人的那種生活。紅紫色人會做異於常人的事，只是為了體驗而去嘗試新的事物。保持狀態穩定時，紅紫色人能接受、欣賞自己，也會讓別人做自己。他們大多很愉悅與樂天，喜歡保持幽默感看待人生。有這種獨特性格的人，有強烈的期盼與決心，去過著完全符合自己想望的生活。

當紅紫色人不夠穩定時，他們會感到沮喪、孤立、寂寞。他們沒法忍受跟隨大眾，導致嚴重憂鬱。但是否要出去結交朋友，取決於他們可以從眾到什麼程度。處於不穩定的狀態時，紅紫色人沒法真正過著自己那種奇特又創新的生活，這將導致他們自尊心低落、喪失信心、感到無趣。他們會失去體驗人生的渴望，反而覺得是種負擔或懲罰，與他們所知的愉悅經驗大相逕庭。要能夠再度保持穩定，紅紫色人必須要先愛自己和接納自己，允許自己與別人不同、用自己獨特的角度看待人生，並按照自己那種有創意的直覺行事。

由於行為舉止奇特，紅紫色人喜歡住在人多的大城市裡，這樣比較不會引人側目，也不會有得和別人一樣的壓力。這些自由奔放的人通常不在乎別人怎麼想，但他們在大城市裡更能自由表現自己。這些

不喜受到約束的人，多半不會加入什麼組織，因為他們不想被規定或期待所侷限。他們無法在組織裡生存。他們沒法當追隨者，也不想承擔做為領導人的責任。他們會有自己的步調，幫自己跟別人找樂子，然後想去哪裡就去哪裡。他們只有這時候才會成為帶頭的人：在既有限制的牆上鑿洞。跨過這些界限後，紅紫色人會號召其他人也跨過他們加諸在自身的限制。

好笑跟荒唐的事會吸引紅紫色人。他們奇特的幽默感瘋狂而古怪。他們也非常坦率。紅紫色人喜歡成為眾人注目的焦點。他們喜歡透過表演、演奏、創造奇怪的趨勢娛樂大家。當處於穩定狀態時，他們跟各式各樣的人都能處得很好。他們那些形形色色的朋友，就跟他們對衣服或居家裝潢的品味一樣，也是相當古怪，五花八門，而且愈怪愈好。不過他們卻很難有親密的朋友。因為他們不喜歡為朋友負責或被朋友綁住。他們比較喜歡自由又輕鬆的關係。若還要顧到別人的情緒，實在是太受限了。

雖然他們喜歡跟人來往，但他們最終還是會一個人，因為大多數人都受不了他們古怪的思考模式。大家可能會在一時間被紅紫色人逗得很開心，但最後還是會因為他們奇怪的言行而感到尷尬。所以紅紫色人最大的挑戰，就在於要如何面對因為受到誤解，以及不被社會接受所造成的孤立感。

紅紫色人有著自由不羈的靈魂，他們喜歡旅行、跟別人聊天、探索不同文化，充分地體驗人生。他們老是會想些新奇、不一樣的事情來做，但是他們也只把時間花在那些他們感興趣的事情上。

由於紅紫色人不喜歡紀律與秩序，所以他們的生活是一團混亂。他們可能老是忘記要繳帳單，即使錢夠也會忘記要去繳。紅紫色人的人生目的就是去探索新奇的事物，在日常生活以外到處嘗試。他們努

力不讓人生變得理所當然，樂於讓我們去質疑、推翻普世公認的限制，讓我們不輕易滿足於現況。

（許多黃色／紫色組合生命色彩的人，會認為自己是紅紫色人，因為這兩個類別的人有非常多類似的特質與體驗。不過紅紫色人偏向注重、喜好物質世界的奇特之處。他們不像黃色／紫色人，紅紫色人並不關心精神層面或人權、環保這類的議題。紅紫色人喜歡住在大城市，黃色人卻喜歡住在比較自然的環境裡。請參閱本書關於黃色與紫色人的人生目的，來確認哪個才是自己真正的生命色彩。）

## 關係

紅紫色人喜歡跟很多人在一起玩樂，對生命充滿興趣。他們不喜歡一直很嚴肅或緊張兮兮。他們會與致勃勃地去認識別人、大笑、嚇唬大家、一起玩樂，然後離開。多次又短暫的婚姻很常見。他們相信承諾，因為這是與某個人真正變得親密、全盤瞭解對方的最好方式。但他們難以承受長期緊密的關係。當關係變成了責任，他們就會跑掉。他們會在婚姻中持續到能夠親密瞭解自己的伴侶，短暫與對方分享、互動。但在婚禮前，紅紫色人的伴侶應該就能覺察到，他們的婚姻可能維持不了多久。

紅紫色人也喜歡開放式的婚姻。他們想要自由地探索與嘗試，不想要遵循規定或期待而活。過了一陣子，這樣的狀況就會惹惱他們的另一半。紅紫色人難以捉摸、出人意表、反應很快且精力旺盛，但他們與眾不同的生活方式最後會讓伴侶受不了。

紅紫色人心地善良，分手的時候不會傷害到他們的伴侶。雙方通常都還是能維持良好的友誼。他們

會優雅又得體地離開對方。

## 性

對紅紫色人來說，性愛就是跟不同人進行的一場冒險之旅。它是一種用不同方式去嘗試的實驗，或是一種瞭解他人的體驗。只要不會變成緊繃或嚴肅的糾纏關係，得遵守什麼規定或有所限制，性愛對他們來說就是很愉悅的事。若是性愛總是讓人感到興奮、有變化，且有驚喜感，紅紫色人就會一直跟自己的伴侶在一起。只是紅紫色人通常不會只有一個性伴侶，因為單一伴侶會讓生活很無趣。

## 身為父母

紅紫色的父母喜歡小孩子新鮮、不受限制的視角。在孩子身旁看著他們怎樣參與人生，會讓紅紫色人覺得非常有趣。不過紅紫色人往往無法負起養育孩子的責任，他們通常沒辦法提供給孩子安定或穩固的環境。雖然沒有設什麼規定或界線對小孩來說算是一大解放，可以大玩特玩；但也會為他們製造混亂，特別是當他們要進入一個需要循規蹈矩的環境的時候，例如學校。紅紫色的父母很愛小孩，其實他們自己更像是有創造力但卻叛逆的孩子，會被父母責任的重擔壓得難以喘息。不過紅紫色的父母會鼓勵孩子盡情探索自己想像力與創造力的天賦。

## 身為小孩

紅紫色小孩跟紅紫色成人並沒有太大差異，只是大人比較能自由表現出自己富有創造力、大膽冒險的一面。紅紫色小孩還是必須遵循學校的規定或父母的期望，但這往往讓他們很沮喪，甚至受到壓抑。

雖然紅紫色的小孩很聰明，充滿好奇心，但是他們只對自己喜歡的課程感興趣跟投入。如果某個科目不吸引他們，紅紫色人就會尋找可以轉移注意力的目標。學校老師會認為紅紫色的小孩有問題行為，因為他們不願意好好遵守校規。紅紫色的小孩跟紅紫色的成人一樣，都很機靈、具有創新精神，但往往會受到社會排拒。

紅紫色小孩父母的挑戰，在於要為他們找到能被接受的宣洩管道，讓他們可以展現過人的創意才華。藝術、戲劇、演說或是木工之類的課程，通常可以提供紅紫色小孩一個比較有彈性的管道，展現他們傑出的才能。雖然這類小孩很獨立，但是他們也無法讓注意力持續集中，所以會需要額外的監督，好幫助他們完成作品。許多時候，他們必須被安排到特殊的班級，才能接受個別的指導。相對於制式的班級教學環境，比較特殊或非傳統的教育方式，會讓紅紫色的小孩比較感興趣。

紅紫色的小孩如果可以用自己有創意的方式來完成作業，他們的學習效果會最佳。他們的頭腦聰穎，能夠構想出有創意的點子跟方式來做作業。他們獨特的思考方式源自於奔放不羈，而不是出於憤怒或叛逆。他們沒有什麼惡意。或許教育體系終有一天會發現，並非所有的孩子都是透過同一種歷程學習，而教育體系將會重新調整，涵蓋到紅紫色小孩的需求。（同樣地，紅紫色人與黃色／紫色組合生命色彩的人很容易混淆彼此。紫色小孩似乎對於人生有宏偉的願景，擁有超齡的智慧；紅紫色小孩通常是不遵循社會常規的怪咖，喜歡從奇特的角度看世界。）

## 解決問題

紅紫色人通常會用創新、奇異的方式解決問題。當狀態穩定時，他們會從一種獨特的角度來處理狀

況，但別人會覺得是脫離現實，不切實際。他們典型會做的事，就是把自己稀奇古怪的點子真正付諸實現，做出具體的東西。失去狀態穩定時，紅紫色人會非常消沉、迷惘、困惑，完全提不起勁去處理問題。如果能用幽默的方式讓他們想起生命的荒謬之處，他們通常就會恢復生氣。

## 金錢

紅紫色人會腳踏實地去賺錢。他們知道自己需要錢來應付生活開銷；儘管他們實際上不想為錢奔波，或是基於社會普遍的價值觀而工作。他們喜歡活在當下，不想等到退休才享受人生。因此他們喜歡做能賺到很多錢的工作，然後辭掉工作，帶著賺來的錢好好度個長假。當錢用完的時候，他們才會去找新的工作。紅紫色人總是能夠賺到自己所需要的錢。買完必需品之後，剩下的錢他們就用來玩樂。他們愛好購買稀有的物品。錢讓他們能嘗試新的事物，但並非不可或缺，因為他們總是可以找到其他方式做自己想做的事情。

## 成功

對於成功與否，紅紫色人認為是要看他們能夠多自由地表達，還有他們可以脫離社會規範多遠。

## 職業

紅紫色人會有興趣的職業，是那種能夠讓他們自由展現自我、研發新想法或點子的職業。他們不喜歡傳統朝九晚五的工作，喜歡可以讓他們快速賺到大把鈔票、然後去旅行獲享受人生的工作。紅紫色人喜歡靠著創意的優勢過活。他們偏好去做能讓他們探索、創新、發揮創意的案子。他們也擅長想像某個

東西，然後將其化為具體。他們還會拿具體的物品東弄西弄做，打造出奇異的藝術作品。

不過，紅紫色人無法集中注意力太久，所以他們常常沒能完成計劃。他們會很快就覺得無聊，失去興致。他們通常不是很可靠的員工。紅紫色人喜歡有彈性、有創造力或有創意的工作。他們會是不錯的作家或舌燦蓮花的業務員。幫蒙提・派森（Monty Python）[4]寫劇本或許會吸引紅紫色人。

其他紅紫色人會感興趣的職業如下：

| | |
|---|---|
| 藝術家 | 藝術品交易商或收藏家 |
| 小丑 | 舞臺服裝設計師 |
| 喜劇演員 | 攝影師 |
| 演員 | 前衛出版品的出版業者 |
| 作家 | 企業家 |
| 創作者 | 業務員（特別是特殊物品） |
| 布景設計師 | 雕刻家 |

## 健康

紅紫色人的健康沒什麼太大問題，雖然他們怪異、不規律的生活方式，還有奇特的飲食習慣最後還是會影響到身體。參加通宵的社交活動導致睡眠不足，或者在凌晨三點吃大餐，都會讓身體吃不消，最後造成健康大崩壞。因為很難要他們減少活動或養成規律的飲食習慣，他們的身體往往會因此搞壞。

## 黃色

在所有生命色彩中，黃色人是最喜歡玩樂、最自由奔放、精力最旺盛，個性也最像小孩子的人。黃色人善解人意、樂觀、人非常好，他們的人生目標就是把歡樂帶給大家、玩得開心，還有協助拯救地球。黃色人若不是很害羞敏感，就是聚會活動的焦點人物。這些喜歡玩樂的黃色人有絕佳的幽默感。他們喜歡開懷大笑，也喜歡讓別人笑。他們相信生命是用來享受的，喜歡過著無拘無束、隨心所欲的生活，而且臉上總是帶著笑容，提醒大家不要對自己或問題看得太認真。

黃色人會傾向完全不工作，除非工作很有趣、好玩、有創意。他們喜愛大自然，總是很關心野生動物保育與環境問題。黃色人很喜歡狗，而且他們最要好的朋友往往就是狗。黃色人可說是愛好玩樂的絕佳玩伴。

另一方面，這些敏感又很孩子氣的人喜歡討好別人，希望每個人都喜歡他們。黃色人可說是地球上最樂天又體貼的人。由於希望每個人都快樂，他們會過於慷慨大方。人們之所以會被黃色人吸引，是因為大家覺得在他們身邊比較輕鬆快樂。這個色彩的人喜歡跟很多人在一起，但他們也需要有空間與時間讓自己獨處。不過黃色人也有極端固執與反叛的一面。他們痛恨別人使喚他們做東做西，常常反其道而行，只為了證明自己無法被掌控。

④ 英國的超現實幽默表演團體，著名作品有電視喜劇《蒙提・派森的飛行馬戲團》。

黃色人從小就最受到壓抑，因為他們總是精力太旺盛、充滿好奇心。許多父母傷透腦筋，不知要怎麼教養這些活蹦亂跳的小鬼。黃色人穩定時全身精力充沛，彷彿怎樣都用不完。他們很難只靜靜坐著不動。當他們在聽別人講話時，總是沒法坐得住，不是用腳敲著地板，就是動來動去。這是黃色人最容易辨識的一個特性。運動可以消耗他們的精力，讓他們保持健康、專注，感覺快樂。會用到長肌的運動，像是騎自行車、游泳、瑜珈、單板滑雪、跳舞、排球、網球、衝浪等，非常適合黃色人，可以讓他們宣洩體力。否則他們那些爆滿的精力若是憋著，可是會內傷的，這會導致他們消沉、憂鬱、疲憊，最後就會生病。所以，當他們覺得苦惱或是憤怒時，要讓他們做些能夠消耗體力的事，這對黃色人來說格外重要。當黃色人生氣蓬勃、身體強健，他們自然會非常開心快樂，對人生充滿熱情，也比較能夠面對人生的挑戰。（請參閱本書第五章關於藍色／黃色人的部分，進一步瞭解關於運動帶來的影響。）

黃色人有著容易成癮的性格。正面的成癮習慣包括了運動、賽事與創造力。當狀態穩定時，黃色人喜歡將自己體態維持得非常好。他們熱愛到戶外遊玩、運動、吃有益健康的食物。他們喜歡大自然、陽光與溫暖的氣候。如果他們可以專注在正面的成癮習慣，他們就可以一直充滿活力、喜悅跟創造力。

黃色人會有的負面成癮習慣包括：藥物、酒精、香菸、咖啡因、甜食（特別是巧克力）和暴飲暴食。他們甚至會沉溺於看電視或打電玩。如果沉溺在負面的成癮習慣，剛開始他們會很亢奮、精力旺盛，但之後就會降到谷底，變得很沮喪、昏昏欲睡、糊里糊塗，不然就是憤怒、反叛。他們的身體非常敏感，因此能夠感受到長期沉溺於負面物質帶來的影響。旁人很難說服黃色人戒除這些負面的成癮習慣，因為

他們就是很享受這些東西帶來的快感，也不喜歡別人下指令。他們是天生的叛逆者，必須由他們自己做選擇才行。黃色人也不太會自我約束，所以一旦上癮，他們就很難戒掉負面的成癮習慣。

黃色人在人生中遇到衝突、不快樂的事，或是缺乏成就感時，就會陷入負面的成癮習慣，但卻不知道該如何解決自己的問題。他們的內在衝突往往是從小時候就開始。覺得自己好像無法取悅父母，是黃色人常出現的問題。（黃色人特別需要跟父親黏在一起。如果他們在情感上覺得父親很疏離，或是在現實中覺得被父親離棄，他們就會感覺受到很大的傷害。）

由於黃色人非常敏感，他們的情感也很容易受到傷害。黃色人能感覺得到有人因他們而苦惱或不快樂，但是他們大多不想面對。不接電話是他們常會採取的解決方式。黃色人知道別人在生氣時，會先嘗試讓對方氣消，接著會在一時衝動下逃跑。如果沒法逃跑，他們就會轉而沉溺於藥物或酒精來麻痺自己的痛苦、壓抑感覺，或是躲避混亂的狀況。他們不喜歡糾結在讓人緊繃的情感問題。為了讓情況好轉，他們會寧可偏向幫對方修理東西，例如車子、健康，或是廚房水槽。

如果黃色人察覺到負面的成癮習慣會讓自己失去活力、快樂、創意，還有年輕的外表，通常就會改為選擇正面的事情來做，例如讓身體多活動。面對自己的衝突，還有保持幽默感，可以幫助黃色人改掉負面的成癮習慣。黃色人也需要學習去面對自己的挑戰，而不是一味地逃避。

不知道要選擇什麼職業是黃色人另一個難題。他們常常不知道要成為什麼樣的人。除了根本不想要工作之外，黃色人還很怕會選錯職業，最後卡在那裡一事無成。工作要夠有趣才能吸引他們。由於他們

需要人生過得彩多姿，因此他們得允許自己可以選擇很多種職業。黃色人也很害怕去做選擇，因為他們不相信自己。他們多半對自己的創造能力、賺錢能力或討好他人的能力不太有信心。

黃色人非常有創意。他們特別熱愛可以用到雙手做的事情，像是畫畫、雕刻、種花、蓋房子、修理器具、維修汽車等。不過他們也很會拖延，所以把車子拆解之後，可能要花好幾個月才能組裝回來。黃色人還可能是很有創造力的作家。體力與創意相關的工作對黃色人而言都有益身心。

透過觸覺，黃色人是非常有直覺力的。這個特質讓他們在按摩與療癒方面特別傑出。黃色人在替人按摩時，直覺就會發現哪些部位需要治療。他們還有特殊的能力，能透過自己的身體傳送能量，這使得他們天生就是治療者。當黃色人擁抱你的時候，你會感覺得到對方身體所傳來的能量，立刻就覺得舒服多了。黃色人也是非常具有本體感（動覺），他們能夠感知到從別人身上和其周遭環境傳來的能量。當黃色人靠近一個正在生氣的人，或是身處於一個充滿緊張、不愉快的地方，他們就會覺得身體不太舒服。黃色人的身體就是他們的氣壓計。

黃色人通常害怕承諾。在他們眼中，承諾就意味著沒得選擇，代表他們必須得成熟一點，負起責任。他們很難對一個人或一項職業做出承諾。黃色人喜歡可以有選擇和自由自在，討厭帶來限制的責任。雖然黃色人喜歡被愛，但是愛也讓他們恐懼，因為愛往往伴隨著責任。他們就像真實版的彼得潘，很害怕長大跟變老。大多數黃色人看起來比實際年齡還年輕，除非他們老是沉溺於負面的成癮習慣，或者別人對他們有不合理的要求、讓他們壓力很大，不然他們一生都會看起來很年輕，感覺起來也是如此。

逃避承諾跟努力工作，還有老是遲到，常常讓黃色人被批評懶惰、缺乏責任感。（黃色人太過於活在當下，導致他們很沒時間觀念。）其他生命色彩的人雖然喜歡黃色人的慷慨大方、有趣會玩，但對於他們那種輕忽的態度也很無力，會加以指責。（請參閱第六章關於與黃色人的關係部分。）

黃色人得要明白，承諾可以幫助他們擁有更深刻的親密感和自我覺察，也因此能夠為他們的生命添加更多的樂趣、興奮和自由。否則他們只能毫無目標地漂泊、徬徨困惑，且身無分文，永遠在找尋某個人能為自己帶來快樂與滿足的人。

## 關係

在關係方面，黃色人非常敏感，很在意對方。由於他們非常體貼他人，總是想要取悅對方，所以一旦覺得自己讓別人不開心，就會很痛苦，特別是他們所愛的人。黃色人把伴侶關係想得有些理想化。他們想要的是玩伴，能夠跟他們一起大笑、一起玩樂、照顧他們（但又不能太超過），而且不能剝奪他們的自由。黃色人還是需要自己獨處的時間。

黃色人喜歡打情罵俏，但是如果對方想要更進一步交往，他們就會開始緊張起來。他們喜歡吸引他人目光的那種刺激感，但又不喜歡被綁住，多半傾向跟你玩玩而已。如果你向黃色人示愛時表現得太明顯，黃色人就會跑掉。不過，如果你稍微退後一點，或是表現出失去興趣，黃色人又會回頭來看看你是否還是喜歡自己。他們會表現得很討人歡心，還會送禮物來確認你對自己的感情。一旦確認，黃色人又會再度跑掉。要避免黃色人只想玩玩的傾向，他們的伴侶必須學會一直牢牢地守住兩人的關係，不要被

黃色人習慣性的逃跑給影響，他們通常還是會回來。當黃色人覺得有安全感，他們就會平靜下來，建立起長長久久的關係。

雖然黃色人相信自己也想要長久的關係，但是從他們選擇交往過的人就可以看出不是這麼回事。害怕承諾會導致他們都是跟並非單身、高不可攀、或同樣害怕承諾的人在一起。因為這樣的人會讓黃色人比較安心。當黃色人真正陷入愛河時，他們會充滿了愛意與忠誠，對伴侶忠貞不渝。他們會願意做任何事讓自己的另一半幸福快樂。

如果黃色人覺得伴侶管得太多或控制慾太強，而且因為孩子、財務不穩定或其他承諾，讓自己覺得被綁住了，他們會變得不快樂和鬱悶。這時候他們會封閉自我、失去活力、對生活提不起勁，或者對伴侶出現破壞或反抗的行為。（請參見第五章關於藍色／黃色、黃色／紫色、黃色／綠色、黃色／棕褐色生命色彩的人在關係裡會產生的衝突。）

## 性

黃色人非常有性慾。跟他們做愛會很有樂趣。他們喜歡大笑、玩得開心，還會開開玩笑，同時他們也很敏感，很體貼另一半。性愛對黃色人來說既是一種樂趣，也是宣洩精力的管道。性可以讓他們覺得自己跟對方有連結。黃色人不太容易對性伴侶給出承諾，因為單一伴侶會剝奪他們的選擇。不過黃色人真的墜入愛河時，他們就會像小狗狗一樣忠心。（他們也害怕自己出軌時會被抓到或傷害到某人的情感。）

## 身為父母

黃色人喜歡跟孩子玩，但他們不一定想要負擔養育孩子的責任。要在凌晨兩點起來換尿布或是餵奶，可不是他們想做的事。黃色人自己本身就是小孩子，跟他們結婚的人會常常抱怨自己有三個小孩，而不是兩個小孩、一個丈夫或妻子。小孩都喜歡跟黃色人在一起，因為他們是超棒的玩伴。因為黃色的父母自己更像小孩，他們通常不會好好管教孩子，比較會想跟孩子當朋友。

如果黃色人是在穩定狀態，他們會對小孩非常好，而且可能會非常依附小孩。他們會用很有創意的方式教小孩認識人生。

如果處於不穩定的狀態時，黃色人多半不是孩子的好榜樣。他們會很懶散，常常不負責任。不穩定的黃色人可能會在肢體上有虐待傾向，或是有藥物和酒精問題。黃色人在生氣或受挫的時候，很可能會拳腳相向，酒精跟藥物會更刺激他們的行為。

## 身為小孩

黃色小孩要不是極端害羞、缺乏信心，就是完全相反。害羞的黃色人若發現身旁是不認識的人，會立刻跑掉或退避三舍。他們似乎會被別人嚇到，或是害怕自己不被喜歡。不過，當黃色人和熟人或相處很自在的人在一起時，他們就會非常迷人，討人歡心。有些黃色小孩在學校常惹麻煩，因為他們會在班上扮演小丑的角色。他們喜歡讓朋友開懷大笑。

黃色小孩活潑好動，充滿了好奇心。他們會一直動個不停，上上下下，進去每個地方。因為他們體力旺盛，無法一直集中注意力，所以很難長時間維持專注或乖乖坐好。他們會動來動去、扭來扭去，逗同學們開心。黃色小孩常被診斷為注意力缺失症（ＡＤＤ）或注意力不足過動症（ＡＤＨＤ）。在學校上課期間，如果老師一邊講課，一邊讓這些過動的黃色小孩畫畫，或是做些創意性的手作活動，對他們會比較有益。否則你很難要黃色小孩好好坐在椅子上專心聽講；他們的心會不知道飄到哪裡去了。或者暫時停一下，帶他們到學校操場跑跑，也是不錯的發洩方式。只要可以讓這些孩子動一動，他們就可以集中注意力。（這也適用於黃色的成人。）練練太極拳或瑜珈，是讓他們靜下心來的絕佳方式，因為可以緩慢地動一動。

由於讓黃色小孩動一動可以達到非常好的靜心效果，因此他們在坐車時也能平靜下來，想出有創意的點子。但如果坐車坐太久，或者你管東管西，他們還是會很煩躁。用任何形式動一動都可以讓黃色小孩放鬆，變得專注。父母可以開車載寶寶，哄他們入睡。黃色小孩只要是處在某種移動中，都會很開心。

父母可以給黃色小孩蠟筆、紙、積木或樂器，鼓勵他們發揮創造力。引導黃色小孩將他們的精力放在舞蹈、體育，或其他正面的宣洩管道，這對於他們的身心健康都很重要。此外，父母要能欣賞黃色小孩把別人逗笑的本領，而不是去壓抑。黃色的孩子需要知道自己能夠把歡樂帶給別人。黃色小孩非常敏感，會想取悅父母。雖然他們喜歡取悅別人，但他們也討厭被規定東規定西。父母常常會聽到黃色小孩說「不要」。他們還可能變得極為叛逆。（「兩歲惡魔期」只是黃色少年的暖身期。）一般來說，父母會發現，管教黃色小孩最有成效的方是就是體罰。不過這種處罰方式對黃色小孩的傷害很大。如果有人

對這些敏感的小孩大吼，他們在生理上也會受到嚴重影響。

如果父母叫黃色小孩去整理房間，這可能是他們最不想做的事情。不妨給他們幾個選擇，解釋給他們聽每個選擇的結果是什麼，這樣可能效果會比較好。比方說，叫黃色小孩整理房間時，讓他自己選擇是要先收拾玩具、整理床鋪，還是把衣服掛好，由孩子自己做選擇。如果他都不選，那他就得知道後果會是什麼。如果父母期望孩子學會能夠做出選擇，勇於負責，父母對於會發生的後果就必須要堅持到底。父母學習讓孩子選擇，對之後會自然產生的後果絕不動搖，是教養黃色小孩比較健康的方式。他們會學會自己選擇什麼是有差別的，而且當他們可以做出睿智又負責的選擇時，結果也會比較正面。

建議父母不要強迫黃色小孩坐著不動、乖一點，或者正經一點。黃色小孩最在乎的就是玩耍、開心、有創意、療癒別人。把目標或是優先事項強加在黃色小孩身上，會傷害他們的情感。他們會因此關閉心房，變得憂鬱，不相信自身的價值。這類敏感的黃色小孩會缺乏自信，害怕別人不喜歡他們。讓黃色小孩消除疑慮，知道自己是被喜歡、能為大家帶來歡樂的，可以幫助他們敞開心房，發揮真正的才華，也可以幫助他們相信自己。

由於黃色小孩非常敏感，所以如果父母吵架，他們立刻就會感受得到那種不愉快的氣氛，然後試著想讓每個人快樂起來。如果他們覺得自己無能為力，就會退縮躲起來，或者培養出神經兮兮的奇怪行為。所有黃色小孩都必須透過身體發洩怒氣與沮喪。當生氣時，他們會想要拳打腳踢，或者打破東西。他們同時也很愛哭。父母可以多多鼓勵黃色小孩以正面的方式宣洩精力，例如跑步、游泳、騎腳踏車，或者

打打沙袋。父母也要幫助孩子，讓他們覺得表現出恐懼和悲傷是沒問題的。如果父母抑止孩子得將精力發洩出來的需求，這些黃色小孩最後會變得消沉或自殘，將精力轉移到自己身上。通常他們會轉而使用藥物或酒精來麻痺痛苦、避開衝突，或是懲罰自己。

## 解決問題

處於穩定狀態時，黃色人會以很有創意的方式解決問題。他們會創造出獨特的解決方式，通常是想辦法讓生活可以更輕鬆好過。（電視遙控器的點子很可能就是黃色人第一個想到。）黃色人也喜歡看像是《得到啟發的懶人指南》或《有錢的秘訣就是先要有錢》之類的書。黃色人解決問題的方式往往都很幽默。他們那種輕鬆、樂觀的性格，讓他們能夠保持頭腦清楚，不會把問題看得太過嚴重或悲慘無望。

不過，若是黃色人不夠穩定，或是活在懼怕當中，他們會對自己的能力非常沒有信心，害怕冒險。他們會忽視或逃避問題。逃避是指離開、睡覺、暴飲暴食、喝酒、抽菸、生病、一直看電視、躲起來打電玩，或是一直搬家。欠缺狀態穩定時，他們會不想要面對責任、不想辛苦工作，或做任何讓他們覺得不自在的事情。一旦挑戰出現，他們會傾向選擇最輕鬆的解決方式，通常不是逃避，就是完全不管。要等他們領悟到，逃避與拖著不管大多是源自於害怕，他們才會正視自己的恐懼，然後往前走。黃色人重新恢復穩定之後，會變得輕鬆起來，就能夠再度想出有創意的解決方式。

## 金錢

錢對黃色人沒有什麼激勵作用。黃色人不需要很多錢就能感到快樂，他們也不想要為了錢辛苦工

作。大部分黃色人在財務上都非常不穩定。他們多半會把錢用在玩樂上或者隨便亂花。他們會過於慷慨，手上留不住什麼錢，也搞不清楚自己賺的錢花到哪裡去了。黃色人常常會投入能夠快速致富的計畫，因為這樣比較輕鬆，不必辛苦工作。（黃色／綠色組合生命色彩的人尤其如此。）賺錢與理財看起來似乎要負擔不小的責任。黃色人得要瞭解，工作與理財也可以很有趣、很有創意。為了創造更多財富，黃色人可以簡單想像一下手上拿著錢會是什麼感覺。這或許是讓錢對他們產生吸引力的一種方法。

## 成功

黃色人不是以金錢或身家財產來衡量自己成功與否，而是以可以玩得多開心、有多大的自由與彈性空間、以及有多少人喜歡他們來判斷。感覺自己很年輕、身體健康對他們來說也很重要。

## 職業

黃色人覺得工作必須要有樂趣，他們很少一生只從事一種職業（除非是理性棕褐色／黃色組合色彩人）。人生對黃色人來說就像是糖果店，需要有變化跟選擇。他們通常會受到這三種領域吸引：創意和藝術、健康和療癒、體力勞動和體育。大多數喜劇演員的光環都有黃色。天才老爹寇司比、喬治・伯恩斯、露西兒・鮑爾都是代表人物。[5]籃球皇帝張伯倫、麥可・喬丹與約翰・艾維[6]是黃色／紫色組合生命色彩。約翰・丹佛[7]則是黃色／棕褐色組合生命色彩加上紫色。

⑤ 前述三位皆為美國知名喜劇演員。
⑥ 美國電影導演，代表作包括《洛基》、《小子難纏》等。
⑦ 美國七〇年代紅極一時的鄉村歌手，代表作為《鄉村路帶我回家》（Take Me Home, Country Road）。

以下是一些黃色人會感興趣的職業：

- 運動員
- 營建施工人員
- 消防員
- 衝浪者
- 工人
- 園藝人員
- 油漆師傅
- 救生員
- 健美先生／小姐
- 汽車維修技師
- 藝術家
- 營養學家
- 設計師
- 音樂家（尤其是鼓手）
- 獸醫
- 酒保
- 作家
- 物理治療師
- 保育巡查員
- 廚師
- 按摩治療師
- 服務生
- 室內設計師
- 維修人員
- 自然資源保育學家
- 治療師
- 世人的開心果
- 喜劇演員
- 醫師

關於組合生命色彩的人（黃色／理性棕褐色、黃色／紫色、黃色／綠色）會有興趣的職業，請見本書第五章。

## 健康

黃色人在穩定的時候，是地球上最健康的人。健康的黃色人非常長壽。他們正面、樂觀的態度，加上天生就懂得將自己的精力透過身體引導出來，讓他們能夠活得更久、更健康。他們通常看起來與感覺起來都比實際年齡要年輕許多。

在身體方面，黃色人可能出狀況的部位在背部和膝蓋。當黃色人失去狀態穩定時，壓抑自己的感受或害怕往人生路上邁進，會造成他們這些部位出現問題。其他潛在的健康問題則可能發生在腿部、腳、攝護腺和肝。黃色人因為感受力相當敏銳，使得他們也很容易感冒。內在傷害被壓抑或者想哭，往往都會引發感冒或其他鼻竇的問題。失去穩定時，黃色人可能會有藥物與酒精相關的健康問題。保持愉悅樂觀、規律運動，可以讓他們避免這些問題。多到大自然走走對黃色人也很有益於健康。

黃色人的嗅覺很敏銳。他們吃東西前會先聞一聞，無法待在有怪味的地方，對於人體的化學變化也很敏感。當黃色人還年輕充滿活力、很叛逆時，會喜歡從事各種冒險活動，例如騎摩托車、登山、參加競賽等。不過年紀漸長之後他們會慢下來，避免參加太過刺激或危險的活動，因為擔心會造成身體疼痛。

由於黃色人透過身體傳送出去的療癒能量非常多，他們通常能夠迅速地修復自己的身體。只要黃色人生病，肯定就代表他們正在經歷內在的恐懼或衝突。若要恢復健康，黃色人必須面對自己的問題，突破困境，戰勝自己的恐懼。有三種活動可以讓黃色人保持健康、快樂與身心平衡：運動、避開有害的成癮物質，還有維持幽默感。

# 第三章　心智類生命色彩

心智類生命色彩包括了理性棕褐色、環境棕褐色、感性棕褐色、抽象棕褐色與綠色。每個棕褐色人都有一條棕褐色的顏色帶環繞著身體，不過顏色的深淺有所差異，圍繞著棕褐色顏色帶的第二條顏色帶，也不太一樣。每個棕褐色人都有自己獨特的情感組成成分，跟其他人的都不同，但是所有棕褐色人有幾點很相似：喜歡注重細節，還有非常謹慎小心、講求務實。

## 理性棕褐色

理性棕褐色人有一條淺棕褐色的顏色帶環繞著身體，而且這條顏色帶通常是緊緊吸附在身上。這點反映出理性棕褐色人傾向把情緒與想法藏在內心。理性棕褐色人非常具有邏輯力與分析力，他們會選擇從第一步到最後一步，確實做完每個步驟。這個色彩的人不喜歡跳過或漏掉任何細節，進行的方式也不可以隨隨便便。他們在進行到下一步之前，一定會先分析與弄懂每個步驟的邏輯。他們喜歡建立紮實的基礎，然後再慢慢一磚一瓦、一步接一步地打造起來，不然他們害怕整個計劃案會完蛋。這些條理分明的人絕不會冒險，在往前任何一步之前，他們都必須要先看到所有數據資料才行。所有事情都是井然有序、有條有理地完成，而且每個細節會周密地確實執行。

這些很重視安全感的人，對於重複熟悉的模式比較放心。這樣他們就知道要做什麼、對他們的期待是什麼，還有每次的結果是什麼。要改為新的模式可不是容易的事，因為新的模式會造成新的問題要處理。在轉換到其他工作或環境之前，他們必須知道所有的細節，例如他們可以期望拿到多少薪水、工作時數多長、工作職責為何、退休的福利、健康規劃、還有公司的穩定度。這些棕褐色人比較喜歡每一步都遵循著固定的模式。

理性棕褐色人大多會培養出習慣性的模式。每天重複依循著相同的生活作息，讓他們比較安心自在，因此不喜歡改變例行的慣例。就算是重新擺放住家裡頭的家具也會攪擾到他們，讓他們覺得很不方便，要等到他們適應了新的擺設，才會開始習慣。這個色彩的人在生命光環中是屬於最沒有彈性、無法靈活應變的人。他們的安全感乃是與一致性、可靠度、可預測性緊密相連。他們往往是一成不變。其他人覺得無聊的生活方式，他們可能覺得很穩定、很牢靠、很自在。

除非有人拿出證據來，不然理性棕褐色人大多不會輕易相信什麼事情。像第六感、通靈、靈媒這些，他們覺得根本是莫名其妙，不知所云，除非他們親眼看到證據，或是發現有科學驗證過其真實性。對理性棕褐色人而言，他們的信念就是眼見為憑。他們比較傾向要腳踏實地。這些務實的人想要搞懂這個三度空間的世界，也喜歡分析、把事情搞清楚。

理性棕褐色人曾製作出某些科技產物，例如電腦、收音機、電視機和現代器具。其他生命色彩的人很少有耐心或毅力能夠處理這些發明物精細又複雜的組件。這類棕褐色人有能力完成別人覺得無聊或沉

悶的工作。

專注在細節上的理性棕褐色人，也傾向有條不紊、不疾不徐地表達自己的想法。生命色彩為綠色人，比較喜歡直接說重點，聽到棕褐色人在那裡鉅細靡遺敘述日常細節就會不耐煩或沮喪。他們講的內容冗長，而且乏味。大多數的生命色彩的人很快就轉移注意力了。綠色人只想要聽到一針見血的話，藍色人只想要知道他們對發生的事情有什麼感覺，紫色人則是想要聽到梗概。

當理性棕褐色人狀態穩定時，他們非常值得信賴，也很負責。他們也是世界上最可靠的人。他們會認真仔細又有效率地完成工作，確保每個細節都有顧及。他們也能夠找出合理、切實的證據，支持許多別人建立的理論。

理性棕褐色人有能讓人鎮靜與穩定下來的影響力。他們頭腦清楚又務實的個性，能夠幫助其他人看到某個狀況背後的緣由。如果有人急著要完成什麼事情，理性棕褐色人慢條斯理的方式很可能會惹惱對方，讓對方很洩氣，結果引發更大的壓力，變得更加倉皇無措。但是他們鼓勵別人慢慢來、先好好想清楚的方式，也能夠讓人冷靜下來。「欲速則不達」是理性棕褐色人最喜歡的一句成語。

理性棕褐色人失去穩定時，可能會有點卡住、眼界狹小、喜歡批評自己並不是很瞭解的事情。當要有所改變、往前進行，或是講到純理論的想法時，他們就會非常固執。即使有確切的證明，他們會極度懷疑新的方式或依據不完整的資料就下的結論。若要重新恢復平穩，他們只要覺察自己的懷疑心態，釐清是不是太理想化了，還是或許是因為自己害怕往前。畢竟絕大多數的科學事實以前都是無人知曉的。

探索其他未經證實、未經踏足的領域，可以讓理性棕褐色人不要變得那麼死腦筋又愛批評。若要往前走的話，他們就必須學習冒點風險，在沒有什麼資訊或保證的情況之下，直接跳進未知的世界。他們必須對各種可能性保持開放的態度，因為現在未經證實的概念可能有一天會被證明是對的。

理性棕褐色人在言談之間，比較喜歡講自己認為怎樣怎樣，而不喜歡講自己感覺如何。他們不會去講自己的感受，而是保留在心裡面。就算有人說服他們談談自己感覺如何，他們通常也是只會講，他們認為自己感覺如何。理性棕褐色人往往不太願意觸及自己的情感面。如果發生了什麼與情感有關的問題，他們會就整個狀況加以分析，同時控制自己的感受。他們會在情感上封閉與退縮起來，然後平靜下來，理性地討論整個狀況。

## 關係

理性棕褐色人沉穩可靠，吸引很多其他生命色彩的人。他們勤勉老實，會始終如一地賺錢養家，當然也會維持長久、忠誠的關係。不過，如果是比較喜歡追求刺激、快感、激情與浪漫的人，這個色彩的人可能就不是最理想的伴侶。對於這種「沒有必要」的裝腔作勢，他們是太務實又理性。許多情感類生命色彩的人一旦發現理性棕褐色的伴侶不會表達自己的情感，跟另一半也沒什麼互動時，會覺得很失望。理性棕褐色人就不是那種會敞開心房做情感上的交流、建立親密關係的人。若喜歡智識性的談話、沉著理性的思考、值得信賴的品行、穩定的長期經濟來源，那麼理性棕褐色人是很好的人選。

## 性

理性棕褐色人沒有很強的性慾。並不是他們不喜歡性愛，只是在他們的優先順序清單上，性沒有排在很前面。這個色彩的人常常把性擱在後面，先處理現實的事情，例如繳錢、把工作帶回家做，或是處理銀行戶頭的存款。

出於習性，理性棕褐色人在性方面也會有固定的模式，比方說，永遠都是固定在每週的某一天、在固定的地方、用同樣的姿勢做愛。結果，就跟生活裡的其他事一樣，性愛變得很無趣，沒什麼變化。對他們而言，性通常並不是充滿激情、慾望、關於身體接觸的經驗，反倒是一種義務或例行事項。理性棕褐色人很關愛、很體貼他們的另一半，但是往往他們會比較在意技巧，在那裡分析技巧，而不是去體驗狂放、激情的性愛。（請見第五章關於紫色／棕褐色與黃色／棕褐色的性愛行為。）

## 身為父母

理性棕褐色人在準備生育小孩之前，大多會先仔細計算過要花費多少，並且考量時間點，評估要負擔的責任，列出優缺點。畢竟小孩都不會乖乖照章行事，而且很花錢，還可能破壞原有的生活。

理性棕褐色人弱為人父母，是非常負責又可靠的家庭支柱。他們會盡其所能讓孩子衣食無虞，但不會沒有節制，也不會浪費。他們也不會溺愛孩子，理性棕褐色人相信孩子應該要瞭解金錢的重要性。

理性棕褐色人會管教小孩。他們要小孩在家裡遵守紀律跟聽話。他們一般都不會對孩子流露自己的情感，或坦率地跟孩子講自己的感受。（但組合生命色彩的人是例外，請見第五章關於棕褐色／紫色與

棕褐色／黃色的性格部分。）

對於理性棕褐色人來說，身為父母的挑戰是允許自己的小孩做小孩就好，也就是小孩就讓他們去玩，不必負什麼責任。理性棕褐色人太強調責任、表現穩定、值得信賴與紀律。理性棕褐色人如果希望可以跟孩子建立感情，就必須敞開心胸，通情達理地跟他們好好溝通。不然的話，雖然小孩會尊敬理性棕褐色的父母，但會覺得並不真的瞭解他們，或覺得有跟他們建立起什麼感情。

## 身為小孩

理性棕褐色的孩子看起來是會省思、而且很嚴肅的小孩。他們就像理性棕褐色的成人，會慢條斯理、小心翼翼、井然有序地做事情。他們常會把東西拆開來，看看是怎麼運作的，特別是黃色／棕褐色的組合生命色彩的孩子。他們喜歡分析、估量、瞭解其中的因果關係。

由於理性棕褐色做事傾向注重細節、有條不紊，這類孩子往往會被認為是學習遲緩兒。他們學習速度不會很快，常常沒法像其他小孩可以靈活地懂得概念，而且可能要比較久的時間、更努力才能完成作業。但是理性棕褐色的孩子終究還是會成長，父母應該讓這些理性棕褐色的孩子依照自己的步調學習。他們沒法一直被催促，而是要讓他們到下一步之前先理解每個步驟，不然的話，他們會覺得這些步驟毫無意義，完全不可行。他們必須依據所有的資訊，按照邏輯，一步步得出結論。

在學校的時候，這些孩子大多很安靜怕羞。他們不太容易交朋友。不過他們若是帶有另一個生命色

彩，例如紫色／理性棕褐色，或黃色／理性棕褐色，那就另當別論。

理性棕褐色的小孩跟這個色彩的成人一樣，不太表現自己的情緒，或是輕易跟其他人講自己的感受。大多數理性棕褐色的孩子會藏在心理，然後自己在那裡分析，想找出問題的原因，以及理性的解決方式。這類孩子會認為，情緒的爆發是不理性的，也解決不了什麼事情。他們這種封閉自己的習慣，常常讓父母擔心，因為不知道他們腦袋裡到底在想什麼。這時候父母應該要有耐心，試著去理解孩子，讓孩子分享他們願意分享的，其他的，就讓孩子自己去想怎麼做。有時候父母可以跟孩子一起檢視各種實際狀況，協助他們。這樣會提供這個色彩的小孩更多的數據資料與工具，想出解決的辦法。

當熟悉的環境有了變化，例如家裡多了一個新生兒，或是搬到新的地方，可能會讓理性棕褐色的小孩覺得有壓力，但通常他們都不會反應太大。這些孩子就跟理性棕褐色的成人一樣，都不喜歡改變。

如果想讓理性棕褐色的小孩不要執著於固定的行為模式，免得他們老是害怕改變，不敢冒險，父母偶爾可以在他們的生活中提出一些新的點子，或建議一些新的活動。維持一個穩定、可以依靠的生活作息對孩子當然是好事，而且所有理性棕褐色的小孩都需要有安全感，知道自己可以在生活中仰賴一些固定不變的事物。不過，把新的概念、人、事、物帶入他們一成不變的生活中，也會有幫助，讓他們能夠接受「改變是人生中很安全的、正常的一部分」這個概念。讓理性棕褐色的小孩看到其他的可能性，可以幫助他們在成長過程中建立信任，鼓勵個人的發展。

## 解決問題

如果理性棕褐色人可以敞開心胸，接受各種的可能性，他們在解決問題時大都可以展現出不錯的能力。只要有足夠的時間，他們最後會想出實際可行的解決方法。不過當這類色彩的人拒絕考慮其他選擇，只想要跟以往一樣合理的解答，他們就會變得很封閉，難以找出其他的解決方法。由於不喜歡冒險，他們會選擇安全、已經證明會成功的方法。理性棕褐色人比較傾向維持現狀，他們會仔細評估問題，綜合所有的細節，找出一個理性、務實又鉅細靡遺的解決方法。

## 金錢

安全感與穩定感對理性棕褐色人非常重要，所以他們比較喜歡有穩定的薪水，而不會考慮自己當老闆，因為變化太大，難以預料。他們需要有錢，但相信必須要工作很久、很努力、一直工作，才賺得到錢，然後把錢放在長期又穩定的投資標的上，例如政府債券、壽險等。重視安穩的理性棕褐色人能夠在同一家公司工作好幾年。他們把退休的福利與養老金的規劃當成是重要的資產。理性棕褐色人很節儉，花錢很謹慎，只會買最便宜跟最會用到的東西。（綠色人多半想要最好、最高檔、最貴的東西，遇到務實的理性棕褐色人就會很沮喪。不過，總是買超過自己財力所及的綠色人，也可以向理性棕褐色人學習，效法他們務實的用錢習慣，如此一來就能避免負債。）

## 成功

理性棕褐色人認為，成功是可以具體衡量的，主要是看他們從工作上可以賺到多少錢、財務上可以為自己跟家人提供多大的安全感，以及在投資上可以有多大的獲利。這類色彩的人喜歡看到自己可以把

人生設想得多麼美好，還有他們可以能夠為自己與家人提供安全舒適的窩。

## 職業

理性棕褐色人大多數會對安穩、需要分析能力的工作有興趣。他們喜歡計算數字、分析資料、鑽研細節。因此他們偏好在穩健的公司長期穩定工作。理性棕褐色人甚少出現在變化多端的演藝圈。不過，美國知名影星哈里遜・福特與凱文・科斯納都是黃色／理性棕褐色組合生命色彩的人，外圍的顏色帶則是紫色。黃色與紫色能夠讓他們在這類型的產業發光發熱。

理性棕褐色人通常會對以下職業有興趣：

| | | |
|---|---|---|
| 工程師 | 科學家 | 圖書館員 |
| 建築師 | 技術人員 | 法院書記 |
| 帳務人員 | 數學家 | 電器維修員 |
| 會計師 | 職員 | 電工人員 |
| 電腦分析師 | 資料處理人員 | 電腦操作員 |
| 研究員 | 工廠組裝人員 | 土地測量師 |

請見第五章關於黃色／棕褐色、棕褐色／紫色組合生命色彩喜好的職業。

## 健康

理性棕褐色人主要的健康問題，大半跟長時間縝密處理細部的用腦工作有關。許多理性棕褐色人視

力不好，因為要盯著電腦、會計總帳或法律文件看，結果造成用眼過度。由於他們大多從事需要久坐、動腦的工作，因此常常深受痔瘡、頭痛、體重過重、肌肉無力等病痛之苦。他們也比較壓抑自己的情緒，因而會造成潰瘍、胃部或消化方面的問題、便秘、甚至性無能。

理性棕褐色人的光環中常會帶有其他生命色彩，有可能因此引發其他疾病。舉例來說，理性棕褐色／紫色組合生命色彩的人，比起其他組合生命色彩的人，更容易得到癌症、心臟病跟中風，因為他們要努力化解務實的理性棕褐色與情感豐富、滿懷夢想的紫色之間的衝突。要維持健康，這類色彩的人必須不要那麼在意細節，還有三不五時讓眼睛休息一下，以免眼睛疲勞（瞇眼也會造成用眼過度）。他們還必須常常運動，平衡一下工作時的用腦過度（運動可以增加腦部的含氧量，這樣可以使頭腦更清晰，也不會那麼費力），另外還也需要更常常表達自己的感受，而不是壓抑。

## 環境棕褐色

環境棕褐色的生命色彩是很深的棕褐色，周邊有一層森林綠的顏色帶。環境棕褐色人可說是扮演了身體類生命色彩與心智類生命色彩的連接橋樑。他們透過身體實際觸碰周遭的環境來感知這個世界，然後用心智加以分析。（黃色／棕褐色組合生命色彩的人偶爾會去壓抑自己不受拘束的黃色部分，而相信自己是環境棕褐色人。黃色／棕褐色人必須找到一種方式，重新與自己黃色的部分連結，而不是堅信自己是環境棕褐色人。）

跟理性棕褐色與感性棕褐色人一樣，環境棕褐色人喜歡安全感、穩定感、合乎邏輯、有組織、有紀律。他們在有規定、界線、標準，能依照因果關係產生合乎邏輯結果的地方表現最好。他們以一種條理分明、按部就班的方式過生活，就跟理性棕褐色人一樣；但是他們還有一種另外的能力，可以透過內在的感知力測量周遭的環境。這些令人驚奇的環境棕褐色人，能夠靠著直覺力分析自己所在的空間環境。他們只消看一眼，就可以感知到從房間的一側到另一側的實際距離是多少。他們還可以手拿著東西，就知道有多重；或者看著塞滿雜物的車庫，就知道可以用多少、多大的箱子把裡面的東西全部裝滿。環境棕褐色人從本體感覺與心智上去瞭解環境。他們實際接觸到周遭的環境後，再從內在仔細地處理所得到的訊息。

環境棕褐色人通常很嚴肅內斂。生命對他們來說不是好玩、隨興而來的，像黃色人所想的那樣。相反的，他們認為生命是一個井然有序、經過完整規劃的宇宙，需要從理性上加以分析、分類與瞭解，才能為全人類提供最好的機會。環境棕褐色人來到此生的目的，似乎是要在現實世界裡從中學習，而且希望現代科技能在這個地球上與自然環境相互融合。很多環境棕褐色人內心期盼能協助改善地球的環境，或讓環境重新達到平衡。

環境棕褐色人要求自己的世界是可信賴且牢靠的——每件事情都必須能用理性跟邏輯來解釋。他們會是優秀的科學家與軍事人員，因為這兩個領域皆奠基於條理分明、因果關係以及可預見性的厚實基礎之上，這自然就是一種階級制度或行政管理系統（指揮系統）。環境棕褐色人在穩定狀態下，是非常善於依照邏輯、空間大小與可運用的資源來擬定策略。他們會非常詳細地計劃好所有步驟與細節。不過他

們的身體與心智系統，往往會因為太多數據與資訊而負荷過大，導致身心壓力。他們必須有條不紊地消化資訊，因為同時冒出太多事情就意味著一團混亂。這些有條有理的棕褐色人比較喜歡周遭環境乾乾淨淨、整整齊齊（黃色／棕褐色組合生命色彩的人通常沒那麼講究整齊清潔。）他們需要獨處的時間，用來分析所有的訊息。

環境棕褐色人非常聰明，只是他們通常不太會表達自己，讓他們看起來有些冷漠，沒什麼反應。他們多半外表顯得內向害羞，內心卻是在推算與處理著大量的訊息。他們認為自己的個人生活、想法和感受都跟別人無關，所以希望保有自己的隱私，常常遠離人群或社交場合。

環境棕褐色人有項獨特的特質。很多這類色彩的人非常著迷於飛機、船舶、潛水艇，還有其他可以接觸到大自然的交通工具。他們喜歡感覺到自己的身體是和高度、速度、距離產生連結。很多人還擁有自己的飛機。環境棕褐色人會根據自己所在的位置來看自己。他們非常瞭解自己身處的空間位置，即使是在辦公室裡。他們也知道自己的桌子距離牆壁有多遠，桌上的每樣東西也必須擺在適當的位置，這樣才能確保隨時方便拿到。

環境棕褐色人投入大量關注的人生，必須是實質、具體、合乎邏輯的。他們擅長接下計劃、加以命名和分類，也善於具體地去執行。狀態穩定時，環境棕褐色人具有強烈的責任感。他們是忠誠又能幹的員工，非常迫切想要完成交付的工作，常常因此加班趕工。他們非常認真嚴肅地看待自己答應和承諾要完成的事情。

儘管環境棕褐色人很獨立，自給自足，但他們總是無法那麼相信自己的能力或周遭環境，會覺得沒有把握。他們常不太確定自己是否有將所有資訊都納入考量，是不是可會能估算錯，或者他們所在的環境並未如之前評估的那麼安穩可靠。環境棕褐色人希望自己的世界是平穩牢靠的。他們不喜歡有風險，踏入陌生的領域會讓他們很焦慮。他們比較喜歡有合理的解釋，還有很可能真的會產生的結果。

若是狀態不穩定，環境棕褐色人對於現實狀況的瞭解就會非常沒有彈性，只相信最基本的邏輯與標準。在考慮做任何改變之前，他們都必須徹底地研究和分析過才行。由於每個步驟都需要有合理的依據，這使得環境棕褐色人會變得很頑固，前進速度很慢。就像理性棕褐色人，他們會固守成規，只接受經過證實的事情。環境棕褐色人會限縮自己，無法看到更寬廣的視野或其他的選項。

若要保持穩定狀態，環境棕褐色人必須跨越他們心智和身體感知的運作，考慮其他的可能性。他們也必須要願意承認自己的感受，學會找到可以表達自己情緒的方式，至少要向自己表達。這樣做可以讓他們不會一直陷於情緒的壓力之中，否則可能會將他們的內在耗損殆盡。

有一個方式可以幫助環境棕褐色人穩定下來，那就是在大自然中長時間行走，特別是到他們可以領受到大自然的力量與崇高的地方。健走、體驗森林與高山寧平靜的力量，可以啟發他們用更宏偉的視角看待生命，這樣似乎可以幫助他們擴大眼界、敞開心胸，接受更大的可能性。（有些環境棕褐色人比較敏感、靈性，可以在樹木前面接收到直覺性的訊息。）

## 關係

環境棕褐色人不太容易建立關係。即使是交朋友，他們也非常小心翼翼，嚴格篩選。但當他們真的建立起明確的關係，他們可是極為忠誠，信守承諾。他們是非常安靜拘謹的人，不會開誠布公地告訴別人自己的感受或想法，就算是配偶也一樣。他們相信自己與另一半心意相通，很有默契，不需言語說明。他們以為自己已經明顯表達出愛意，對方也有接收到，所以不用加以證明、測試或討論。

這種態度會讓環境棕褐色人的伴侶很沮喪。他們常常感覺自己並沒有接收到對方情感的表達、坦白說出口的溝通，或者他們想要的那種情感流露、帶有愛意的行為。不過，環境棕褐色人這種強烈又安靜的克林・伊斯威特[8]式的神秘特質，倒是讓很多人深受吸引。（克林・伊斯威特就是環境棕褐色帶有紫色的人。）環境棕褐色人這種不太容易瞭解的個性，往往會有人因為想要征服而去追求他們，等到發現他們根本不會被改變時，就會覺得很失望。

環境棕褐色人的伴侶必須要瞭解他們天性即是如此，才能維持和諧的關係。他們也需要有很強的自尊心。如果拿情感問題跟環境棕褐色人吵，他們大多會選擇封閉起來或乾脆消失。不過他們是非常負責又值得信賴的家庭支柱，會一直提供經濟來源，他們的伴侶知道這點都會感到安心。環境棕褐色人會想辦法掙錢養家的。

⑧ 美國知名男演員與電影導演。六〇年代演出《鏢客三部曲》後家喻戶曉。曾以《殺無赦》和《登峰造擊》獲得奧斯卡最佳導演與最佳影片獎。

環境棕褐色人常常無法待在自己伴侶身邊。由於工作的需要，他們得要長期出門在外。考古據點可能位在遙遠之境，不適合帶妻小過去；或者是到極地觀測站做環境研究，那裡氣候嚴寒、地理位置偏遠，無法帶家人一起去。大多數環境棕褐色人都是獨來獨往，因此當工作需要他們去偏僻的地方時，他們多半不會出現什麼心理問題。他們很喜歡保有個人的隱私以及獨處的時間。

做為配偶，環境棕褐色人很獨立。他們喜歡聰明的伴侶，對於現實世界要游刃有餘，而不是老需要情感的關懷，或者無法負起責任，維持一個務實安穩的生活。他們會要求另一半體諒他們，並容忍他們在獨處時以自己的方式過想過的生活。環境棕褐色人會要求很多屬於自己的時間、空間和自由。

## 性

比起理性棕褐色人，環境棕褐色人比較有性慾，因為他們比較能夠認同跟運用自己的身體。他們會先透過碰觸瞭解周遭的環境，然後再加以分析。不過，得要給他們充分的時間，處理他們透過身體感知所獲得的資訊才行。

在能夠完全投入性愛之前，環境棕褐色人需要先建立對伴侶的信任感和安全感。他們多半會很謹慎，而且往往很拘謹，要一直等到他們認為對方是真心的且值得信任，才會有所改變。在親密感建立起來之前，他們的情感通常都很疏離，而且這些條理清楚的人通常都需要花很長的時間才能建立親密感。但一旦建立起安全感、信任感與對彼此的瞭解，他們就會是矢志不渝、死心塌地的愛人。

## 身為父母

環境棕褐色人跟理性棕褐色人一樣，都會管教小孩。他們要求在家裡要有紀律、秩序、整潔。這些務實的人在組織家庭的時候，都會很理性思考過；一開始就會做詳細的費用估算，仔細評估。環境棕褐色人是可靠的父母，在照顧孩子的衣食住行之時，會先存下讓他們日後上大學的費用。理性棕褐色人不會隨便亂花錢，非常節儉，用錢很精明，所以都會幫孩子買經久耐用的東西。

但他們不太容易跟孩子有情感上的互動。雖然他們非常關心孩子，但卻很難跟孩子講出自己的感受，或者公開地對孩子表達自己的愛。他們總是藏起自己的情感，讓孩子覺得被放棄、被拒絕或被忽視。環境棕褐色人相信，提供孩子安穩牢靠的環境，並且為他們未來的幸福做好準備，應該就能夠清楚證明他們的愛。身為父母，環境棕褐色人的挑戰就是敞開內心，向家人表達愛；讓孩子在長大之前，可以做個小孩就好。這些父母應該學習提供小孩情感與心靈上的支持，這與提供生理上的養育與經濟支援同等重要。

## 身為小孩

環境棕褐色的小孩比其他同年齡的小孩更安靜害羞。他們不太像一般小孩那樣笑鬧、在外面玩。相反地，他們比較嚴肅沉悶。他們常常都是一個人。他們不太容易靠近跟人互動，反而會退縮，躲得遠遠的。他們要過很久很久才能變成朋友，但只要他們建立了信任感，就會是一輩子死忠的朋友。環境棕褐色人認為，擁有一大票朋友沒那麼重要，他們比較喜歡有一兩個密友，讓他們覺得在一起很安心、覺得自己被接受。

他們在成長與發展上面常比其他小孩緩慢。為了學習，這些觸覺敏銳的孩子必須要碰觸到物品，從觸摸中來分析事物。父母常擔心自己環境棕褐色的小孩，因為他們似乎太過於孤僻和悶悶不樂。如果父母可以讓這些孩子以他們自己的速度發展，不要強迫他們去他們覺得不自在的社交場合，他們終究會長成心智健全、沉穩牢靠的人。不過如果他們被搞得感覺自己像是社會邊緣人、不被主流的價值接受、不被家人瞭解，那他們就會變得更封閉。

環境棕褐色的小孩最終還是會趕上同儕的孩子。他們非常聰慧，只要給予機會，讓他們可以在安心、穩定、沒有批判的環境中成長，他們一定能向大家證明自己的聰明才智。

學校裡會讓環境棕褐色的小孩感興趣的課，包括了可以讓他們動手做的實驗跟研究、測量科技對環境帶來的影響、學習與空間有關的構成要素（例如幾何形狀）、計算相關的數學方程式（包括速度、大小、體積、重量），還有檢視礦物、土壤與石頭結構。電腦科技、科學、地質學、植物學等可以讓他們分析與瞭解自己身處環境的課程。跟環境棕褐色的大人一樣，大自然的環境對於環境棕褐色小孩具有療癒與安定的作用。在林間散步對大多數環境棕褐色小孩來說有益身心，可以讓他們沉靜下來，獲得一種令人放心的安全感。

## 金錢

環境棕褐色人認為金錢是有形的資產，擁有金錢目的是為自己與家人提供安全保障。環境棕褐色人是很忠誠、盡職盡責的員工，他們和理性棕褐色人一樣，都相信人應該要長期穩定地工作，好好賺錢，

把錢存入安全的銀行帳戶，然後期盼退休後經濟無虞。

環境棕褐色人在用錢或投資時是非常謹慎務實。在決定要怎麼用自己辛苦賺來的錢時，他們絕不會有賭徒心態或甘冒風險。這些講究實際的人相信，他們必須要一直工作，以建立起穩固的經濟基礎。把錢投資在具體的標的物，例如不動產，就會吸引他們，因為不動產是有形的資產，可以真正接觸到。他們能看到自己辛苦的工作轉換為具體的報酬，從而創造出一種安全感。

## 解決問題

環境棕褐色人除了在心智及邏輯方面很能理解現實的世界，在身體上也能強烈與現實世界產生連結。他們可以一面蒐集跟詳細檢閱資訊，一面透過身體感知到解決的方法，極為有效率地解決問題。他們身體裡就好像內建了感知裝置，讓他們可以讀取訊息，並且產出反饋。他們能夠走在考古遺址附近，從邏輯推理上找出其他構造物可能埋藏的範圍，還能透過身體的感知來確認地點。環境棕褐色人能夠結合生理與心智的能力想出解答。在謀畫軍事策略時，他們會在地圖上移動標記，覺察出這些軍事行動能否成功。

環境棕褐色人是審慎的決策者，在擬定行動計劃之前，會先衡量所有的狀況與可能性。當處於穩定狀態時，他們不管怎樣都能分析充足的資料，做出結論，提出解決之道。若是不夠穩定時，他們會卡在過去習慣採用的解決方式。當同樣的方式不再適合或奏效，他們可能會很迷惑並陷入困境。想要保持穩定，他們就必須想辦法在現有的平衡狀態中導入新的可變因素。

## 成功

環境棕褐色人如果能夠為自己和家人建構起一個安穩的生活，同時還能透過科技和人腦智慧的結合改善地球環境，那麼他們就會認為自己是成功的。環境棕褐色的農人如果能夠為家庭帶來穩定收入，又可以在土地上工作，為人們提供優質的農產品，他們就會覺得非常有成就感。環境棕褐色的研究人員若是可以建構出一個系統，為耗損殆盡、遭到破壞的地球環境注入珍貴的養分，他們會非常開心。環境棕褐色的員工若是可以想出聰明且務實的方式，為雇主帶來獲利，那他們就會覺得自己成功了。

## 職業

環境棕褐色人通常對於需要分析、測量、與周遭環境在身體方面互動的職業有興趣。這些工作能讓他們感知到自己身處於真實世界的何方，以及如何融入現實世界中。

他們會對以下的職業感興趣：

- 考古學家
- 森林保護員
- 建築師
- 地質學家
- 軍事人員
- 電腦操作員
- 環境研究員
- 飛行員
- 實驗室技術員
- 植物學家
- 收發人員
- 電信工程師
- 科學家
- 採購人員
- 航太工程師
- 探勘者
- 城市規劃師
- 電工人員
- 地圖繪製員
- 開發者
- 農夫

環境棕褐色人與黃色／理性棕褐色組合生命色彩的人都喜歡體能和心智方面的工作，因此他們往往會對類似的職業有興趣。

## 健康

雖然環境棕褐色人總是在具危險性的戶外環境工作，不過他們事先都會小心謹慎地規劃好。在進行交付的工作之前，他們都會研究狀況，所以很少會遇到什麼讓身體受傷的危險。即使是修理電信設備，要爬上電線桿，他們也絕對很小心翼翼，會先確認所有的安全裝備。

環境棕褐色人可能出現的健康問題與心理壓力有關。由於他們很盡忠職守、努力工作，因此會竭盡心力到極限，不管工作多久，都要完成指派的工作。要維持健康，環境棕褐色人應該要在工作、運動、營養、休息之間保持均衡。他們經常會太投入工作，而忘了要休息。在大自然中享受寧靜、沉思的時光，對這類色彩的人是恢復元氣的最佳方式。

## 感性棕褐色

感性棕褐色人是心智類生命色彩與情感類生命色彩的橋樑。他們的光環顏色是淺褐色，外圈有一條淡藍色的顏色帶。他們的個性微妙地綜合了心智類棕褐色與情感類藍色的特質。感性棕褐色人除了具備理性與善於分析的特質，還結合了充滿愛和發自直覺的憐憫之心。這些溫和的感性棕褐色人非常安靜、

體貼，很會鼓勵別人。如同理性棕褐色人，他們喜歡在合乎理性、依據智識的基礎上進行分析。不過他們比理性棕褐色人更富有情感、直覺力較強，但會把自己的感受隱藏起來。遇到問題時時，感性棕褐色人會將它放在心上，然後默默想出最實際的解決方法。

和理性棕褐色人一樣，感性棕褐色人喜歡安全感與穩固。家對於他們非常重要。他們非常依戀自己的物品，從家具到掛在牆上的家庭照，每樣東西都對他們都很重要。儘管家人在他們的生命中佔最重要的地位，感性棕褐色人還是喜歡身邊擁有物品的那種安心感。

這些充滿愛的感性棕褐色人雖然敏感又很有情感，但並不像藍色人那麼情感豐沛。遇到衝突時，他們多半會比藍色人理性跟冷靜點。藍色人會流露出情感，並會有從極度憂鬱到極度開心的明顯心情轉變；感性棕褐色人碰到人生起起落落時則沒有那麼戲劇化。他們或許會在一時之間頓失重心，但很快就會恢復鎮靜。（感性棕褐色人可以讀一下第四章關於藍色人的部分，但要把強度和戲劇性至少減少一半。）感性棕褐色人對於理性與感性的衝突，也沒有像藍色／綠色組合生命色彩的人那麼顯著或激烈。感性棕褐色人的情緒浪潮比較像是池塘或湖泊的漣漪，而不是大海的波浪。

這些沉靜的人能成為很好的秘書或其他輔佐人員，因為他們喜歡靜靜地幫助別人，處理細節。他們大多比較內向害羞，不喜歡拋頭露面。他們認為在辦公室處理細節的工作，例如帳務、歸檔、記錄或接聽電話，最能讓他們感到穩定安心。（有些感性棕褐色人會被忙碌的總機工作嚇到，因為速度太快、壓力很大，不過有些人還是能保持鎮定，有耐心且有條理地處理每通來電，而不覺得害怕。）

感性棕褐色人能將平靜、扶助的能量傳遞給別人。他們幫助他人時，會帶給人們一種平靜的感覺。由於他們既真誠，又有傾聽的耐心，所以會是非常棒的治療師。他們會依據資料和直覺找出解決方法。感性棕褐色人往往會將他人的需求放在自己之前，相當無私。他們也是讓訪客感到非常愉快的主人，穩重大方，不會像藍色人常常過度殷勤，讓客人很有壓力。他們的個性較為委婉含蓄。因為感性棕褐色人非常有耐心、體貼且沉靜，所以跟任何人都能相處得來。

感性棕褐色人是以服務為宗旨的人道主義者。他們喜歡在以助人為目標的社區和組織服務。基本上，他們對信仰的概念就是誠實良善、相互關愛，以同理心、耐心與體諒相待。感性棕褐色人藉由傳遞這些理念，幫助人們在家庭、社區甚至是全世界創造和諧與和平。儘管感性棕褐色人和藍色人一樣有很強的直覺，但他們還是需要事實與數據來證明自己的感覺是對的。他們有時會以常識和邏輯佐證自己的感覺，這種能力讓人們願意信任他們，也樂於聽從他們的建議。他們的理性和直覺能有良好的平衡。

不過這兩種面向也會為感性棕褐色人製造衝突。他們可能直覺感受到某件事情，然後加以分析到某個程度，最後便不再相信自己的直覺。他們會覺得自己腦袋裡一直有不同聲音在爭論，因為他們棕褐色的部分傾向接受顯而易見的事實證據，藍色部分卻認為，雖然沒有什麼證據可以支持這種感覺，但某件事也許真是如此。例如，感性棕褐色人可能看到老闆正在跟客戶談一筆生意，已經確認過所有的事實和數據，交易看起來也是依據既有體系在進行，但他總覺得哪裡有問題。這位感性棕褐色人手上並無資料或證據可以支持這種感覺，他只能繼續記錄和準備文件。之後若是這筆生意泡湯，他會覺得自己當時應該要相信自己的直覺，應該加以探究，找出問題來。

想保持穩定，感性棕褐色人就必須相信自己的直覺，不要只看眼前的事實。同時運用內在和外在的感知能力，就能夠保持平衡，讓他們沉著做出明確的決定。若要發揮最大的潛力，感性棕褐色人就得注意自己的需求，不要只顧著別人。扶持和支持自己能夠維持正向的能量，讓他們不會總是被佔便宜。

## 關係

感性棕褐色人很看重關係中的愛、承諾、忠誠、耐心體諒，以及良好的溝通，這些也正是他們會給予另一半的東西，因此他們會有同等考量，希望有人可以傾聽與訴說。

這些充滿愛的人，會希望自己的配偶是可以依靠的人，是家庭穩定的支柱，也是慈愛體貼的伴侶。他們不會要求另一半要能力很強、魅力十足，或是發奮要成為頂尖大人物，這樣的伴侶反而讓他們害怕。他們比較喜歡務實、可靠、忠貞，且能夠承諾永遠的伴侶。儘管感性棕褐色人很聰明，但他們比較傾向在背後努力，幫助並支持他們的伴侶實現夢想。不過他們也希望自己能夠被對方好好珍惜、愛護、照顧、欣賞，來做為回報。

感性棕褐色人會分擔較多責任，而且會支撐起家中經濟。這些思慮周密的人也會確保自己的另一半有一個安穩、舒適且充滿愛的家。他們是非常忠誠、信守承諾，不會輕易出軌的人，會努力維持真摯且健全的關係。一旦兩人發生爭執，他們通常會很冷靜，也很通情達理。處於一個平衡、穩定的關係時，會讓感性棕褐色人感覺最棒；但如果並非如此，他們也不會崩潰。如果原本安穩的生活變了調，他們會很不快樂，例如離婚之類。但由於他們相當務實冷靜，所以也不會讓離婚這件事毀了自己。

## 性

感性棕褐色人雖然很深情、充滿愛意，但大多還是很拘謹。性愛對於他們來說不是狂放肉慾的行為，而是要滿懷溫柔、真誠與誠摯去體驗。因為他們太溫和、太會照顧人，所以不太會有激烈的一夜情或婚外情。他們會抱持自重與尊重他人的態度，不會利用別人滿足性慾。對他們來說，性是兩人之間彼此愛慕與感情的流露表現，同時也具備生育下一代的意義。

## 身為父母

感性棕褐色人最重大的人生目標就是建立一個安穩有愛的家庭，有雙親加上快樂、適應良好的孩子。他們在準備成家時也很務實。他們會先考慮未來的各種責任義務、財務狀況、學區素質等等，在付諸實行之前，感性棕褐色人會先考慮各種決定可能帶來的後果。

感性棕褐色人大多是很冷靜理性的家長。雖然他們相信秩序與紀律，但並不會對孩子有不合理的要求。他們相信規範的設定要出自於愛，同時也要公正。

狀態穩定時，感性棕褐色的父母對孩子是很保容與支持的。他們會讓孩子有成長的空間，自由去體驗童年生活，同時設定安全且實際的界線。比起其他生命色彩的父母，他們養育小孩時通常較為寬容、有耐性，甚至會當全職主婦（主夫）。儘管某些生命色彩的人會非常需要專注在職場，但是感性棕褐色人認為，為家人提供穩固、充滿鼓勵的環境也很重要，甚至比工作還重要。在身心穩定的情況下，感性棕褐色人會很關心孩子的福祉以及學區等等。為了支持孩子，他們會參加家長會、為孩子班上的聖誕派

對布置，或為了幫助跟參與孩子的生活接送他們上下學。他們希望可以確保自己的孩子身心發展均衡，而且感覺到被愛。

身心不夠穩定時，感性棕褐色人則會變成軟弱又失能的家長。為了要得到孩子的愛，他們往往讓孩子予取予求，導致孩子在很小的時候就知道如何操弄父母的慷慨跟耐心。他們另一方面也會變得對孩子過於保護，擔心太多。因為棕褐色人都不願意冒險，因此他們多半會教孩子不要冒險、維持現狀，待在「舒適圈」裡，而且在學校要表現得循規蹈矩。

做為家長，若要保持穩定狀態，感性棕褐色人必須相信自己的直覺，就跟相信自己能分析現實狀況一樣。由於他們大部分都很謹慎小心，往往把數據跟資料看得太重要。如果他們看到造成青少年喪命的主因是飲酒和開車，他們可能會毫無理由地限制孩子。如果他們可以相信自己的感覺，或許就會察覺自己的孩子值得信賴，會讓自己平平安安。感性棕褐色人如果能權衡自己的直覺跟理性，他們將會是非常稱職的父母。

## 身為小孩

感性棕褐色的孩子通常安靜有禮、實際、善解人意，而且有責任感。他們消化與分析訊息的速度很慢，因此學習速度沒那麼快；但是他們也常是表現最穩定、最足以信賴的學生。感性棕褐色的孩子似乎瞭解教育的重要性，所以多半會在需要分析和專注力的科目上表現良好，例如數學、語言和會計。

當他們一定程度地顯現出助人的特性時，代表他們展現了光環中的藍色面向。他們往往會對與人類有關的學科有興趣，不過他們還是會務實地選擇歷史、社會學、藝術史、文學等科目。父母必須讓這些內向安靜的孩子以自己的速度成長。他們寫作業的速度可能比較慢，但一定會完成。效率與正確性對感性棕褐色的孩子來說同等重要。

在社交上，感性棕褐色的孩子大多不想引人注目。他們可能比較晚熟，為了真正長大。他們喜歡人群，希望自己被喜歡，但往往很害羞。他們在有大量互動的場合中會很不自在，因此比較喜歡擔任場布或負責茶點的角色。他們會從布置節慶場地獲得很大的滿足，因為可以讓其他人玩得很開心。在週六夜晚，感性棕褐色的孩子通常不是在圖書館唸書，就是在家裡看書。他們努力想成為受人尊敬、關懷他人又腳踏實地的人。

硬要這些孩子多參與社交活動只會讓他們焦慮不安。父母必須要體諒他們，還要有耐心。感性棕褐色的孩子自然會找到自己的人生角色。這些溫和的人道關懷者是以同理心和正直誠實來為社群奉獻，而不是要成為足球明星、啦啦隊長或著名的世界領袖。他們會以溫和謙虛的方式過自己的人生。

## 解決問題

感性棕褐色人在做決定之前，會先冷靜地檢視所有的現實狀況，然後考量每個人的感受和偏好。感性棕褐色人會儘可能確保每個人都對解決方式感到滿意。他們不喜歡被催促或被迫匆忙做出決定，而是傾向花時間衡量所有事實，並且聽取各方意見。感性棕褐色人從來不會強迫別人接受自己的意見或建

議。他們相信，絕大多數的事情都會有善果；他們也相信人性本善，而且充滿愛。

處於穩定狀態時，感性棕褐色人會沉著、理性地想出解決方案，不但是最實際的解決方法，同時也會讓所有人都滿意。他們能夠說服每個人，而不會讓討論演變成劇烈爭執。他們是天生的調解者與和事佬，能讓周遭的人覺得大家都是贏家。雖然有時候大家會受不了感性棕褐色人做決定時慢吞吞，但還是會很信任他們所做的決定跟建議，因為他們在得出最後結論之前已經深思熟慮過每件事。

失去平衡時，感性棕褐色人會過度偏向感覺層面，使得理性部分被削弱，導致他們無法做出任何決定。身心欠缺平穩的時候，感性棕褐色人不再相信自己的直覺及內心的感知，因此也無法運用自己各種能力去做決定。

## 金錢

金錢對感性棕褐色人之所以重要，是因為金錢可以為自己和家人提供安全感與穩定感。感性棕褐色人希望有足夠的錢應付日常開支、為孩子買好看的衣服、幫家裡添購價格平實但舒適的家具，偶爾還可以在外面吃晚餐。

感性棕褐色人對於錢非常審慎小心。他們希望自己有存款，穩健投資。他們不喜歡投機或風險，有儲蓄會讓他們比較安心。他們會預先準備孩子的大學學費或家裡應急的儲備金。這類棕褐色彩的人相信儲蓄是需要時間的。他們通常不會像綠色人有那麼多的資產，但也不會像多數綠色人負債累累。綠色人

會砸錢去賺更多的錢，感性棕褐色人則傾向穩定緩慢地建立自己的財務基礎。感性棕褐色人通常會從事秘書、帳務、職員、櫃檯人員等工作，有穩定薪水，但不會太高。感性棕褐色人常會為了家庭中斷學業或事業，這可能會讓他們重返職場時無法覓得高薪職位。

## 成功

感性棕褐色人認為，人生最重要的事就是以愛跟誠信守護自己的家庭與社群。他們比較喜歡以平和、理性、善解人意的態度過生活。如果他們覺得自己能夠給予家人愛與安全感、傳遞良善和同理心給周遭的人，並透過服務社群為社會帶來正面貢獻，他們就會覺得自己擁有成功的人生。

## 職業

感性棕褐色人傾向選擇薪資穩定的工作。他們喜歡可以助人又能進行分析的工作。他們是盡職盡責的員工，跟其他人合作無間。他們比較喜歡壓力沒那麼大、步調較慢的工作，這樣他們比較能夠知道自己每天要做什麼。他們要負責的工作必須很明確，而且不會有太大波動。混亂、死線、恐慌等等會讓感性棕褐色人壓力過大。待在不太變動的工作場所，例如一個規劃完善、平和、有效率的工作環境，他們會比較快樂。

感性棕褐色人喜歡專注細節，例如結算帳目、編寫程式，只要也能跟其他人互動就好。他們比大多數其他生命色彩的人都更有耐心處理重複事務跟細節部分。如果感性棕褐色人是治療師，他們會希望個案可以長期固定約診。他們相信治療過程有好幾個階段，需要長時間完成。（感性棕褐色人若知道個案

會固定回診，也會感到放心。）由於感性棕褐色人喜歡為了社區提供服務，他們會接下需要分析社區現況與改善規劃的工作，例如城市規劃或社區服務發展人員。一般公司也喜歡雇用盡忠職守、努力勤奮的感性棕褐色人，因為他們會比較願意處理每天公司的大小瑣事。

美國經典偵探劇集《女作家與謀殺案》（Murder, She Wrote）的主角就是一個感性棕褐色人。這位女作家會運用研究調查跟直覺來破案。

感性棕褐色人會對以下的職業感興趣：

| | | | |
|---|---|---|---|
| 帳務人員 | 諮商師 | 大學招生人員 | 老師、教育工作者 |
| 櫃檯人員 | 城市規劃師 | 仲裁者 | 幼保人員 |
| 秘書 | 學校顧問 | 法官 | 社區服務發展人員 |
| 辦公室職員 | 作家 | 牙醫 | 調查員 |
| 會計師 | 職涯諮商師 | 保健專家 | 公關 |
| 治療師 | 學校行政人員 | 社福工作者、社工 | 校長 |

## 健康

感性棕褐色人最常出現眼睛視力問題。他們很注重細節，因此常常用眼過度。感性棕褐色人會遇到理性棕褐色與藍色人都會有的健康問題。不過，這些沉著鎮靜的人大多比其他生命色彩的人健康，因為

他們知道飲食要均衡，要保持心情平和，所以壓力也比較小。

和藍色人一樣，感性棕褐色人不是那麼喜歡運動。不過他們都知道運動的重要性，所以會比藍色人願意去運動。然而，由於他們的光環中還是有藍色的部分，他們不會真的規律運動。一開始還會固定照表操課，然後就變成想去時才會去。

想維持健康的話，感性棕褐色人不只要保持理性、吃得健康、維持平靜的心情（但不要壓抑情緒），還要規律運動。不妨也參考給藍色人與理性棕褐色人的建議。

## 抽象棕褐色

抽象棕褐色人有一條淺褐色的顏色帶，周圍還環繞一整條鮮紅色的顏色帶。這個紅色跟生命色彩中的紅色與紅色覆蓋不同，抽象棕褐色人格特質與他們完全不同。

抽象棕褐色人活潑開朗、充滿好奇心，在心智類生命色彩中是很獨特的一群。他們是所有棕褐色彩中最單純天真的人，非常坦率、友善、外向，是無可救藥的樂觀主義者。雖然他們總是充滿活力，但也常常一下就耗盡。儘管他們會注意每個需要處理到的細節和步驟，但不會有條有理地進行。他們會想到什麼做什麼，不會按部就班，反而想試著同時處理所有步驟。他們不會思考哪個步驟該先進行，而是認

為每個步驟都是計劃的一部分，孰先孰後沒有差別。其他棕褐色人則都是按照邏輯和順序來進行。抽象棕褐色人把計劃案看成跟拼圖一樣。他們會看著散在桌上的一塊塊拼圖，但不知道要從哪裡開始才能拼完。他們會先選一塊拼圖，然後又毫無理由地跳到拼圖另外一個部分。雖然最後所有拼圖都放對位置，但整個過程可能會讓旁邊的人抓狂。其他人通常是從一片拼圖開始，慢慢拼出圖形，自然對抽象棕褐色人所用的方法感到莫名其妙。抽象棕褐色人的世界基本上就是一團混亂。

（許多黃色／紫色與藍色／黃色組合生命色彩的人會以為自己是抽象棕褐色人。不過有些重要的特質可以將他們區分開來。雖然抽象棕褐色跟紫色人都很散漫，但是棕褐色人還是比較傾向注重細節。紫色人沒有那麼喜歡處理細節。他們覺得自己是要幹大事的人。棕褐色人大多不會這麼覺得。抽象棕褐色人喜歡有長期穩定的收入，這樣比較安心；黃色人則不想長期在同一個地方工作。請詳閱本書，看哪種職業最吸引你，以此分辨你是抽象棕褐色、黃色／紫色，還是藍色／黃色人。）

由於抽象棕褐色人思考跳躍、缺乏邏輯，他們的生活也常是一團亂。他們沒有建立優先順序或設定好時間表的概念，不會先做最重要或最急迫的事，而是先注意到什麼就做什麼。例如，抽象棕褐色人如果要準備一個派對，他們可能會先布置一下家裡，接著打掃家裡，然後再來烤蛋糕，而沒有想到可以在打掃的時候順便烤蛋糕。這些少根筋的人常常在派對中姍姍來遲，因為沒有算進準備的時間。通常他們會注意到所有該注意的細節，但卻是胡亂進行。

抽象棕褐色人對於線性時間也沒什麼概念。當他們在講述故事時，會把過去、現在、未來混為一談。

他們會記得所有發生過的事情，但卻記不得先後順序。大家常覺得抽象棕褐色人無法信賴，甚至有點古怪，因為他們的思考方式還有行為舉止都很怪異。抽象棕褐色人精力充沛、情感充沛，這常讓他們顯得很神經質。他們說話時常離題，然後隨意概括其他事情，讓別人很難搞懂他們在說什麼。

在別人眼中，抽象棕褐色人似乎頭腦不清楚。他們老是會放錯或搞丟自己的東西，他們的生活似乎一直都處於混亂失序的狀態。他們常常把精力分散到不同的地方，讓旁邊試著把他們拉回來的人很焦慮。抽象棕褐色人的精力就像螢火蟲或是蜂鳥，他們快速地在每秒鐘揮動翅膀一百下，但卻在半空中一直改變飛行路線。人們常訝異，頭腦混亂的抽象棕褐色人居然可以完成工作，因為他們一副看起來不知道自己在幹嘛的樣子。不過，雖然他們做事毫無章法，最後還是會把所有事情都完成。

抽象棕褐色人會對於新點子感到興奮，他們喜歡投入新的計劃當中，檢視所有與自己相關的部分；他們還喜歡研究跟探索、蒐集大量的資料，然後保留他們認為重要的部分。他們喜歡向大自然學習，因為大自然存在著一種秩序，例如歷史事件、因果關係、季節更迭的循環模式等。

好奇心強的抽象棕褐色人喜歡參與社交活動，因為這樣可以跟不同的人聊天，從別人身上知道很多訊息，還可以將獲取的知識儲存到自己頭腦裡的不同區域。（雖然抽象棕褐色人與紫色人有很多相似的特質，不過抽象棕褐色人可以跟任何人聊任何事，紫色人則比較偏好談論社會、政治或思想層面的話題，而不喜歡討論沒有實際意義的事。）抽象棕褐色人會毫無保留地愛所有人，相當博愛。他們對於不同類型的人接受度很大，也很有興趣瞭解其他種族的文化、語言以及生活方式。

儘管抽象棕褐色人在某種抽象的層面上很博愛，但卻很難跟別人建立親密關係。這些棕褐色人很敏感、很天真，總是想討好其他人，想被其他人喜歡。只是他們的情感很容易受傷。與其受傷，不如放在心裡就好，不要進一步和別人發展更親密的關係。他們可以很自在地討論別人怎麼想、怎麼做、有什麼感覺，以及理由為何，但是卻不會討論自己的感受。由於在小時候曾經被誤解或被忽視，他們往往學會別對別人敞開心胸，也不能看起來很脆弱。他們會把情緒從自己身上抽離。當身旁有很多人可以學習、討論時，他們才會比較有安全感。

處於穩定狀態時，抽象棕褐色人很有活力、樂觀、開朗、愉快。他們天生性格友善、歡迎別人，讓別人不會覺得有威脅感。由於他們精力充沛，所以能夠同時負責很多計劃、記住很多訊息。雖然他們比較喜歡以事實與知識為基礎的資訊，不過他們也樂於探究更多訊息。他們喜歡再多知道一些想法和概念。與其他棕褐色人相較，抽象棕褐色人心胸比較開闊，也比較有彈性。處於穩定狀態時，抽象棕褐色人對於全人類抱持一份無條件的愛，並且全然接受。基於這份愛與接受，他們能夠教導人們接受自己，珍惜自己的不同之處。

如果狀態不穩定，抽象棕褐色人就會變得散漫、忘東忘西，做事很沒效率。他們會承諾過頭，之後又沒辦法做到。他們很容易覺得迷惘、分心。當他們不穩定時，這些敏感的人會封閉起自己的情感，慢慢退回自己的內心，這讓他們比較有安全感，但很孤單。這類色彩的人通常很喜歡與人往來，但如果狀況不穩定，他們就會變得比較孤立，尤其是上了年紀之後。

若要維持穩定，抽象棕褐色人必須學會如何排定時程表與設立規範。抽象棕褐色人跟其他棕褐色人不同，他們不太能夠適應有嚴格規定、條理分明的地方，而是需要有較大的空間可以探索、研究新的想法。當然，他們需要有一些規範來讓生活有紀律。例如他們需要有年／月行事曆，才不會在一天之中排進太多事情；或是跟可以幫他們維持紀律和秩序的人在一起。只要有運作良好、足以信賴的規範為基礎，他們就能夠無拘無束地探究其他可能性。

## 關係

雖然友善親切的抽象棕褐色人總是介意意把自己的時間、精力、熱忱與他人分享，而且願意與人相處，不過他們卻很難坦誠接受親密關係，而且總是無法對另一半流露情感。

對於這些欠缺條理的人，婚姻不啻為一個避風港，因此他們想要另一半幫助他們在混亂的生活中建立秩序。他們希望伴侶能夠提供一個穩定的基礎，而且願意理解他們對於概念的討論。他們需要的伴侶是更為堅強、更能夠照顧他們的人，但不需要很深的情感連結。他們喜歡的是可以照顧他們的人與玩伴，因此他們的伴侶往往覺得很挫折，覺得自己比較像是父／母親，而不是配偶。

有時抽象棕褐色人甚至很難找到另一半。他們會把精力用到各處，胡亂宣洩，讓大多數的人很難忍受。結果就是伴侶總是一個接著一個換。他們通常有很多普通朋友，但很少有比較深入的關係。他們那種亂哄哄的生活方式也讓他們不太敢有親密長久的關係。他們無法完全專注，無法認真經營關係。還有，

他們總是會吸引到那些無法跟他們在一起的人。抽象棕褐色人想要的其實是陪伴。這些溫和友善的人如果單身太久，會變得很憂鬱寂寞；但是他們會裝得活力四射，把自己的感受藏起來。他們的難題在於必須一直維持無所畏懼、頭腦鎮定的樣子，才能交得到朋友。

抽象棕褐色人的伴侶很快就會發現這些躁動的人不會在一個地方待太久。抽象棕褐色人總是充滿熱情、興致高昂，但是他們也一直都很忙碌，另一半常常不知道他們人在哪裡。要跟這種人在一起，必須要夠堅定、很理智，還要很有耐心，必須願意在關係中加入規範與責任感。

抽象棕褐色人能為一段關係帶來許多令人開心的樂觀感受與熱忱，加上他們充沛的精力與淵博的知識，跟抽象棕褐色人在一起永遠都不會無聊。

## 性

性必須要讓抽象棕褐色人覺得安心才行。另一半必須要讓他們覺得有安全感和信任感，但要讓抽象棕褐色人全然信任可不容易。他們通常都覺得躲在自己的內心比較安全，即使是在性愛當下也是如此。他們很少會放任自己享受激情。放任會讓他們覺得很危險。所有棕褐色人在性方面都趨向保守，會小心翼翼不流露出情感。雖然他們很喜歡性愛，特別是跟自己信賴的伴侶在一起的時候，不過性對他們來說並不是生命中最重要的事。

## 身為父母

做為父母，抽象棕褐色人非常溫暖、體貼，而且對小孩非常關心。他們通常不會限制一大堆，因為這個色彩的人本身有著散漫性格，家裡面也可能亂七八糟，衣服東西到處亂丟。他們的小孩常常要從學校急急忙忙趕去練習棒球，然後趕去上音樂課，因為他們會在一天之中塞進太多活動。抽象棕褐色人都是出於好意，但常常無法遵守跟孩子約定好的時間，因為他們根本答應過頭。抽象棕褐色人會覺得很難把孩子的生活安排得井然有序，因為他們連要安排好自己的生活都有困難。他們本身就像活蹦亂跳的小孩，而且是需要照顧的小孩。

## 身為小孩

這個色彩的小孩大多很外向、活潑、樂觀、熱情。不過他們經常會被誤解，因為他們的思考非常混亂。他們很渴望被別人喜愛，但是他們那種瞎忙的個性常讓人覺得很累。這些孩子很敏感，而且就是在這個時期，他們開始失去對別人的信任。他們害怕被別人傷害或拒絕，因為這些人並不瞭解他們精靈古怪的行為舉止。他們因此會慢慢學會封閉自己的感受跟想法，退回自己的內心。

抽象棕褐色的孩子常會因為把東西弄丟而被責罵。就像抽象棕褐色的大人，他們會把自己的衣服跟玩具到處亂放，東西對他們而言不是很重要。這些孩子的漫不經心會讓父母覺得很頭大。他們或許有努力過，但是要讓他們把一切都弄得井井有條實在很困難。當他們看到自己一直讓父母親失望，就會覺得自己無法被諒解，也不被認可，最後就學會封閉自己。他們學會把自己看成是格格不入的人。

父母應該要教導這些精力旺盛的孩子如何培養專注力。不是設下規定去限制他們，而是教他們要遵循簡單的時程表。父母必須對這些抽象思考者有耐心。在穩定狀態下，抽象棕褐色的孩子頭腦並不混亂，他們只是很善於同時看到所有事情。假如可以不要強迫他們按照制式、單一的方式完成作業，而是讓他們可以自由地做作業，這些孩子一定可以成功完成。

抽象棕褐色的孩子在非傳統的教育體系中會適應得比較好。他們是充滿好奇與渴望的學習者。他們會對外國語言或世界文化這類的科目有興趣，不過他們需要時間針對每個科目做完整的研究與瞭解。在讀完第一個主題之前就跳到另一個，會讓他們變得更混亂。不過若有人幫助，他們就能學會怎樣更有條有理，並且妥善運用他們旺盛的精力。

## 解決問題

抽象棕褐色人跟其他棕褐色人不同，他們很能夠接受新的想法，願意去學習不同的方式。他們能從許多不同的角度看待新的想法，所以也相信可以從各種角度來找出解決問題的方法。雖然他們很願意找尋其他可能性，也很能夠瞭解其他人的觀點，但是他們會傾向選擇與他們理念最契合的解決方式。他們比較喜歡以智識與理性為基礎的解決方法；而且就像所有的棕褐色人一樣，他們多半會在做決定前檢視所有的事實真相。

抽象棕褐色人會輕易在半途中改變解決方式。雖然這樣往往讓旁邊的人很困惑，不過抽象棕褐色人能夠豪不費力地改變方向。不過從一種解決方式換成另一種，然後又換成另一種，常會讓抽象棕褐色人搞不清楚自己原本是怎麼看待問題的。他們能夠向一群人提出許多種解決方案，而當中總是有人能夠瞭

解至少一個解決方式。抽象棕褐色人不會先解決比較重要的問題，而是看先遇到哪個問題，就先解決哪個。儘管抽象棕褐色人不是那麼條理分明，他們還是能夠找到很多獨特又可行的問題解決方式。

## 金錢

抽象棕褐色人不太會管理自己的金錢，列出收支的優先順序對他們而言是一項挑戰。他們會隨意花錢，每個月要繳的帳單都不一樣。他們沒有完善的規劃，結果總是花了不該花的錢。他們常會重複買家裡已經有的東西，因為他們不是把東西亂擺，就是忘了家裡已經有了。

抽象棕褐色人很難遵守預算或財務規劃。最好找人來幫忙他們管理財務，他們才會過得比較安穩。

## 成功

抽象棕褐色人生氣蓬勃、天真坦率，渴望獲得他人喜愛。當他們覺得自己被理解、接受時，就會對自己的人生感到滿意。如果身邊的人可以提供他們安穩牢靠的環境，他們會覺得非常棒。他們喜歡依照自己天性中隨意、抽象的方式自由度過人生，而不會遭受批判。他們不喜歡被情感勒索。當他們能夠統合好自己計劃中的各個部分，他們就會很有成就感。

## 職業

抽象棕褐色人喜歡包含各式各樣任務的工作，讓他們能夠隨機地同時拿出自己所有看家本領與才能。他們需要隨心所欲地安排自己的行程，還要有很多的空間跟時間來完成工作。他們還要有自主權，

不必按照規定的順序做事。他們不能接受嚴格的規範，這會讓他們覺得自己被限制或約束。

抽象棕褐色人比較適合當員工，因為他們組織能力不夠強，無法自己經營公司。不過，他們也無法接受被嚴格管理的組織所限制。舉例來說，如果他們成為老師，即使授課安排是固定的，他們也還是需要能自由運用隨興的方式，將課程內容整合在一起。假設他們教授政治學這門課，比起按照歷史年代講述政治學的發展，他們會更想不受拘束地選擇一個主題，任意討論相關議題。

雖然他們的思考方式時常缺乏邏輯與條理，不過抽象棕褐色人最後還是可以把所有的東西整合在一起。可以同時進行計劃裡的所有部分，就是他們最開心的時候。他們大多喜歡需要動腦的工作，但沒那麼擅長或沒那麼有條理去處理大量的規劃工作。他們比較喜歡依據理論推想、閱讀與討論新想法。

抽象棕褐色人會感興趣的職業如下：

| | | |
|---|---|---|
| 老師 | 翻譯人員 | 程式設計師 |
| 顧問 | 幼保人員 | 設計師 |
| 都市開發商 | 旅行社人員 | 室內設計師 |
| 庭園設計師 | 園藝人員 | 平面藝術家 |
| 醫事人員 | 業務員 | 導遊 |

## 健康

大部分抽象棕褐色人經常抱怨自己健康出問題，但都不是什麼嚴重的病痛。他們不定時會出現有的沒有的毛病，但醫師常常很難確定他們到底有什麼問題，因為症狀都不會持續太久，例如，因為病毒感染而開始治療胃部時，問題又會跑到腸子去。抽象棕褐色的病程跟一般人不太一樣，因此醫師可能要先檢視他們情緒與心理的狀況，而非生理狀況，才能比較容易找到治療方式。

如果是被迫要在緊湊的時間限制內、或嚴格規定下完成所有事情，抽象棕褐色人就會生病。當他們再也無法承受挫敗，害怕無法做完事情時，身體就會出問題。

不容易專心的抽象棕褐色人必須要學著慢下來，不要同時答應太多事情，才可以維持健康。由於他們不太會安排自己的時間，所以需要有人幫忙規劃他們做得到的行程。他們需要每天做一些有益健康的事。例如某幾天去運動或游泳，某幾天做做瑜珈或伸展運動。他們也可以放鬆一下，出去度個假。另外，還需要每天攝取有益健康的食物。他們的健康規劃必須是要包含各種方案的完整計劃。

對於抽象棕褐色人，保持健康最有效的方式就是讓生活維持良好的平衡，還有自由。他們必須要能夠自由自在地想東想西，無法去做制式化的工作，或待在限制他們只能做制式工作的人身邊。讓他們展現自己真正的天性，包括和善、樂觀、好奇、開朗，也有助於他們的健康。

## 綠色

綠色人對錢、權力、事業很感興趣。他們是生命色彩光環裡最有能力、最聰明的人。他們吸收訊息與想法的速度很快，能夠從第一步直接跳到最後一步，因為他們不喜歡處理當中所有的步驟與細節。太多細節的計劃會讓綠色人覺得很厭煩跟無趣。他們比較喜歡處理想法與概念，包括把一個想法繼續發展下去、擬定一個計劃，然後指派別人處理細節的部分。

處於穩定狀態時，這些反應敏捷的人條理分明，非常有效率。他們會列出待辦清單，刪除已經完成的項目。他們還會快速理出脈絡，找出解決方法。在狀態穩定時，他們可以完成所有事情。他們喜歡設定目標，下定決心達成。在要採取行動時，綠色人就是行動派與推動者。綠色人具有高度競爭力，喜歡接受挑戰。他們會甘冒風險，奮鬥不懈。綠色人大多有賭徒心態，特別是有機會可以大贏一把的時候。

這些力量強大的綠色人有著堅強的意志力，會決心要按照自己的想法行事，而且他們通常認為自己的想法是對的。人們很少能辯得過綠色人，即使對手以邏輯或統計資料辯贏了，綠色人也很少會認輸，因為他們討厭自己是錯的。

綠色人也厭惡接受指揮。他們往往認為自己比其他人聰明，因為他們學得很快，能夠在接受到訊息之後，以自己的想法做好安排。他們不僅喜歡控制一切，似乎也需要掌控一切。如果出現無法掌控的狀

況，他們就會陷入沮喪與焦慮之中。他們希望可以掌控自己的情緒、環境、收入與關係。他們還需要瞭解所有的事情。

綠色人的人生目的就是在此生儘可能去體驗、儘可能有所成就，在智識上有所成長和學習，並成為啟發他人的榜樣。（綠色人跟紫色人有某些行為舉止非常相像，特別是在狀態不太穩定的時候。很多紫色人在讀這章時可能會以為自己是綠色人。請瀏覽第四章關於紫色人的部分，尤其是關於人生目的的部分，來確認自己到底是綠色人、紫色人，還是紫色／綠色的組合生命色彩。）

狀態穩定的時候，綠色人的座右銘是「有志者事竟成」。他們喜歡關於心智類的挑戰。每當完成了某件事，他們就會開始迎向另一個挑戰。他們對於知識非常渴求，常常會問很多問題，例如「為什麼？」「你是怎麼開始創業的？」「你這麼成功，是如何辦到的？」「你是怎麼賺到錢的？」之類。由於綠色人非常好學，他們一般都會再進修。他們很可能重新去當學生，總是會拿到更多的證照與學位。他們大多相信文憑、學位或專業訓練，能夠向自己跟全世界證明他們有資格獲得一份特殊的工作。

綠色人有極佳學習力，只要看過別人做，自己就能想出要怎麼做，而且還常常做得更好（至少他們自己是這樣覺得）。不過除了這項能力，他們還是認為自己需要經過正式的訓練與文憑，才能向大家證明自己夠格。在穩定狀態下，綠色人可能是世界上最富有、最成功的一群人，儘管其中很多人沒有受過正規教育的。

這些有強烈企圖心的人迫切地想要有所成就，當他們朝著自己的目標努力衝刺時，他們會變得非常緊繃與嚴肅。他們會不斷督促自己，所以總是顯得很忙碌。綠色人就是最典型的工作狂。

這些工作努力的人喜歡與他人比較，通常是跟比他們成功的人比較，而不是向下比較。他們會為了要有更大的成就而不斷努力與競爭，一直往前衝。只是他們這麼拼命，有時也會造成一種長期的不安與不滿。他們可能會一直批判自己與自己的成就，認為自己永遠都不夠好。

綠色人往往害怕失敗，即使他們很少失敗。綠色人會自我批評與要求，總自認是失敗者；但如果將綠色人的成就與其他人相比，綠色人往往都是相對成功的人。綠色人最大的敵人其實是他們自己。（應該也沒有人想成為他們最大的敵人。）綠色人通常都沒什麼耐性去傾聽別人的問題。如果你去問綠色人一個問題，他們會聽你講、給你建議，然後希望你按照建議去做。如果你又再次問一樣的問題，他們會看不起你，認為你很差勁、太散漫，缺少動力。

綠色人通常五官都長得很好看，對於自己的外表非常自豪。他們喜歡穿得很有品味、很時尚，而且無法忍受自己變胖，認為變胖就是缺乏自制力與意志力。如果他們胖了一兩公斤，馬上就會瞧不起自己。（如果他們是組合生命色彩的人，例如藍色／綠色，體重對他們來說一直都會是個問題。）由於綠色人太重視外表，常因此罹患飲食失調的疾病，例如厭食症。當綠色人狀態不穩定時，不論他們減下多少體重，永遠都嫌不夠。

綠色人狀態不穩定時，其他人很難跟他們相處。他們會非常喜歡挑釁，過於堅持己見，常讓其他人感到害怕。他們會變得愛批評、自大、不耐煩。當他們要某個東西時，意思就是馬上就要。他們會對別人要求苛刻、期待過高，如同他們對待自己一樣。他們事事要求完美，行為舉止往往會嚇跑旁人。

綠色人認為自己一個人能把事情做得更好，所以常常獨挑大梁完成事情。這些完美主義者總把「應該」二字掛在嘴邊：「我應該可以做得更好、更快、更俐落。」他們大多相信人生是艱難的。失意的綠色人口常會冒出「艱難」「努力」「嘗試」「應該」「無法」「需要」等字眼；如果他們可以改用「想要」「容易」「輕鬆」「將會」「能夠」「我想」等說法，人生可能會好過一點。如果綠色人無法說出「我想要做這個案子」，而是說成「我必須做這個案子」，就代表他們可能不太穩定，人生處於失意中。

當綠色人壓抑了自己的力量，或因阻礙無法獲得自己想要的東西，他們會變得很沮喪、痛苦、充滿怨恨，還會立刻把問題原因歸咎於其他人或外在環境，常常因此責罵員工、客戶、朋友、配偶、父母、時間不夠或是錢不夠。當他們生起氣來，會把自己的挫敗直接說出口發洩。他們會想到什麼就說什麼，不管別人聽了感受如何，或會產生什麼影響，覺得這樣就可以立刻改變現況。他們常常會變得很傷人、很惡劣。當他們處於不穩定狀態時，沒有什麼能夠讓他們高興（雖然如果中了一億元樂透，或許可以短暫地讓他們開心就是了）。

能夠抑制綠色人強大能力的人就是他們自己。綠色人會自己阻礙自己，阻擋自己的力量。責罵他人只是把力量分散給別人，綠色人要回歸到平衡狀態的最快方法，就是為自己的人生負責。他們必須弄清

楚那些自我阻礙的因素，列出自己想要什麼，然後採取行動。瞭解自己想要什麼，採取行動去得到自己所冀望的東西，將能讓他們覺得再度獲得掌控權。當綠色人回歸穩定狀態，他們會非常有活力、強大無比，就不會有時間把問題怪罪到其他人頭上。

## 關係

綠色人在關係中面對的最大挑戰，特別是綠色的女性，就是如何找到另一半。綠色人必須要找到能讓自己敬重的人，而對方也要能夠承受得了他們驚人的能力。他們的伴侶必須要能符合綠色人的高標準。綠色人必須感到另一半很敬重自己，而他們也尊敬另一半。他們的伴侶必須夠聰明，喜歡動腦筋思考。如果他們的伴侶不像他們那麼有企圖心、以目標為導向，他們很快就會覺得對方無趣乏味，感到厭倦。綠色人能夠凌駕絕大部分其他生命色彩的人。同時也會想確保某一段關係不會妨礙自己完成目標。他們對伴侶期待如此高，加上自己又是工作狂，往往導致關係疏離。綠色人常常自己先築起高牆。他們對朋友跟伴侶都是嚴格篩選。

以上所述並不是在潑綠色人冷水。在能夠維持平衡，保持穩定的前提下，有些生命色彩的人能夠適應綠色人的強大能力與聰明才智。紫色跟紅色人都是足以與綠色人匹配的伴侶。這兩種色彩的人對綠色人的能幹與智力很是敬佩，也深受啟發，但不會無法招架或心生畏懼。

## 性

在與別人有性愛關係之前，綠色人想先確定自己的聰明才智是被尊崇與敬佩的，而對方也必須能夠

讓他們敬重與欣賞。綠色人喜歡性愛沒錯，但是當他們生氣時，首先會拒絕配偶的事情就是性。他們會拒絕對方觸碰，要等到事情解決、自己的想法獲得重視才肯罷休。綠色人的伴侶一定對家裡客廳的沙發或客房很熟悉。

狀態不穩定時，性對綠色人就會變成激烈緊張的集中攻勢，他們會利用性來操縱、控制或制伏另一半。如果受到傷害，他們就會想要報復。比起性愛，綠色人認為從達成目標、商場談判，或賺到一大筆錢獲得的樂趣更大，這對他們的伴侶可是一大挑戰。

## 身為父母

綠色人很難決定要不要有孩子。他們不想被絆住，而無法完成自己的目標，讓雄心壯志受到影響。他們甚至大多沒有養寵物。（「寵物石」很可能就是黃色／綠色人發明的。）小孩跟寵物會花掉他們很多時間、體力和金錢，這些可都是珍貴的東西，而且他們也不想就這樣犧牲，就算是為了小孩也一樣。如果有小孩，他們會請保母來帶，這樣才能不必處理那些家務事。綠色人不是那種會在家裡待很久的人，他們必須要到外頭去打拼、做些什麼事情，然後贏得敬重。

綠色人如果身為父母，會把每件事都打理得很好。他們想要給孩子最好的，包括最好的教育、最好的訓練、最好的機會。他們會好好訓練孩子、帶孩子出門，給他們午餐錢，然後告訴他們上音樂課的時間表。（因為時間就是金錢，所以給他們錢買午餐比在家裡做花生果醬三明治節省多了。）綠色人希望他們的孩子可以把東西整理得有條不紊，家裡頭每樣東西都有固定的位置。

綠色父母是所有生命色彩當中最沒有耐心、最喜歡掌控的父母。他們必須要特別注意自己對孩子那種要求過於嚴苛的態度，而且要記住：他們面對的是正在發育、成長的孩子，而不是小大人。教導孩子學習責任感、尊敬與紀律當然很好，只要不要嚇壞小孩，讓他們封閉起自己真正的潛力與獨特的個人特質就好。雖然綠色人喜歡紀律、服從、控制，但他們也應該記得：他們自己可是第一個會去挑戰想要控制他們的人。

綠色人處於身心穩定、覺察清晰的狀態時，可以把父母的角色扮演得最好（不是每個人都能隨時保持身心穩定）。當綠色人狀態穩定時，他們會成為榜樣來教導和啟發孩子。如果綠色人覺得很失望，並且強逼別人改變，真正的原因可能是他們對自己的人生很不滿意。在他們能夠有效與孩子互動之前，需要先清除自己的恐懼、障礙與挫敗。

因為井然有序、紀律分明而過得很充實的綠色人，或許會幫孩子訂定時間表。他們可以利用這個時候教導孩子、向孩子學習，或是多瞭解自己的孩子。

如果綠色人可以把與孩子的互動視為和打拼事業同等重要，他們就兩邊都能做得很好。不過，養育孩子不會是（通常也不是）綠色人心中的首要之務。（請參考第五章，關於綠色／紫色、或綠色／藍色人在教養孩子時可能會面臨的衝突。）

## 身為小孩

綠色的小孩非常聰明。他們會問很多問題，學習速度很快。這些意志堅強、有決心的小人兒多半在很小的時候就有堅定的目標。他們很有自制力，也很自律，但綠色小孩也會頭一個挑戰父母的決定。綠色人不喜歡別人告訴他們要做什麼，即使是小孩子也一樣。相反地，他們比較習慣下命令。綠色的孩子似乎比某些大人還像大人。

綠色孩子希望自己的聲音被聽見，並且能受到尊重。如果事情不如他們預期，他們會很容易感到沮喪，大聲抗議，不是尖叫、打斷別人說話，就是要大家聽他們講。

就父母這方來說，如果不瞭解綠色孩子的優先順序，他們可能會覺得固執己見、要求很多的綠色孩子很難搞。當綠色孩子覺得沮喪時，父母可以跟他們一起想辦法，看怎樣可以達成他們的目的。孩子可以做家事換酬勞買玩具嗎？他們可以改用別種方式拼圖，而不是一直堅持把拼圖塊放在不對的地方嗎？除了尖叫、打斷別人講話，有沒有其他更好的方式可以獲得父母的注意？

當父母親可以理性地跟綠色孩子討論狀況時，他們很快就會瞭解。綠色的小孩很會使出全力去爭辯、挑戰及憎惡權威；不過，如果他們開始培養出體諒、堅強、決心與獨立自主，他們也會受到啟發而留神觀看。綠色小孩的父母大多不需要擔心自己的孩子將來是否能夠成功，因為這些孩子通常都會帶著高分、獎狀和成功的故事回家。

父母應該要好好稱讚綠色小孩的表現。重視與讚佩對他們來說極為重要。鼓勵綠色孩子不要害怕失敗，勇於追求他們想要達成的目標，對他們也有幫助。由於所有綠色人都會要求自己做到完美，所以如果父母看到綠色孩子把自己逼得太緊，或太在意自己的缺點，可以反過來提醒孩子他們已經做得很棒了。這樣可以幫助綠色的孩子學會保持平衡，看重自己。

## 解決問題

綠色人解決問題時會先分析狀況，再找出解決方法，速度之快無人能及。他們可說是公司珍貴的資產。但當綠色人不夠穩定時，他們就會十分固執且堅持己見。他們會用頭撞牆，想著如果自己一直堅持下去，應該可以突破難關。大多數情況下，他們的堅持不懈最終都會得到回報。不過，透過清晰的思考尋找其他的選項，通常能更快、更有效率地找到解決方式。由於他們不喜歡自己成為錯的那方，或承認自己不對，因此他們往往很難改變採取的措施或策略。

## 金錢

錢對綠色人極端重要。他們喜歡有錢，可以買好看的衣服、家具、房子、車子。他們的要求非常高，想要的都是最好的。如果要他們妥協，他們就會不高興或不滿。如果他們買到的東西不是他們想要的，就會完全不珍惜，或根本用都不用。當綠色人狀態不穩定時，再多的錢也不夠他們花。他們會一直想方設法，努力去賺更多的錢。他們也可能會花太多錢，讓自己背負愈來愈多的債務。綠色人不快樂的時候，會覺得只要有更多的錢跟東西就可以解決他們的問題。

在身心平穩、頭腦清楚的狀態下，綠色人想要追求富有和成功的強烈慾望，就已經在他們內在創造了能輕鬆快速吸引財富的能力。歷來某些綠色人都是世界上最有錢的人。（紫色人跟他們一樣也很有錢，也很容易吸引財富，不過他們得肯定自己正在做的事、喜歡去做，而且覺得這其中蘊含著更崇高的目的。綠色人則是很自豪自己能把任何東西賣給任何人，甚至可以把鑽油平臺設在可能有害環境的地方；紫色人應該會抗議這種行為。）綠色人在工作上會希望自己的努力獲得不錯的回報。他們認為金錢就代表權力、地位和掌控權。（請見第五章關於他們在金錢方面可能產生的內在衝突。）

## 成功

綠色人認為成功乃是以有多少錢、完成多少目標，以及他們的成就受到多大的景仰和尊崇來判定。

## 職業

這些雄心勃勃的創業者大多會（甚至必須要）自己當老闆，或至少位居高階管理層級。就財務與事業而言，他們的頭腦非常好、有效率、精明幹練。綠色人喜歡負責管理、指揮別人要做什麼，還有指派工作和任務給別人；但他們多半都是完美主義者，總是認為別人無法達到他們的高標準。他們常常會因為這種控制慾強、挑剔且跋扈的態度惹怒他人。

只要綠色人專心去做，沒有什麼事會難倒他們，所以他們可以從事任何職業。但是他們自己偏好能讓他們當領導者、運用才智，而且有高薪的工作。他們需要有很好的薪資回報，能動用腦筋贏得尊重。知名的綠色人物有：比爾・蓋茲（綠色／紫色）、唐納・川普（綠色／黃色）、貝蒂・戴維斯（Bette

Davis）[9]、阿諾・史瓦辛格（黃色／綠色），以及伊莉莎白女王。

綠色人對以下的職業會感興趣：

| | | |
|---|---|---|
| 公司行政人員 | 製造商 | 業務員（特別是高價商品，例如汽車、珠寶、保險、房子） |
| 房地產仲介 | 募款人 | 組織者 |
| 企業家 | 辦公室主管 | 業務經理 |
| 銀行家 | 行銷宣傳人員 | 王者（或世界的擁有者） |
| 證券經紀人 | 投資規劃顧問 | |

請參考其他綠色／紫色、綠色／黃色、綠色／棕褐色、綠色／藍色感興趣的職業。

## 健康

在穩定狀態下，綠色人強健有力；但如果狀態不穩定，綠色人就會對自己的健康很神經質。他們會出問題的部位主要是胃部與體內器官。由於過度焦慮，他們常會出現潰瘍、胃痛、結腸炎，以及跟腸子相關的毛病，建議綠色人要遠離咖啡跟其他刺激性物質。雖然綠色人喜歡用咖啡因來提神，可是它也會對神經系統與胃造成負擔。綠色人通常會對咖啡上癮，因為喝了咖啡之後就能完成更多的工作。不過當咖啡的效力開始減退時，他們也會變得煩躁、焦慮，而無法清晰思考。（綠色人通常也喜歡小酌，因為下了班之後，喝點酒是唯一能夠讓他們過動的腦袋停下來的方法。）

綠色人主要的身體問題就是要學習放鬆。他們似乎不知道如何放鬆、休個假，或是去度假。他們的

自殺率最高，心臟病發的機率也很高。這些工作狂把人生跟財務問題看得太過認真。因為要求完美，綠色人的身體常處於緊繃狀態，加上工作和壓力，讓他們的肩頸常常非常僵硬。他們也常因太過擔憂和焦慮，而忘了要深呼吸。另一個綠色人會出問題的地方是喉嚨。如果綠色人把想說的話壓抑下來，他們的喉嚨就常會發炎，感到不適。

要消除健康方面的問題，綠色人要學會放鬆；但他們唯一能放鬆的時候，就是他們覺得人生都在掌控之中的時候。綠色人可以把自己想完成的事情都列出來，讓自己覺得事情井然有序，都在掌握之中，才不會覺得快被壓垮，這樣會對他們有幫助。他們也要找時間做自己喜歡做的事，不要老是只做跟工作有關的事情（雖然綠色人很喜歡工作，但是工作過頭會造成壓力）。很多綠色人喜歡去高爾夫場、競賽跑道或賭場。

綠色人要學習欣賞自己的成果，而不是著眼在那一大堆還沒做完的事。忙得不得了固然可以讓綠色人覺得自己很重要，但是也會造成與壓力有關的健康問題。綠色人可以問問自己：每件事情都要在自己的掌控中，這到底有多重要？他們可以先評估事情的嚴重程度，再決定是否真的需要擔心或煩惱。他們必須瞭解，把人生所有事情都掌控在手裡既不可能，也沒必要。如果他們能夠學會多去相信人生的過程，人生會比原本想像的平順許多。有一個最重要的建議要給綠色人——「記得深呼吸」。人們相信，時常深呼吸可以讓頭腦更清楚、思考更清晰，還有活得更久。

⑨ 美國知名電影、電視和戲劇女演員，曾兩度榮獲奧斯卡最佳女主角獎。

# 第四章　情感類生命色彩

## 藍色

在所有的生命色彩中，藍色人最會幫助、照顧、關愛他人。他們滿懷著真心與情感來過人生。他們來到這個世界上的目的就是分享愛、教導愛，還有瞭解自己為人所愛。他們的首要之務就是愛、關係與靈性。

藍色人大多都是老師、諮商師跟護理師，是地球上充滿愛的照顧者與呵護者。藍色人一直都在幫助別人，他們希望可以確保每個人都覺得被關愛和被接受。人們時常會向藍色人尋求安慰與建議，因為藍色人會一直在他們身邊，永遠提供肩膀讓別人可以倚靠。

藍色人是生命色彩中情感最豐富的人。他們說哭就哭，無論是高興、痛苦、生氣、難過，還是毫無理由。即使是看電視廣告也可以哭。其他生命色彩的人可能很難理解藍色人為什麼情感這麼豐富。不過也因為有這麼豐富的情感，藍色人才會如此溫暖、富有同理心和愛心。他們能夠深刻理解別人的感受，看到其他人哭泣，常會讓藍色人感同身受，也跟著哭了起來。（在進行團體治療的時候，如果有一個藍色人開始哭，其他的藍色人也會開始跟著哭。）

藍色人最了不起的天賦就是他們能夠無條件付出愛，還有他們的直覺。人們喜歡跟平穩的藍色人待在一起，因為藍色人會散播愛、包容與寬恕。這些充滿同理心的人甚至會跟那些被別人討厭的人做朋友。藍色人會看到人好的那一面，會給其他人很多個第二次機會。不論別人犯了什麼錯，藍色人都會愛他們，寬恕他們。這樣的行為往往讓他們獲得逆來順受的名聲，而且常被說太好欺負。人們隨便就能夠佔他們便宜，因為他們個性無私、只知道付出。他們最困難的人生功課就是學會說「不」。他們害怕如果說「不」，對方就會覺得被拒絕或不被愛，或者不願意用愛來回報他們。藍色人必須要知道：對別人說「不」，並不代表就是不愛對方。

藍色人是各種光環色彩中直覺力最強的人。他們就是知道。即使沒什麼事實根據或理由可以證明他們所知道的事情，但他們就是感覺得到。他們遇到某個人，就能感覺得出這人是在生氣或是不開心；他們能感覺得即將發生的事情；他們可以想著很久沒看到的某人，然後那個人過幾分鐘就打電話來。當藍色人遇到問題的時候，不論是關於感情（這通常是他們最大的難題）、工作、健康，還是其他事情，他們只要安靜下來問問自己，就能從內心聽到答案。藍色人會遇到的挑戰，就是要學會相信在自己內心所聽到的，不要強加以分析。

雖然我們所有人都有能力接收直覺上的訊息，不過藍色人似乎主要透過直覺行事。他們非常依據自己的感覺行事，因此常常會講出像是「這樣感覺就對了」「我感覺他需要幫助」，或是「我感覺有大事會發生」之類的話。

此外，做為一個幫助者、給予者、教導者，藍色人非常具有靈性。他們相信有神、更崇高的力量、宇宙的智慧，或者萬有（all that is）。他們在小時候可能會有看到或與神交談的經驗。他們的生命往往都是在追求靈性，想要更瞭解上天。只要他們覺得是在教導他們相信真理，他們對於自己的宗教或靈性組織就會非常忠誠。不然他們就會一直跳到不同的組織，尋求更多靈性上的知識，以解釋與驗證他們在內心所感受到的事物。他們的首要之務是過一個充滿愛與靈性的人生。

當藍色人處於穩定狀態時，大家都信任他們，因為人們知道，藍色人從來不會做什麼事情傷害別人，而且他們的用意都是出自於愛和真誠。由於他們擁戴正直誠實，堅守崇高的道德標準，藍色人只有在他們相信時才會去做某件事，接著他們會成為全世界最厲害的宣傳者。如果他們發現某個事物他們很喜歡，或者覺得很有幫助，不管是電影、書、餐廳或是宗教，他們會樂於分享給所有朋友知道。

這些充滿愛的藍色人通常都有很多朋友。他們所愛的人在他們的生命中佔有很高的地位，他們不吝挪出自己寶貴的時間與精力來幫助有困難的朋友。藍色人感受敏銳、很會照顧別人，他們通常也是完美的主人，會好好招待客人，提供食物、飲料，或任何讓客人覺得安心自在的東西。在交談的時候，藍色人會讓每個人都感覺沒有被冷落到。有時候，藍色人還會過度關心其他人是否幸福。他們會太投入朋友發生的故事，結果讓自己比朋友更痛苦、更煩惱。藍色人要面對的一個挑戰，就是不要太為每個人的問題擔憂。他們可說是地球上的終極拯救者。（黃色人也會幫助或拯救別人，但是他們大多是用幽默感來讓人開心起來。）

藍色人是很好的給予者，但卻不是很好的接受者。他們甚至連讚美都很難接受。由於他們不想讓別人麻煩或造成別人不便，所以開口請人幫忙或接受別人幫助會讓他們覺得很內疚。他們也很不會把工作分給別人做，結果就是自己做到過勞，被事情壓垮，自願用私人時間加班。藍色人會為了別人做事，他們覺得別人會愛自己，是因為他們買了禮物或者為了對方努力工作，而不是因為他們本身就值得被愛。藍色人要學習的一個最重要的功課，就是瞭解自己之所以被愛，是因為他們的為人，而不是因為他們做了什麼。

藍色人深切渴望被愛，雖然他們經常懷疑自己是否被愛，也經常懷疑自己的價值。即使別人多常說他們有多好、有多愛他們，但只要有人說到一件不好的事情，他們就會牢牢記住。藍色人還會測試別人（尤其是對另一半），看對方是不是真的愛他們。「如果他真的愛我，我要是離開他，他就會追上來。」「他應該要記得我的生日，因為他生日的時候，我替他做了那麼多事。」「如果我看起來不開心，他應該要很擔心我才對。」

藍色人想要被愛，但不相信他們得去要求。由於藍色人是充滿了愛、直覺性很強的拯救者，當他們感到沮喪、過勞或崩潰時，會想要有人來愛跟拯救他們。當別人難過、需要愛的時候，他們會知道；因此他們也期待當自己難過的時候，別人會知道。但並非所有生命色彩的人都像藍色人一樣感受敏銳，也不是所有人都能感受到一股想拯救別人的需求。儘管藍色人會躲到房間裡，等待別人來安慰拯救他們，但是別人可能無法理解，甚至覺得被耍而火大，因為他們這種行為根本是要讓別人覺得愧疚。當藍色人不接受自己原本想要的愛，或不瞭解、不接受別人給予的愛，他們就會變得誇張且自憐，扮演起受害者

跟犧牲者的角色。在狀態不穩定的時候，藍色人會利用愧疚感操弄他人，希望對方也開始覺得非常內疚，而給予藍色人更多的愛和關心。藍色人就是想要有人來愛他們、珍惜他們。

由於藍色人會太過於多愁善感、憂鬱，所以有時也會有自殺念頭，但通常不會真的去做，因為他們害怕會傷害到自己所愛的人。接著他們會開始想像自己的葬禮，想知道會有多少人來參加（另一個測試自己是否被愛的方式）。很多狀態不穩定的藍色人在接受別人幫助之前，就已經跌入人生谷底。他們過度勞累、崩潰、生病，或因為伴侶關係問題而身心交瘁。通常只有在墜入谷底時，藍色人才會允許自己停止拯救別人，而是先照顧自己的需求一段時間。

藍色人也比其他色彩的人更會巴著過去跟羞愧感不放。早在進入成人階段之前，他們就一直對於小時候做的事感到羞愧。（藍色人的問題大部分都是跟母親有關，黃色人通常則是跟父親有關。）每當做錯了什麼事情，他們多半會很自責，並習慣性地為自己的行為道歉。「對不起」簡直是他們的口頭禪。藍色人凡事都太往心裡去，很害怕身邊的人生氣。他們會把生氣當作是一種拒絕。

要能夠重新恢復穩定，藍色人必須學會愛自己，這是他們最大的挑戰，也是最難的人生課題。他們害怕如果愛自己，就會沒有人來愛他們。因為他們最大的恐懼就是獨自一人、被遺棄、沒有人愛。藍色人必須要瞭解，他們的所作所為全是出自於這兩種動機：去愛與被愛。如果他們可以體悟到這兩者都出自於愛，出自於利他的動機，他們就能對自己更溫柔、更包容。他們也需要理解助人與為別人付出都是出於自己的選擇，沒有人強迫他們。藍色人要去愛別人、為別人付出，才會覺得有成就感與滿足感。

要保持穩定，藍色人也必須冷靜理性，與自己內在的覺知重新連結。藍色人必須相信自己是被愛的。如果太過於憂鬱，對他們來說最快的解方就是對別人好。只要他們把注意力放在幫助別人上，就會忘記自己的問題，也會不那麼消沉。當藍色人重新恢復平衡，他們就會恢復原本充滿關愛、慷慨大方的天性。（不過幫助別人只是暫時的解決之道，因為藍色人會太過於涉入別人的生活，藉此逃避面對自己的恐懼與挑戰。）

## 關係

在人生中，藍色人最看重的就是靈性與關係。忠貞不渝的藍色人想要的是一個彼此相愛、信守承諾、感情深厚的關係，這是世上任何東西都無法相比的。藍色人是所有生命色彩中最忠誠、最支持另一半的伴侶。（關於常會在藍色組合生命色彩中出現的衝突，請見第五章。）藍色人若是有美好的伴侶關係，就會很快樂；但若是關係不好，或在關係裡感到孤單，就變得消沉而鬱鬱寡歡。

由於關係對於藍色人是如此重要，他們會完全奉獻自己或改變自己，只為了換得對方的愛。他們常常覺得自己不夠好，會藉著改變髮型、穿著或行為舉止，試圖成為他們認為另一半想要他們成為的樣子。

狀態不穩定時，藍色人會選擇需要拯救或者會在情感上虐待他們的伴侶。藍色人也會不顧周遭其他人的意見跟建議，緊抓著不健康的關係，覺得只要他們好好愛對方，一定可以有圓滿的結果。他們很害怕一個人，也害怕放棄另一半，傷害到對方。要藍色人放手很難。藍色人認為放手就代表停止去愛。由於愛是他們生命中的必要成分，要藍色人覺得應該停止去愛，那簡直是毀了他們。即使在關係裡悲慘又

不快樂，他們仍然更難去面對結束關係帶來的罪惡感、悲傷、恐懼、失落和痛苦。當他們真的結束一段關係時，會需要允許自己繼續愛著對方，但同時也去尋找另一個可以愛的人。

當藍色人愛某一個人時，特別是另一半，他們會想要隨時跟對方黏在一起。若是另一個生命色彩的人需要時間獨處，他們就會很在意，認為對方沒有像自己一樣付出愛。由於藍色人會付出太多的愛，這常會嚇到其他色彩的人。（請見關於關係的章節，看藍色人與其他生命色彩如何互動。）

## 性

對藍色人而言，愛、信任與感情比性更重要。他們喜歡被抱著、擁抱、依偎。由於講究道德，藍色人從小到大都認為必須要「品行端正」，只能跟自己所愛的人上床。為性而性，他們是辦不到的，這些品德高尚的人會認為這樣是不潔、或太過世俗。（藍色／黃色人在道德方面會覺得很矛盾，因為黃色人非常喜歡性愛。）除非藍色人完全信任對方，並且感受到對方也非常愛自己，否則是無法獲得性愛的滿足。在做愛高潮來臨之際，他們常常會哭出來（這會讓他們黃色的伴侶非常困惑，因為無憂無慮的黃色人做愛的時候總是在那裡開玩笑，或開懷笑著）。做愛對藍色人來說是充滿了情感的體驗，表達了他們對伴侶的愛和承諾。

## 身為父母

藍色人天生很會照顧人，他們大多數都想有孩子（除非他們因為已經照顧太多人而累壞了；另外，藍色／黃色跟藍色／紫色的組合生命色彩常常會掙扎於要不要有孩子）。他們希望跟孩子感情很好，喜

歡讀故事書給他們聽、抱抱他們、參與他們的人生。他們是滿懷關愛、寬宏大量，且富有同理心的父母。如果他們選擇不要有孩子，可能就會在家裡養貓，貓會吸引直覺力很強的藍色人。

狀態不穩定時，藍色人常會以愛之名讓小孩受不了。他們會犧牲自己的人生、目標跟抱負，只為了孩子而活。當孩子在學騎腳踏車時，藍色的父母會緊抓著把手，以免孩子摔倒或受傷。他們相信這樣是表達關愛的最好方式。不過，這樣的舉動反而可能留給孩子一種印象，感覺父母不信任自己；還有就是沒有父母幫助，自己就沒辦法成功。孩子會因此對於自己的能力沒有信心，然後變得很依賴提供保護的父母。藍色的父母必須要瞭解，真正愛孩子的方式是相信孩子，並且幫助他們相信自己。做為父母，藍色人必須放開把手，用啟發與鼓勵的方式向孩子表達愛，而不是創造依賴感。

處於不穩定狀態時，藍色的父母非常善於把孩子綁在身邊，等到孩子長大離家之際，孩子可能會認為自己是「拋棄父母」而很有罪惡感。藍色人很喜歡讓自己覺得被家人需要，但他們應該記住：還有很多人需要他們的幫助。他們不需要把所有的精力跟關注都放在孩子身上。而孩子也需要理解，他們的藍色父母，只是想要知道自己也被孩子所愛跟重視。

當藍色人處於穩定狀態時，他們憑直覺就能知道自己的孩子有多愛他們。他們是在養育孩子上真的付出許多的父母，也會好好疼愛並照顧孩子。

## 身為小孩

藍色的孩子情感豐富，很會關心別人。他們會非常努力討父母歡心，因為這樣就會被父母所愛。他們想要成為很棒的幫助者。為了不要惹別人生氣或讓別人失望，藍色孩子大多循規蹈矩，彬彬有禮。由於感受敏銳、情感豐沛，藍色的孩子跟黃色的孩子有點類似。不過藍色小孩會待在室內，乖乖地玩玩具或扮家家酒，黃色小孩則是會在外面跑來跑去、爬到樹上，或是去打球。

善解人意的藍色孩子從小就會向其他人表達愛，也會照顧別人。他們能夠覺察到班上哪些同學是弱勢的孩子，而且對他們很有同理心。他們會為看起來孤單的孩子感到難過。他們希望每個人都能感覺到被愛跟被接受。藍色的孩子甚至會認為，他們有責任要讓父母幸福快樂，而且願意犧牲自己的快樂去支持父母。藍色的孩子通常會害怕「拋棄」父母其中一方，或者雙方，尤其是在父母正好處於婚姻不快樂的時候。父母應該教導藍色的小孩，他們不需要為了父母犧牲自己的人生，並且讓他們知道他們是被愛的，鼓勵他們過自己快樂的生活。

藍色孩子通常很早就想談戀愛，他們很憧憬將來有幸福美滿的婚姻。他們在學生時期就經常談戀愛。但由於他們很敏感，覺得自己不夠好，所以大多都是痛苦的單戀。他們非常介意自己被拒絕。（雖然樂觀、愛打情罵俏的藍色／黃色人或許很快就會換一個人交往，但是內斂、認真的藍色／紫色人就會變得很有防備心與孤僻。藍色／紫色人或許會變得過度投入學業，以逃避面對愛情所帶來的挫敗。）

藍色孩子都很受同學們喜愛。藍色／黃色或藍色／紫色的孩子則可能會是學校最受歡迎的啦啦隊隊

長或班上的領導者。即使藍色的小孩有一大票關心他們的朋友，但在狀態不穩定的時候，他們往往會覺得不被愛、沒有價值和孤單。就跟藍色大人一樣，他們大多無法理解被別人所愛是什麼意思。他們往往自尊心很低，所以幫助藍色的孩子培養自我價值感非常重要，而且還要幫助他們認識自己天生就充滿愛心和同理心，喜歡付出的性格。

（黃色和紫色的孩子跟藍色孩子很像。他們都很敏感、情感豐富，不過藍色的孩子是這三種小孩當中情感最充沛的。黃色孩子活力最旺盛、最好動或最害羞；紫色孩子則是能力最強大、最有權威、最獨立。如果對某個小孩來說，舞蹈、音樂、創造力、體育、自由或獨立很重要，那麼他〔她〕很有可能就是黃色／紫色、黃色／藍色、或藍色／紫色組合生命色彩的小孩。）

## 解決問題

藍色人最常透過祈禱與沉思來想出解決問題的方法。當藍色人身心穩定時，他們會祈禱或詢問自己內心來尋求解答。不過，他們也必須學會傾聽跟信任自己接收到的答案。信任是他們最大的挑戰。當藍色人遇到問題時，不論是關於感情、工作，甚至是要吃什麼，他們只需要安靜下來、保持理性，問自己這個問題，然後傾聽自己內在浮現的解答。

當藍色人狀態不穩定時，他們解決問題的方法是坐在家裡哭著要人來救。他們常會用祈禱來尋求幫助，但當解答浮現時，卻不一定會好好聽自己內在的聲音。無聲的直覺、信任與覺知，會給予藍色人他們所需要的答案，而且每次都可以解決他們的難題。

## 金錢

相較於金錢，藍色人會覺得他人和感情更為重要，他們往往會選擇薪水較低、以服務為主的工作，因此在財務上頗為吃力。由於錢對藍色人來說不是最重要的東西，他們通常會擔心錢不夠用，特別是還要養家餬口的情況。此外，比起要求調薪，他們比較會抱怨自己工作很辛苦很累，並且誇大一番，還對他們來說還容易點。（請見第五章藍色／綠色人關於錢的衝突。）

由於藍色人很會付出，但卻不善於接受，他們的一個難題就是學會接受錢。他們大多覺得，服務應該是出自於真心，而不是為了要賺錢。他們還普遍認為，如果要具備靈性，就代表不可擁有物質世界的財富。不過，就算藍色人很樂於付出，他們也必須學會如何接受。如果永遠都不學習去接受，那就等於是以喜歡付出為藉口來欺瞞，某種程度上還可以說是輕視別人。這等同於在說：「我真是個好人，而且有足夠能力對你付出；而你沒有能力，所以無法對我付出。」最能表現關愛與鼓勵的方式，其實是讓別人覺得自己很富有、很慷慨、有能力付出，這是藍色人可以做到的，而且這種啟發的方式能讓他人感到自己很有能力。

藍色人還會因為自己擁有的比朋友或家人多而覺得有罪惡感。他們潛意識理會覺得自己不應該太富有或感情太順利，而是應該跟大家一起受苦。如果朋友苦於錢不夠用，藍色人要嘛會跟著抱怨自己也沒錢，要嘛就是拿錢給朋友。即使自己也需要幫助，藍色人還是會先試著幫助朋友，他們覺得犧牲自己的需要，把別人放在第一位，可以顯現出他們對別人是多麼充滿愛。他們總是害怕自己不被愛、孤單一人；不然就是害怕自己如果飛黃騰達，會被認為很自私。

只要藍色人覺得自己應該優先幫助別人，就注定一生吃苦。他們這種最勇敢無畏、充滿愛心的行為，其實是先實踐了他們對於豐盛、愛、健康與快樂的夢想，這也將會啟發其他人去實踐自己的夢想。（藍色人的動機來自於他們發現自己的行動能幫助到別人。）藍色人也需要瞭解，愛、快樂、富足、靈性都是互相連結的。

## 成功

藍色人認為成功是要看有多少人愛他們，以及他們幫助過多少人。朋友的數量與品質、婚姻維持的時間跟品質、同理心的強度和對所愛之人的忠誠度，還有對靈性的投入，是他們認為最重要的事。

## 職業

由於藍色人喜歡幫助、服務別人，他們大多會對助人的職業有興趣，例如教書、諮詢與照護。他們在一對一、認真關注別人時表現最好。（雖然紫色人也會對助人工作有興趣，不過他們比較偏向幫助團體，而非個人。）藍色人認為愛與錢不能混為一談，所以他們在各行各業中製造出一些最低薪資的職位。（絕大多數服務性質的機構是非營利性組織。）藍色人不覺得他們應該要靠幫助他人獲得報酬；但財富、愛與靈性是可以和諧共存的，這是他們該學習的一大課題。

任何可以幫助別人的職業都會吸引他們。另外，他們也很喜歡花時間在家裡創造出一個充滿愛、舒適和照顧的環境。

藍色人會對以下的職業有興趣：

- 老師、教育工作者
- 婚姻與家庭諮商師
- 護理師
- 幼保人員
- 非營利組織工作者
- 秘書
- 占星師
- 靈媒
- 志工
- 宗教組織的協助者
- 神職人員
- 修女、神父／牧師
- 家管
- 父母親
- 管家
- 服務生
- 社工
- 心理學家
- 心靈導師

請見第五章關於藍色／黃色、藍色／綠色、藍色／紫色的職業說明。

## 健康

藍色人不太費心照顧自己的身體健康，因此他們不太會去運動，走去信箱拿個信已經算是他們的運動了。他們會找幾百個理由合理化自己為什麼沒時間運動。由於他們幾乎不會將能量傳送到身體，所以通常會手腳冰冷。（請見第五章關於藍色／黃色人會出現的內在衝突。黃色人需要運動，才會感到快樂跟健康。）

藍色人身體最容易出問題的是喉嚨部位，這是長年壓抑痛苦和吞下眼淚所導致。藍色的女性還會有乳房與生殖系統方面的問題，例如陰道炎、痙攣、囊腫、卵巢癌或乳癌，因為她們大多對於自己、感情或性方面都帶有羞愧、憤怒、恥辱的情緒，或覺得自己很差。藍色人通常也會有肥胖問題，他們因此常

常會懷疑自己缺乏魅力或不夠性感。當他們害怕不被愛時，往往會在身上添幾層肉做為保護，特別是在腰圍以下，有保護性能力的意義。額外增加的體重也會使藍色人感覺自己有份量、有存在感。走路、呼吸與靜坐對藍色人來說都是有益健康的活動。消除過去的罪惡感以及不被愛的恐懼，也有益於他們的健康。當藍色人學會愛自己跟愛別人一樣多的時候，比較能維持身體健康。

## 紫色

紫色人是很會激勵人心的領導者、導師和夢想家，他們這一生是要來幫助這個世界。大多數紫色人都很有興趣教育大眾、啟發更崇高的理想、改善地球上的生活品質，或是幫助其他人、動物和環境。紫色人內心知道，他們此生在這裡是為了要做重要的事情，他們命中注定要成為超凡出眾的人。大部分紫色人從小就會想像自己成為知名人物，或是在世界各地旅行時，可能會基於人道主義而加入和平部隊。這些充滿個人魅力的紫色人，很多都是擔任領導者或導師的角色，其他人則大多以音樂、電影或其他藝術形式來影響大眾。

紫色人能夠預先看見圖像，他們能夠用心靈之眼確實看到未來，而且他們是透過第三隻眼或內在的圖像來過人生。他們常會說出像是「我看見」「我看到一個畫面」「我看到一個圖像」「我夢見」之類的話。他們能夠在開始創作一件藝術作品之前，就看到作品完成後的樣子；在一棟房子開始設計之前，就看見建造完成的樣子；在一個計劃案開始進行之前，就看見結果如何。只要他們集中專注力，就能夠

看見任何事情未來的結果，不論是時尚潮流、音樂潮流，還是世界未來的命運。狀態穩定、懷有願景的紫色人，能夠看見為了確保地球存活而必須發生的事，而他們還有訊息要傳遞給全人類。若是他們一直無法瞭解那個訊息的意思，那是因為他們沒有處於平衡的狀態之下，或者內心還不夠平靜，無法聽見訊息的內容。

紫色人若是還沒完成他們來到此生要做的事情，就會感到內心在催促，甚至是大力震動。內在的力量似乎會一直搖動他們，催促他們趕快採取行動，完成他們此生的目標。紫色人知道自己來到這世上是為了去做某件重要的事情；不過他們通常不太確定是哪件事，或是該怎麼完成它。許多紫色人從小就被告誡他們的夢想與抱負不切實際，因此和最初所看到的圖像失去了連結。紫色人必須重新和自己的人生目的與願景連結，並且採取行動，否則會一直覺得好像有事情還沒完成。他們會一直感覺到生命中少了什麼。他們必須靜下來，給自己充分的時間，去傾聽自己內在的聲音，重新與自己更崇高的願景連結。

紫色人擁有老靈魂。他們有一種與生俱來的聰明才智或常識，那是他們所接受的正統教育無法傳授給他們的。他們就是知道某些事情。他們相信自己看到的是常識，而無法理解為什麼其他人都無法看到自己所看到的東西。對於大部分生命色彩的人來說，紫色人所看到的東西超乎他們所能理解的範圍，或視域有限。對於那些需要瞭解事實跟數據才能考慮未來可能性的人而言，紫色人所看到的圖像與想法只是妄想，根本不切實際。

這些擁有願景的紫色人在嘗試改善地球上的生活品質時，會惹惱那些比較想要維持現狀的人，因為

現狀可以預測得到，也令人熟悉。並不是每個人都想要生命有所改變，很多人覺得保持現狀比較安心。就他們看來，紫色人正威脅到他們原本熟悉的生活方式。不過，紫色人此生的目的就是要啟發與創造改變。他們是地球上的傳達者，認為自己的聲音應該要被聽見。

世界的紫色時代始於六〇年代中期，百分之百是一個經歷社會改變與動盪的時代。諸如美國總統約翰・甘迺迪、羅勃・甘迺迪[10]、人權運動領袖馬丁路德・金恩博士等紫色人，是如此大大改變了現狀，導致那些被他們遠見和激進想法惹怒的人想要他們閉嘴。紫色人如果不去向身旁視野狹隘的人傳達自己的想法，會一直難以安心。

在還是小孩的時候，很多紫色人就覺得自己很孤單、不被理解，感到自己格格不入，或覺得自己不屬於這裡。許多紫色人在長大後還是會有這種感覺。他們可以感知到還未出現的概念與想法。儘管紫色人因為思想太領先眾人，而鮮少有榜樣可以效法，但還是可以去找到人生導師，來啟發自己完成所看見的願景，這樣會對他們有幫助。

紫色人時常覺得（或在年少時就已經覺得）在地球上生存大不易。他們可以感覺得到這裡的能量是很緊繃、緩慢的。紫色人在不穩定的狀態下沒什麼耐心，會想要立刻完成夢想與願景，甚至想幫別人完成。除非紫色人能夠學會看到更遠的未來，並相信自己見到的圖像都會成真，不然他們會覺得非常挫折。紫色人的人生有時候會比其他生命色彩的人更曲折、更戲劇化、更面臨挑戰。很常見的情況是，紫色人

⑩ 第三十五任美國總統約翰・甘迺迪之弟，於其任內擔任美國法務部長。

（雖然不是所有紫色人都如此）會生長在一個失能或陷入困境的家庭。由於紫色人來到世上是為了要拯救或教導眾人，似乎許多紫色人開始人生的方式就是要幫助他們理解、同理別人的苦痛與恐懼。如此一來，在他們長大並成功克服一開始遇到的挑戰之後，就能幫助其他人度過難關。由於經歷過同樣的痛苦，紫色人就成了能夠理解他人、足以信賴的幫助者與教導者。

紫色人似乎會比一般人遇到更大的挑戰。不過，當紫色人完成了最終的人生目標，所得到的回報也會大於一般人，或者更豐厚。

紫色人有著非凡的同情心與深刻思想。他們的同情心遍及世界各地。看到電視上貧窮國家的孩子正在挨餓，會讓他們在情緒上難以承受，且往往因此受到激勵，去加以關心並著手改變。狀態穩定的紫色人，會對於他們所相信的事情有極大的熱情。

紫色人對於音樂也有很大的熱情，音樂能夠讓他們深受感動，或者流下眼淚。這些音樂的鑑賞家最好要聆聽或創作正向、鼓舞人心的音樂，或是讓人平靜的音樂。如果是憤怒或負面，或讓人聽了神經衰弱，則會讓紫色人變得很煩躁、錯亂。紫色人的能量與心情會受到音樂很大影響。紫色人是這個地球的傳達者，就他們看來，音樂是普世共同的語言，但是他們必須要能覺察到自己透過音樂所聽到或傳達出去的訊息。

紫色人也喜歡旅行。（由於紫色人來到這世上是為了拯救地球，他們必須四處去看、去理解這個他

們要拯救的星球。）他們的職業與生活方式必須能負擔得起讓他們自由旅行，不然他們會很沮喪，覺得受到限制而不得志。到世界各地旅行、探訪不同的文化，可以擴大他們的眼界，拓展他們的所知。（黃色人會藉由旅行逃避跟玩樂，紫色人則是從旅行中學習，找尋靈感。）

雖然某些生命色彩的人是從心智上進行思索與分析，需要瞭解過程中的每一步才能前進，但紫色人則是先看到一幅比較大的圖像。他們會從第一步直接看到第五十步，不一定會去看中間所有步驟。如果他們相信自己所看到的圖像，紫色人就會知道第五十步將會發生，雖然他們並不知道需要多久時間才能走到那一步。

紫色人想要完成的目標往往看起來太過異想天開、不切實際；但如果他們可以維持專注與穩定，當他們的夢想真正實現時，將能鼓勵到其他人，也會為自己贏得尊敬。如果想著手實現自己的夢想，紫色人只需要傾聽自己內在的指引，採取他們知道要如何進行的任何步驟，接下來要做什麼會自然顯現或揭露在他們眼前。當紫色人處於穩定的狀態，他們的生命中發生似乎就會發生許多巧合與共時性事件。大家往往會驚訝於那些看似不可思議的情況，竟然會發生在紫色人身上。紫色人需要完成他們此生的使命，否則就會深深感到遺憾，並且一直想著如果當初把握機會、放手一搏，自己的人生會是怎樣的光景。

紫色人很容易受到環境影響。如果身旁的人對生命的認知比較狹隘，那麼紫色人也會開始相信並過著那樣的人生。如果紫色人夢想要展開新的職涯，建議可以先從跟該行業的相關人士往來開始，這對他們會很有幫助。如此一來，他們的夢想就會顯得比較實際。換句話說，如果紫色人想要成為藝術家或作

家，最好去上藝術或寫作相關課程，認識藝術家與作家，與他們往來，參加作家的討論會或藝廊開幕茶會，去一些可以受到別人作品啟發的地方。他們需要跨出去，擺脫受到侷限的人生經驗。

紫色人具備了充滿個人魅力、吸引力十足的能量，人們都會受到他們吸引。紫色人也喜歡成為眾人矚目的焦點，他們是天生的表演者。（如果他們還帶有黃色、藍色，或棕褐色的光環，可能會對於成為眾人目光的焦點這部分很矛盾。因為黃色、藍色與棕褐色人大多比紫色人內向或害羞，他們可能會比較傾向待在幕後。）當紫色人寫東西、演說或表演時，能量與訊息自然會輸送而來。訊息似乎是來自於更崇高的源頭，會接觸到任何聽到的人，並帶來啟發。接下來，紫色人會覺得自己的身形變得比實際上還龐大，充滿了能量與力量。

即使紫色人有時候貌似善於交際，但他們還是比較喜歡跟別人談論智識方面的話題，而不是無意義的八卦或閒聊。紫色人不需要有很多朋友，因為太佔用他們寶貴的時間。相反地，他們大多只有幾位知心好友，這些好友能夠在更深的層次上與他們互動，為他們帶來啟發。

當紫色人處於不穩定的狀態時，會變得很自戀、傲慢、喜歡批評，認為自己比別人優秀。他們會對於其他人明顯缺乏遠見跟才智多所攻訐，而且很沒耐心。他們也會變得很專制，喜歡被「臣子」們崇拜。紫色人在失衡時，會類似失衡的綠色人，變得盛氣凌人、喜歡掌控別人。只要有這樣妄自尊大的紫色人在場，大家都不好過。

當紫色人處於穩定狀態時，他們就比較能夠接納別人，也比較有同理心。他們會讓別人走自己的路，同時他們也會走自己的路，知道每個人都有各自的方向與人生目標。身心平衡的紫色人多半會知道如何「包容」。要保持這種穩定的狀態，紫色人需要很清楚自己在這個宇宙更大的計畫中，是扮演什麼樣的角色；他們還要記住自己是整體規劃的一部分，而且每個人都有重要、寶貴的角色要扮演，每個人都是為了獨一無二的生命經歷來到此世。而並非都是要完成與紫色人相同的任務。如果他們可以體認到每個人都是整個偉大計劃的一部分，這樣的覺察便有助於避免他們變得尖酸刻薄、驕傲自大，只顧自己。

如果紫色人能夠維持專注、並且相信自己看到的圖像，圖像就會引領他們向前邁進。不過，若是在狀態不穩定，紫色人會變得很散漫，彷彿被擊垮。當他們不相信自己看到的圖像，就會看到過多可能的目標。他們不是想試著同時完成所有的事情、同時進行十個計劃，就是在腦袋裡一直分析，無法做任何事情。紫色人無法接受別人要他們限縮夢想，但可以鼓勵他們只要一次專注在兩三個目標上就好。這樣的專注可以讓他們比較有效率，也讓他們充滿力量與靈感。當紫色人不相信自己的圖像時，就會失去與圖像的連結，而再度陷入徬徨與迷惘之中。

花點時間集中注意力與靜坐冥想，有助於紫色人和自己的願景連結。聽美好或讓人感到很有自信的音樂、在內心想像自己被紫色包圍，還有冥想，都是可以讓紫色人保持平衡與穩定的好方法。這當中最為重要的方法便是冥想。冥想非常簡單，就像度過一段安靜、沉思的時光。

宇宙會幫助紫色人走自己的路，而且會不費吹灰之力地幫他們開啟所有的門，像是魔法一般。紫色

人瞭解這是宇宙自然運作之道。雖然很多其他生命色彩的人堅信人生艱難，但處於穩定狀態的紫色人能夠教導我們相信宇宙的供應與指引。

二〇〇〇至二〇一四年這段期間，地球開始過渡到靛藍色時代。紫色人會帶領我們進入靛藍色時代，這是一個全球合而為一、充滿同理心與善體人意的時代，在這個時代裡，我們將學會彼此和睦地生活在一起，還有跟環境和諧共存。

## 關係

紫色人想要有伴侶，但完成使命終究還是佔有優先順序。他們比其他生命色彩的人獨立，也沒那麼依賴關係。由於紫色人來到這個地球是為了帶來影響，他們會希望自己的伴侶可以跟他們一起創造願景，分享相似的歷程。紫色人希望彼此在關係中是平等、有啟發、充滿熱情而且能夠溝通的。他們希望另一半願意跟他們一起去旅行，或者至少理解、支持他們要去旅行的需求。

紫色人熱情洋溢。他們願意和伴侶在情感、身體及精神上緊密相連。處於穩定時，紫色人大多非常善解人意、接納他人，能夠和大多數生命色彩的人相處。藍色人能隨性地和有同理心、思想深刻的紫色人一起哭泣；綠色人在紫色人面前則可以堅持己見，想哭就哭、想笑就笑，甚至可以管東管西。紫色人會傾聽和尊重綠色人，因為無論如何，他們會選擇自己想要的。

由於紫色人常覺得自己與眾不同，因此要花點時間才能找到可以匹配、瞭解他們的伴侶，而且還不

能被他們的夢想、力量與不受拘束給嚇到。紫色人通常比較晚婚，或如果他們在年輕時就結婚，年紀漸長後會覺得與伴侶合不太來。紫色人通常會選擇願意支援家庭事務、或為家庭帶來穩定收入來支持他們的伴侶。紫色人會認為如此一來，他們就能夠自由追尋自己的夢想。不幸的是，紫色人最後常會覺得另一半很無趣，無法帶給他們什麼靈感。他們的伴侶會發現自己被拋下，而紫色人跑去尋找熱情活潑、可以一起去旅行、跟他們分享夢想的人。

當紫色人害怕投身於更崇高的目標，或者當他們懷疑是否能夠完成自己的夢想時，常常就會走上岔路，例如出軌或其他感情問題。由於紫色人性慾很強，加上他們很想成為矚目焦點，因此他們是婚外情的頭號人選，他們會去看是否有機可趁。紫色人深具魅力，充滿性誘惑，能夠深深吸引其他人。為了滿足自尊心而想博取過多注意，讓紫色人無法對感情維持忠誠與專一的態度，只會傷害跟另一半的關係。若是紫色人可以保持專注，看到更遠的未來，就會明瞭他們是可以在眼前的關係中創造出熱情和滿足感。當他們體悟到自己可能偏離了那個更大的計劃時（也就是在地球上完成他們的使命），他們就會停止搞感情問題或其他不正常的關係。

## 性

紫色、黃色與紅色人是所有生命色彩中最有性慾的人。紫色人喜歡性愛，而且極為熱衷。做愛的時候，他們往往感覺得到萬事萬物都連結在一起。性愛對他們而言是一種無以倫比的體驗。雖然黃色人對伴侶很體貼，但完事後他們就會拍拍屁股起身了。紫色人則會待在伴侶身邊，給予深情擁抱，直到自然而然劃下句點（除非他們真的有太多其他事情要分心）。

如果紫色人太久沒有性愛，他們會變得愈來愈沮喪，這往往是新戀情或出軌的開始。當紫色人害怕邁進到下一個發展階段，或進行更大的願景規劃，也會出現新戀情。將能量導到性愛或戀情上，能夠強烈分散他們的注意力。

## 身為父母

紫色人疼愛孩子，跟孩子感情很好。他們能在孩子身上看到潛能，而且願意分擔養育孩子的責任。

紫色人處於穩定狀態的時候，會是很寬容的父母，能夠看得比較遠，並且允許孩子做自己。這些疼愛孩子的父母若是能成為孩子的榜樣，相信並實現自己的夢想，教養會最為成功。這也等於是教導他們的孩子，父母允許他們去實踐自己的夢想。

紫色人偶爾會在孩子還幼小時全職養育孩子，不過他們很快就會覺得自己需要再投身到外面的世界。紫色人無法只待在家裡帶小孩。雖然他們很愛孩子，但是他們這一生有太多事情要做了。他們需要為這個世界帶來正面的影響力。

## 身為小孩

紫色孩子就像紫色大人一樣，是強大、充滿魅力、睿智的領導者。其他孩子會受到吸引而跟隨他們。紫色小孩有時候似乎也會覺得自己很了不起。不過，如果父母可以教這些孩子對別人要有同理心，他們

就會瞭解不要濫用自己的權力。父母親可以鼓勵紫色孩子多關心人道主義相關議題，並幫助他們。這些孩子需要為自己的精力找到宣洩出口，或者被引導到大於自己的計劃。否則紫色孩子會變得很自戀、很愛現，或者非常鬱悶與迷惘。這些優秀的孩子大多非常嚴肅（除非他們的光環中帶有黃色，讓他們不是很害羞，就是很愛搞笑）。紫色的小孩通常會覺得自己跟同儕不太一樣，他們感興趣的東西超越其他同齡小孩的興趣範圍。找到能夠啟發與鼓勵他們的精神導師，會對他們有所助益。

紫色的孩子有高人一等的智慧。這些早熟的孩子還會給父母建議，而且直覺地知道一些超乎他們年紀的事情。父母千萬不要被自己孩子這種強大、獨立的天性嚇得不知所措，反而應該鼓勵、支持他們相信自己。這些孩子有遠大的夢想，需要獲得所有能得到的支持。

紫色的孩子大多對性非常有興趣，常在年紀很輕的時候就對自己的身體跟性進行嘗試。紫色人似乎天性如此，所以父母親需要以一種成熟、不帶批判的態度來處理這個主題，否則紫色的孩子長大後會認為，透過性來表達他們與生俱來的情慾是不對的。（不幸的是，由於這些孩子常會散發出某種性誘惑力，而使他們容易成為性暴力的受害對象。）

這些以圖像視覺為主的紫色小孩，大多都很喜歡藝術作品跟閱讀，會把自己的圖像放進聽到的故事中。他們也喜愛音樂。父母如果能放一些舒緩的音樂給紫色孩子聽，是可以讓他們從緊繃中平靜下來的好方式。紫色的孩子會看到許多選項，而且想要通通探究一番，所以他們常會一下拿出一大堆玩具。（這讓會綠色父母很火大，因為這類父母重視整齊、清潔與紀律。）紫色孩子的父母得要教導他們培養專注

力，但不要限制他們。

由於紫色孩子有非常獨特的視覺感知能力，他們常會看到其他人很早就刻意忽略的能量。紫色人是第一個能夠看到光環、靈魂、天使、其他次元或能量波的人，也常會有預感。如果紫色孩子說自己看到或感覺到某些事情，父母最好鼓勵他們把看到的描述出來，而不是輕忽他們旺盛的想像力。父母若是否定或貶抑他們所看到的東西，就等於是告訴孩子不要相信自己看到的圖像，這樣會讓他們變得困惑，不清楚以後的人生方向。很多紫色孩子在小時候就封閉或害怕自己看到的奇異圖像或預見未來的能力。

## 解決問題

面臨挑戰的時候，穩定的紫色人能看到自己的未來，洞察問題在哪裏，並藉此得知問題如何解決。若是處於不穩定的狀態，紫色人就無法識破眼前的困境，並會變得很迷惘、不知所措。紫色人必須要學會相信自己看到的圖像，根據所看到的來採取行動。詢問紫色人看到了什麼（但不是腦袋想到什麼），可以鼓勵他們運用內心看到的圖像，這就是他們解決問題的力量所在。

如果紫色人清醒時不相信自己看到的圖像，訊息就會出現在他們的夢境裡。紫色人會比其他生命色彩的人更常收到這些訊息。紫色人可以把夢的內容寫在日誌裡，這樣就可以把訊息記錄起來。

## 金錢

綠色人跟紫色人是世界上最有錢的人，兩者之間的差異在於綠色人是為了錢工作，他們什麼東西都能賣，而且能賣給任何人；但是紫色人（在穩定狀態下）沒辦法。紫色人必須得先相信自己在做的事、

喜歡自己在做的事，知道其中含有更崇高的目的才會去做。當紫色人狀態穩定時，錢自然就會流進來。綠色人想要有錢，因為錢可以用來滿足物慾，包括昂貴的衣服、汽車、房子、家具；而雖然紫色人也喜歡這些東西，但是他們更喜歡錢可以讓他們擁有自由、完成使命。當紫色人身上有錢時，他們會去旅行，並且成為慈善家。

預想畫面是紫色人擁有的一項個厲害工具。如果他們想變得更有錢，可以先在腦海中想像自己有錢後人生會是什麼樣子，這會有助於吸引財富。不過，由於紫色人常批判錢會帶來毀滅的力量，他們也害怕有錢之後會讓自己顯得沒那麼有靈性與人道關懷。這樣的批判會限制住紫色人賺錢的能力。他們真正需要瞭解的是，金錢可以幫助他們完成來到這世上的使命，而且金錢本身一點也不邪惡。

## 成功

紫色人對於成功的認定，是根據他們可以獲得多大的自由、表現得好不好，以及接觸到群眾的效果有多大。紫色人總是有話要說，當他們知道自己的訊息已經傳達出去，並且促成了改變，他們才會感到心滿意足。紫色人需要知道自己已經完成了讓地球變得更好的任務。

## 職業

紫色人在為自己工作、或儘量能夠獨立工作時，會覺得最有成就感。他們不太會為其他人工作，因為他們總是看得比其他人遠太多，而無法受限於想法偏執或目光短淺的人。他們可以偶爾為組織機構工作，但必須要感覺自己是團隊的一員，並且能夠參與決策的過程，不能只是負責執行。紫色人通常很快

就能勝任工作，或很容易就覺得工作無趣。雖然某些生命色彩的人偏好穩定，但紫色人需要在工作中體驗成長、創新與擴展。由於紫色人想要為世界帶來改變，而且他們非常具有群眾魅力，因此以下幾種職業（其中一項或全部）通常會吸引他們：

第一種是傳播或媒體業。紫色人是這個地球上的表演者與傳播者。媒體對紫色人來說是一種絕佳的媒介，可以觸及到大眾，或者在舞臺或鏡頭前面演出、歌唱、跳舞、演奏音樂、模仿。紫色人也能夠透過網路或幕後工作來接觸到群眾，例如導演、製作、寫作、畫畫、設計、行銷企劃、廣告宣傳、或者攝影。披頭四成員保羅・麥卡尼、貓王、知名導演喬治・盧卡斯、史蒂芬・史匹柏、雪兒（Cher）[11]、史汀（Sting）[12]、芭芭拉・史翠珊、脫口秀女王歐普拉等人，都是生命色彩中有紫色的人。

第二種是教導與心理學領域。紫色人喜歡在工作坊、研討會或課程上教導人們。由於他們是靈性上的領導者，他們也可能像牧師一樣教導與啟發群眾。紫色人似乎對人類的行為有一種直覺性的理解，這使得他們天生就能成為諮商師。不過，唯一能夠讓紫色人願意成為心理學家或治療師的方式，就是讓他們可以時常帶領團體治療、寫書，或者跟媒體打交道。每天只跟單獨的個案見面太乏味，而且也很侷限。他們需要感覺自己實際上有大規模地接觸世人。

第三種類別是法律、政治或與議題相關的職業。由於黃色人跟藍色人大多都不喜歡政治，帶有這些組合生命色彩的的人紫色人會避開關於法律與政治的工作。藍色／紫色與黃色／紫色組合生命色彩的人倒是常會參與議題性工作，他們通常會選擇關於環境的議題，例如拯救鯨豚、熱帶雨林，或是人道關懷

相關議題，例如拯救飢餓的孩童以及無家可歸的人。

紫色人天生就是調解高手。他們希望大家可以彼此傾聽、坦誠溝通，以平和、公正的態度來討論事情。林肯、馬丁路德・金恩博士、約翰・甘迺迪、甘地、達賴喇嘛、戈巴契夫、曼德拉等人，都是紫色領導者的代表人物。（請想想，這些在紫色時代完全開展前就成為領導者的紫色人，在他們身上發生過什麼事情。他們有些想法走得太前面，結果人們出於恐懼，把他們從領導位置上給拉下來。紫色時代如今已經完全彰顯，紫色人曾被視為過於激進的想法，現在已經能夠被接受了。）

其他會讓紫色人感興趣的領域還有哲學、宗教研究、世界旅遊、人文、室內設計、先進的電腦科技等等。紫色人一般會對以下的職業感興趣：

| | | | |
|---|---|---|---|
| 演出者 | 導演 | 社工 | 開發者 |
| 演員 | 攝影機組人員 | 社運人士 | 投資經紀人 |
| 歌手 | 攝影師 | 顧問 | 領導者 |
| 音樂家 | 老師、教育工作者 | 講師 | 太空人 |
| 藝術家 | 神職人員 | 政治家 | 未來學家 |
| 作家 | 旅遊業者 | 律師 | 量子物理學家 |
| 設計師 | 調解人 | 公司管理人員 | |
| 製作人 | 心理學家 | 公司老闆 | |

⑪ 美國知名女歌手和演員，囊括奧斯卡金像獎、葛萊美獎、艾美獎和金球獎等各大獎項。

⑫ 英國知名音樂家、創作歌手，為英國樂團警察樂團（The Police）靈魂人物。

## 健康

紫色人常見的健康問題跟視力有關。由於紫色人比其他人更能夠看到未來，很多人會對他們有所誤解，或者覺得他們在唬人。為了能被其他人接受，紫色人往往會減弱他們的視力，還開始戴上眼鏡。如果要改善視力問題，紫色人必須允許自己去「看」——即使這樣做會令別人不悅。

紫色人往往還有體重過重的問題，因為覺得需要被保護、沒有得到滿足，因此壓抑自己旺盛的能量，導致讓身體膨脹起來；或者覺得自己應該足夠有份量，才能被看到。很多紫色人其實從未真正瞭解自己，他們應該好好去瞭解、認可、接納自己，也必須停止壓抑自己強大的能量，開始去完成自己的任務。當紫色人很徬徨、不快樂的時候，也會出現像是厭食或暴食等飲食失調的問題。

處於不穩定狀態的紫色人，通常都會比較忙亂，健康問題也各有不同，難以預測。要維持身體健康，紫色人應該把注意力放在幾個計劃上就好，不要把自己搞得太忙，精力耗盡。靜坐冥想可以帶來平靜，能夠幫助紫色人保持專注，如此一來也有助於身體健康。

## 薰衣草紫色

幻想、奇幻、夢境、神話、靈體、天使、精靈，都是薰衣草紫色人滿腦子在想的東西。薰衣草紫色人大多活在奇幻的世界裡，總是比較喜歡神遊各界，因為那裡生命很美好，令人陶醉。這些喜歡幻想的

人要生活在現實世界中實屬不易。他們喜歡想像出來的畫面，例如蝴蝶、花叢、林間精靈，而不喜歡見到泥巴、水泥地與大城市。他們覺得現實世界太過冷冰冰，讓人不舒服。

這些敏感的人相當脆弱，外表通常看起來很蒼白虛弱。他們不喜歡到戶外，除非那裡到處是美麗的花海和花園。這些純真的人很體貼、單純，但他們寧可整天看雲飄過或做白日夢，傾向逃避現實世界的各種要求與責任。

薰衣草紫色人的行為舉止往往讓旁人感到氣餒，因為大家會期待他們能扛起責任。但他們其實無法理解什麼叫好好工作，或賺錢有什麼意義。他們對異次元的世界或幻想世界還比較有興趣。薰衣草紫色人甚至很難講出與時間、空間、實體物質相關的概念，也無法理解。他們都是透過想像去經歷事情，但在現實中又不夠腳踏實地，無法完成任何具體的事情。由於他們時常分不清楚幻想與現實，經常恍神、忘東忘西，不太確定自己有沒有說過某事，或是只是想像自己有說過。

薰衣草紫色人天生就能夠運用想像力，讓自己擁有超凡的創造力。他們也有非常強的直覺。然而，運用常識、邏輯與理性，對這些才華洋溢的人來說實在很困難。

一開始，人們會被薰衣草紫色人豐富的想像力和創意深深吸引，不過跟他們實際談了一陣子後，就會懷疑他們有沒有在用腦思考。薰衣草紫色人會看起來眼神空洞，彷彿嗑了藥一樣；他們常會在跟別人講話時心不在焉，思緒不曉得飄到哪裡去了。他們這種看似抽離的舉止常會惹毛別人。

但同時，薰衣草紫色人的存在又很有娛樂性和教育意義。這些薰衣草紫色人能夠帶領我們超越有限的現實生活，進入充滿各種可能性的世界。他們相信有其他世界存在，能在其他次元和其他世界享受樂趣。儘管他們能夠充分經歷其他世界，但卻很難向其他人講述自己的經歷。如果要他們講一下看到了什麼，他們會顯得迷惘、焦慮，甚至有點不高興，因為他們的經驗在現實世界當中不一定能讓人理解。

在別人眼裡，薰衣草紫色人看到的東西跟想法一點也不真實，應該是幻想。（雖然紫色人也會被說不切實際、愛做白日夢，不過他們看到的圖像至少有可能成真。此外，紫色人比較活力充沛，能夠完成自己的夢想。）薰衣草紫色人愛做夢、愛幻想，但通常不會把想法加以實踐。他們應該要跟能夠看到他們點子潛力、能夠擬出計劃與實際採取行動的人在一起。

薰衣草紫色人在他們的想像中經歷到某件事之後，會覺得要把看到的東西重新創造成有形的實體，實在太麻煩。如果是故事創作，他們不一定會有興趣寫下來。他們已經從那個經歷中體會到情感上的感受，這是他們最在乎的。薰衣草紫色人覺得沒有必要跟別人分享自己的經驗。因為他們能經歷到內在世界所需要體驗的一切，他們寧可活在那裡，因為外面的世界根本無法相比。

由於他們充滿創意，因此會是卓越的藝術家與作家。他們特別擅長寫詩或兒童文學。這些喜歡異想天開的人，會對於畫出空中的城堡，或者創作與神話有關的角色感興趣。憑著他們圖像豐富、充滿想像力的風格，薰衣草紫色人有種獨特的能力，能夠帶領人們進入一個充滿了情感、感官與聲響感受的奇幻

世界。

薰衣草紫色人能夠透過他們獨特的內在感知覺察到能量。他們常常能夠看到其他的次元，聽到顏色、感覺到聲音，經歷到其他的世界。強迫他們不要到處神遊會讓他們很痛苦。他們需要逃脫到自己的夢中世界，就像人需要睡覺一樣。這可以幫助他們放鬆，從真實世界的壓力當中恢復過來。

狀態穩定時，薰衣草紫色人能夠利用自己的創造力才華，向大家展現其他領域的各種可能性。穩定的薰衣草紫色人能夠把他們看到的東西轉化為藝術作品，提升他人的生命。《愛麗絲夢遊仙境》的作者路易斯・卡羅（Lewis Carroll），就是充滿創意的薰衣草紫色人典範，他啟發了全世界所有人的想像力。

若是處於不穩定的狀態，薰衣草紫色人很難在現實世界中生存。他們無法好好工作應付日常開支，時常需要別人幫助。在這種時候，他們就像是膽怯的小兔子，遇到驚嚇就會衝到兔子洞，跳下去進入另一個世界。

要保持穩定，薰衣草紫色人必須要勇敢面對現實，好好收回心神，努力過活。他們還是可以探索自己的想像世界，但是也得成為負責任的大人。逃避到其他世界裡當然可以，但也必須記得要回到現實，而且要願意把在現實世界中學到的東西加以應用。

薰衣草紫色人溫和、隨性，不喜歡遵從規範或者受限於體制，不想被規定人生要怎麼過。他們是靠

著感覺與直覺生活，而不是才智。他們希望能夠想到哪裡就去哪裡，只要那個方向感覺是對的就可以；而且他們的方向老是變來變去，就跟天上的雲一樣。薰衣草紫色人來到這世上不是為了振聾發瞶，也不是要改變地球、拯救他人，他們只想要自由自在地探索想像世界，在其他世界遊歷。

連他們的靈性部分也難有清楚的定義。薰衣草紫色人會感覺有神臨到，但不是一般那種擬人化的神。這些總在幻想的薰衣草紫色人，喜歡輕音樂、風鈴、蠟燭、薰香、冥想、吟唱的旋律；他們喜歡能夠啟發他們想像、幫助他們魂遊或帶他們到縹緲國度的聲音、色彩或紋理。

薰衣草紫色人把人生看作一個奇幻冒險的世界，那裡充滿了仙子、精靈、天使。他們來到這個世上是為了探訪其他世界，然後再描述給我們知道。他們此生是為了要激發我們的想像力，啟發我們對於奇蹟妙事的感知，讓魔法一直永存於我們之中。

## 關係

人們一開始會受到想像力豐富的薰衣草紫色人吸引，進而產生興趣；但他們很快就會發現這些人脆弱又飄忽不定，有時候心在這裡，有時候又不知跑哪裡去了。雖然這些敏感的人天性溫和善良，但是他們常常不願意成為稱職的另一半，因為這需要理性的溝通或者分擔責任。由於薰衣草紫色人不切實際，他們很難維持穩定的關係，總是無法陪伴另一半，因為他們太活在自己的內在世界裡。他們不喜歡鄭重的承諾，因為承諾就包含了責任感，還有必須要把注意力放在現實生活。

他們的伴侶通常得在財務上支持這些迷糊的薰衣草紫色人，除非薰衣草紫色人的創意點子能夠賺到錢，否則薰衣草紫色人是不會費心在（甚至也無法理解）工作、預算、帳單、家務這些事情上。他們的伴侶很快就知道不能靠他們。儘管薰衣草紫色人想要成為支持對方、充滿愛的伴侶，也立意良善，但卻不會付諸行動。由於他們總是不好好以行動來表現，因此顯得對另一半不夠體貼與關心。看到心愛的伴侶眼中盡是失望，會讓敏感的薰衣草紫色人整個崩潰。他們害怕讓別人失望，也害怕不被愛。如果薰衣草紫色人覺得自己失敗了，他們會不斷退縮，躲到想像的世界裡。他們不知道該如何面對拒絕。他們在遇到麻煩時大多會退縮，這往往讓另一半更火大，覺得自己被丟下，得獨自解決難題。

非常愛他們、很有耐心的人才能瞭解薰衣草紫色人，願意跟他們在一起。由於他們很天真、孩子氣，另一半可能會覺得自己比較像他們的父母，而不是配偶。不過，如果好好溫柔地對待他們，這些深情款款的薰衣草紫色人會是非常殷勤、善解人意，充滿感激與忠誠的伴侶。他們心愛的人終究能發覺，薰衣草紫色人的純真與充滿創意的想像力令人欣賞，並且讓人喜悅。

## 性

薰衣草紫色人喜歡在性愛時刻幻想。他們喜歡做不同嘗試，充滿創意，讓想像力引領著他們。只要在嘗試過程中不會受傷，他們就會放膽玩。他們覺得性愛要不是溫柔的體驗，就是充滿異國風情的經驗。做愛的時候，薰衣草紫色人常會一下魂遊其他世界，一下又回到現實當中。這會讓薰衣草紫色人的另一半感覺很刺激又著迷，或者是很納悶自己有必要存在嗎？

如果性愛會導向深刻的感情與承諾，薰衣草紫色人就會沒那麼喜歡。如果他們要完全投入性愛當中，他們必須很信任對方、覺得夠安心才行。薰衣草紫色人不想要別人對他們有任何要求。他們只有跟體貼、好玩、值得信賴且隨興的伴侶在一起才能最享受性愛。

## 身為父母

薰衣草紫色人很喜歡孩子，非常欣賞小孩天馬行空的想像力。薰衣草紫色的父母喜歡陪伴孩子讀故事書、看電影、裝飾房間、設計藝術作品，或者創作故事。有父母幫忙設計萬聖節的服裝，或是一起弄生日派對的裝飾，會讓孩子覺得非常有趣。不過，薰衣草紫色的父母無法一直陪在孩子身邊，而且他們缺乏責任感，不太可靠。他們常常很散漫，老是忘東忘西，做不到答應孩子的事。

如果他們的孩子是真的很需要幫助，或者需要諮商，薰衣草紫色的父母一般都會退縮，或者「飄走」，因為他們覺得自己無法處理嚴重的情緒問題。他們給孩子的指引通常是以故事形式呈現，在故事中讓孩子經歷了一趟奇幻旅程。這些故事裡會包含孩子可以從中學到的東西，例如會講到很會幫助人的仙子與很會保護人的天使，來讓孩子平靜下來，讓他們知道沒有什麼好害怕的。雖然沒什麼理由好懷疑這些會幫助人的仙子或天使，但這些奇幻的存在並無法幫助孩子在面對現實中的學校、同學或老師時先做好心理準備。

薰衣草紫色的父母通常不太管教小孩，他們也不會是家裡的經濟支柱。但是他們會教導孩子相信魔法、夢境、靈體、創造力與其他世界的存在。薰衣草紫色父母的孩子會學到，不要對這些脆弱的大人期

待太多，他們會知道要去詢問父母之中的另一個，或得學會自己快快長大。

## 身為小孩

跟薰衣草紫色的大人一樣，薰衣草紫色的孩子花上許多時間待在奇幻世界裡。他們是脆弱的孩子，常顯得懼怕現實世界。這些溫和又敏感的孩子不太容易跟其他孩子互動，反而比較喜歡跟自己想像的朋友一起玩。

薰衣草紫色孩子總是在做白日夢，因為他們常常心不在焉，往往會在學校惹出麻煩。他們不是那種想引起別人注意的問題學生，他們就只是搞不清楚自己身在何方而已。他們的心緒無法定下來，很容易飄到九霄雲外。

薰衣草紫色的孩子很有創造力，最喜歡讓他們能夠探索想像力與創意的科目，例如藝術、創意寫作、設計，這些課程可以幫助他們多多運用天賦；但如果是需要腦力運算、邏輯、記憶力或溝通技能相關的科目，薰衣草紫色的孩子就會感到膽怯。他們往往會迷失在過多的數據當中。當他們不知該怎麼辦時，就會躲進自己的世界裡，不太願意回到現實世界。

薰衣草紫色孩子缺乏責任感的行為，很容易讓他們的父母感到氣餒。不管跟他們怎麼講，薰衣草紫色的孩子就是沒聽進去，因為他們已經魂遊到不知何方了。他們很會裝成自己有在聽的樣子，但實際上他們根本沒在聽。（不過，如果小孩不好好聽父母說話，不代表他們就是薰衣草紫色的孩子。每個小孩

或多或少都會把父母的話當耳邊風。）父母親要學會如何溫和地哄勸這些逃避的小孩回到現實。薰衣草紫色的孩子只要看到父母臉上有不滿或生氣的表情，第一個反應就是躲起來。對他們大吼大叫只會加深他們對現實世界的恐懼；但如果能讓他們感到現實世界是安全、令人愉悅的地方，他們就會比較願意待在這裡。

所有薰衣草紫色人，包含小孩在內，都只是想要自由地運用他們的想像力而已。他們沒法好好地承擔責任，這的確是父母的一大挑戰。父母可以先平靜地教導孩子一些基本的責任感，以及怎樣有成效地運用創意，好幫助他們。父母必須要有耐心、體諒，不要太過要求。否則，這些羞怯的孩子又會躲到自己的內心世界，很可能再也不願意出來。

## 解決問題

不太務實的薰衣草紫色人不喜歡有問題出現。面對衝突會迫使他們必須把注意力放在現實世界，也會讓他們看到人生可憎的一面。薰衣草紫色人多半不太實際，所以也不會有效地解決問題。但如果處於穩定的狀態，他們也會很有想法、善於創新。雖然他們的解決方法不一定都符合理性思考，但人們偶爾能從他們的創意點子中找到切合實際的解決方法。

由於想像力非常豐富，薰衣草紫色人會設計遊戲或故事來讓人們想出解決問題的方法、克服管理上的衝突，或解決人事方面的難題。他們把問題轉換為遊戲，這種有創意的方式能夠讓那些對問題太過憂心的人感覺沒那麼糟糕。但是由於薰衣草紫色人缺乏邏輯、天馬行空，人們往往不太能夠信任他們的解

決方法，他們也很少顯現出務實的一面。而且薰衣草紫色人總是很安靜低調，所以大家通常不太會注意到他們或他們的想法。當薰衣草紫色人狀態不穩定時，他們會不想面對挑戰。他們很容易就因為想像跟白日夢而分心。分析問題會讓薰衣草紫色人敏感的系統很快就無法負荷。薰衣草紫色人可以尋求能夠有耐心、親切地幫助他們的人，找到解決問題的合理方法。

## 金錢

薰衣草紫色人很難瞭解金錢的意義。財務上的責任與義務不僅繁重，也太過現實。他們覺得金錢有點骯髒，毫無吸引力。這些天真的人喜歡逃避到其他世界，因為他們想要的一切在都能輕易到手。

薰衣草紫色人認為，如果金錢有存在的必要，就應該用來買漂亮衣服、水晶、珠寶，或其他奇妙的東西。他們憎惡為了應付日常開銷，例如房租、車貸，得把精力花在辛苦工作上，而且是做自己討厭的工作。薰衣草紫色人認為拼命工作只為了賺錢，一點也不值得。

由於薰衣草紫色人不瞭解預算、投資或財務規劃這類複雜的概念，他們很容易有財務問題。他們只要一拿到錢就會花掉，導致自己負債累累。薰衣草紫色人應該要找到有趣又有想像力的方式，去瞭解如何有效地管理自己的金錢，或是請人幫他們管理。

## 成功

薰衣草紫色人希望可以按自己想要的方式自由生活，不論是隨時隨地神遊、待在現實世界，或是其他世界裡。他們比較想要待在吹毛求疵又刻薄的現實主義者管不到的地方，因為這些人會強迫他們面對

現實。薰衣草紫色人偏好單純的世界，才能讓他們運用想像力隨性漫遊。他們最大的樂趣就是幻想有人支持他們，這樣他們就能夠自由地做著想做的夢。雖然其他生命色彩的人，例如綠色人，比較喜歡工作、動腦，然後達成目標；但薰衣草紫色人剛好相反，他們喜歡輕鬆悠閒，這樣才能自由做夢。

## 職業

薰衣草紫色人既討人喜歡又友善，但他們要在安靜、沒什麼壓力、讓他們有很多時間發想創意的環境中才能有最好的發揮。固定坐辦公室對他們來說太痛苦了，因為太需要專注力。薰衣草紫色人不喜歡估算和分析細節，你也不能期待他們把事情處理得有條不紊。他們太健忘又很散漫，甚至連客人要點什麼菜都記不住。薰衣草紫色人不喜歡承攬太多責任，而且不能催他們或給他們壓力。

與藝術和劇場有關的職業會吸引薰衣草紫色人，因為能有機會讓他們發揮自己的想像力與創造力。這些不受拘束的人常常透過各種藝術形式來創作。以下是薰衣草紫色人會感興趣的職業：

說故事者
藝術家（特別是奇幻類）
作家（特別是童書類）
默劇表演者
舞者
演員
舞臺服裝設計者
室內設計師
布景設計師
老師、教育工作者

## 健康

由於薰衣草紫色人常常神遊，注意力不在自己身上，所以常有各種健康問題。也由於沒把生命的能量放在自己身上，他們從骨頭到內臟器官都可能出問題。薰衣草紫色人非常不在意自己的身體，如果覺得哪裡痛或不舒服，他們只會漫不經心，不去管自己收到什麼樣的身體警訊。他們大多不在乎運動、保健食品或營養均衡所帶來的益處。

薰衣草紫色人沒有什麼特別會出問題的部位，但是缺乏生命能量倒是會讓他們的身體緩慢退化。不過，如果薰衣草紫色人保持穩定，而且願意花些時間關注自己的身體，他們倒是有項驚人的能力──那就是能運用想像力治療自己的身體。薰衣草紫色人擅長想像自己身體裡的「魔王」（病症）被「勇者」（白血球）打倒。透過將想像力運用在治療上，能讓薰衣草紫色人擁有自癒能量。要維持健康，薰衣草紫色人最好要記得自己仍是肉身，應該要採取務實、具體的方法好好照顧自己。吃有營養的東西或運動都是不錯的開始。

四處神遊對薰衣草紫色人來說其實有好處。神遊可以讓他們放鬆、減少壓力，因為耗費太多時間在現實世界裡會引發壓力相關問題。不過薰衣草紫色人還是偶爾需要把注意力放在自己身上，好好照顧自己。平衡對薰衣草紫色人而言很重要。

## 透明色

透明色是很罕見的生命色彩。透明色人有透明的光環，可以說是「光環變色龍」。他們光環的顏色會隨著他們當時跟誰往來而改變，然後他們就會具備那個色彩所擁有的特性、情感與想法。因此，處於穩定狀態的透明色人，幾乎跟任何人都能相處融洽。例如，黃色人會覺得他們可以跟透明色人相處愉快，因為透明色人跟他們在一起時，思想與行為都會變得像黃色人。當同一個透明色人跟感性棕褐色人在一起的時候，後者也會覺得自己好像找到志同道合的人。但是，透明色人這種說變就變的特性也會讓人們困惑。前一分鐘行為思想都像綠色人，下一分鐘他們又表現得像是藍色人。他們跟別人的關係愈好，他們的個性就愈常改變。由於透明色人往往會吸收其他人光環的色彩，有時候人們會覺得自己好像有股能量被汲取了。

狀態穩定時，透明色人可以清楚地引導療癒的能量。透明色人天生就是治療者，他們具有一種天賦，能夠幫助別人清除阻塞物，使人與生俱來的療癒過程開始啟動。在治療的時候，平穩的透明色人能夠讓自己的想法與情感保持距離，讓療癒的能量更純粹。透明色人並非都很能理解自己的療癒能力。他們的能力往往會嚇到自己、讓自己很困惑，或覺得不知所措。這些罕見的透明色人外表往往看起來很脆弱。由於他們感受力極強，因此一次只能治療一個人，然後就需要去平靜的地方淨化自己的光環。幫太多人同時進行治療會造成他們的系統當機。

透明色人喜歡所有的東西都是美的、潔淨的、柔和的，就像童話故事一般。由於他們喜歡純粹與潔

淨，他們周遭的環境大多也很安靜整齊。他們需要很多時間獨自冥想、沉思、滋養，以保持平衡。當透明色人置身在大自然當中，對他們而言就是一種療癒。種種植物或照顧花園也很有療癒效果，讓他們有機會可以在平和與寧靜當中與自己的靈性連結。

雖然他們大部分都很安靜，但頭腦反應敏捷、學得很快。他們喜歡讀書、看電影、看表演，任何具有社會重大意義或可以啟發他們思索人生意義的事情，他們都喜歡。不過他們通常比較一個人待著，獨自思索生命與靈性。他們是憑直覺過人生，如果他們沒有跟隨自己所知道、內在所感受到的，他們會感到相當鬱悶與迷惘，不清楚自己的人生目的是什麼。

透明色人多半會避開嚴苛的人或環境。這個世界常讓他們覺感到冷漠、汙穢。他們很容易就對周遭的人幻想破滅。他們通常會覺得身處擁擠的人群中很不自在。由於透明色人非常敏感，又容易不知所措，他們傾向躲到安全的內在世界裡。他們還很容易感到徬徨與沮喪，當他們處於失衡的狀態，似乎就會忘了自己為什麼要來到這個世界。他們不知道自己應該做什麼或被期待要做什麼，他們會觀察別人，看怎樣才能被他人接納與重視。他們不是憑藉自己已知的真理採取行動，而是看別人的行為跟反應來學習要怎麼做。他們會一再尋求確認和指引，時常沒自信做決定，會變得倚賴別人來主宰自己的生命。當他們想從別人那裡尋求答案，就會變得過於依附別人，或是完全涉入別人的事。

在不穩定的狀態下，透明色人會變成讓人精力耗盡、愛管閒事的朋友。過度涉入別人的生活可以讓他們分心，暫時忘掉自己要面對的人生，或要尋求的答案。

若要保持穩定的狀態，透明色人必須要學會每隔一段時間走進大自然，跟大自然、自己的靈性或靈性的源頭融為一體。他們必須常常隱退到自己的環境裡，淨化被其他亂七八糟的影響力沾染到的光環。這有助於他們保持穩定與能量導引的暢通，因為療癒才是他們來到這個地球要做的事情。

透明色人的人生目的就是成為療癒能量的純淨導引。他們必須要保持內在平靜，才能對上天有純粹的理解，並有真實的連結。當他們允許自己這麼做時，就能感受到內在的平靜與和諧。就算他們不是從事療癒相關的工作，他們平靜的能量也能療癒周圍的人。他們安靜與體貼的個性會吸引所有人。透明色人文靜又善良，他們在極高的靈性層級上發出震動，為療癒的能量創造出非常清晰的引導。

## 關係

透明色人的伴侶必須瞭解他們的個性很安靜，需要時間獨處。透明色人之所以會退避，並不是因為冷漠或自負，而是因為他們需要平靜和安靜，才能保持平衡清晰。透明色人太容易接收到另一半的挫折、態度，或受到另一半的行為舉止影響，導致這些脆弱的透明色人難以承擔，覺得錯亂。給他們時間安靜地冥想，可以讓他們潔淨自己的光環，淨化自己的能量。在穩定的狀態下，透明色人能夠讓另一伴感到平靜與療癒，這有助於維持和諧、相愛的伴侶關係。但狀態不穩定時，透明色人可能會自尊心非常低落，導致他們會為了保護自己而退到內心世界，讓另一半覺得很空虛、有隔閡。

透明色人不是那種有雄心壯志、積極進取的人。他們不喜歡受到矚目，比較喜歡待在後方，因為那裡很安全。這些單純的透明色人不會拼命想成為領袖或決策者，因為訊息、情緒或意見很容易讓他們無

法負荷，感覺混亂。因此他們需要的伴侶是願意下決定的人，以及強而有力的保護者；還必須是有耐心、能包容、話不多的人，這樣透明色人才不會感到害怕。透明色人需要在關係之中感覺到安心與平靜。

## 性

透明色人喜歡性愛，但卻常有痛苦的經驗。由於他們在性愛時會與伴侶的光環有強烈交流，因此做完愛後要在情感上分離，對他們來說非常痛苦。由於害怕造成痛苦，導致他們不是跟對方在身體或情感都保持距離，就是為了保護自己而非常冷淡，讓他們顯得冰冷無情。因為害怕進入親密關係可能會帶來傷害，透明色人通常會長期維持或主張單身。他們可能會傾向獨居，因為這樣比較簡單，也比較安靜。他們這種行為不是來自於童年問題，而是出於天性的選擇。

## 身為父母

透明色的父母跟孩子相處融洽，因為他們的個性單純、隨性，在很多方面就像孩子一樣。父母跟孩子兩邊都很天真、脆弱，兩邊都喜歡簡簡單單。不過，孩子旺盛的精力很容易讓他們招架不住。透明色的父母比其他父母更常需要待在房間或浴室裡獨處。透明色人是非常疼愛孩子、善解人意、和藹可親的父母，很能容忍雜亂與吵鬧。他們不會特別管教小孩，也不會什麼事情都管。他們大多會依賴另一半養育孩子。

## 身為小孩

透明色孩子跟透明色大人很像，他們需要很多時間獨處。他們格外脆弱，很容易崩潰，時常顯露出

自尊心低落。他們對於上學遇到的混亂狀況不知所措，跟同儕相處時常覺得很不自在。雖然他們其實很有愛心、溫和有禮，但大多顯得害羞內向。透明色孩子的父母必須讓他們有很多時間獨處。父母對透明色的孩子要很和藹、包容、體諒，並且有耐心。透明色的孩子永遠都需要獨處，如果父母能瞭解他們的這個需求，讓他們有時間保持平靜與平衡，至少能夠讓他們培養出正向的自尊心。

在穩定狀態下，透明色孩子非常聰明，在大部分的課程中都表現優異。不過溝通、戲劇或演講課程會讓他們害怕。他們不喜歡在人前表達自己，或成為矚目焦點。他們比較喜歡可以尋求美或生命意義的課程，例如藝術、哲學或音樂欣賞。（黃色與棕褐色小孩也很安靜害羞。請參見透明色、黃色與棕褐色人的職業列表，看哪種行業最適合你孩子的個性。）

## 解決問題

透明色人解決問題時很謹慎，傾向採取以前成功過的解決方法。他們非常善於歸納所有相關人士的想法與感受，給出客觀的總結；但通常無法勇敢說出自己的建議。他們不會主動說出自己的想法，要等到有人問了才會講。透明色人傾向採取簡單清楚、低風險的解決方案。他們絕對不會當做決定的人。

## 金錢

錢可以為透明色人提供安全感，他們也會謹慎處理。透明色人認為財務管理很複雜，但會認真面對，並以負責任的態度處理。他們從來不會規避應負的責任或欠繳費用。他們不喜歡冒風險或惹麻煩，希望能夠讓自己的生活儘可能單純。他們能夠賺到足夠的金錢支付生活開銷，但通常不太瞭解如何投資理

財。他們會傾向讓某個人幫他們管理財務，自己只要專注在人生的平靜與靈性層面即可。

## 成功

透明色人評斷自己是否成功是依據他們感到多平靜、多平和，還有他們的療癒能力有多清楚、多有成效。透明色人認為，人生只要能夠感覺到內心的平靜，還有與上天或更崇高力量的連結，就已足夠。

## 職業

透明色人在潔淨、安靜、低調的環境中的工作表現最好，例如圖書館、醫師辦公室等。他們是盡職盡責、很有效率的員工，能把需要條理分明、注重細節的工作做得特別好。不論工作有多繁瑣，透明色人都會很有耐心且冷靜地處理細節部分。他們喜歡為別人工作的安全感。他們大多不是能力特別突出或懷抱雄心壯志、有意創業的人，而他們也偏好能讓他們安靜、獨自工作的職業。

由於透明色人喜歡美的事物，因此會對藝術很感興趣。因為他們能夠增強自己體內的能量，然後向外傳輸，他們也對於與治療有關的行業有興趣，例如按摩、物理治療、醫療（特別是全人醫療）。治療是透明色人能夠展現最強大力量的領域。他們處於穩定的狀態時，會擁有獨特、強大的能力，能夠擴增從宇宙而來的療癒能量，並把能量傳送給需要的人。

透明色人會對關於治療、藝術、創意、大自然、安靜、單純或可以沉思的職業有興趣，例如：

圖書館員　牙醫助理　藝術家
秘書　物理治療師　尼姑
櫃檯人員　室內設計師　僧侶
按摩治療師　花藝師　作家
治療師、醫師　藥草栽培者

## 健康

由於透明色人對情緒的感受很敏銳，很容易筋疲力盡，他們的身體也很脆弱。健康問題的確是一大隱憂，他們幾乎每個地方都會出毛病，甚至會出現跟伴侶一樣的健康問題。如果透明色人跟綠色人在一起，他們最終也會面臨跟綠色人一樣的健康問題，例如胃、內部器官或肩頸等部位出問題。透明色人的共振頻率如此之高，加上極度敏感又脆弱，因此需要時間獨自靜靜冥想，淨化他們可能會吸收到的負面能量影響。

# 靛藍色

靛藍色是新近抵達這個地球的光環色彩。靛藍色人正帶領起一股新的能量、新的覺察、新的和平與和諧的時代。紫色人是迫切想要拯救這個地球、教育大眾，改善生活品質；靛藍色人來到這世上則是要成為榜樣，展現出一種嶄新、更崇高的覺察。撰寫本書的此刻，大多數靛藍色人年紀尚輕，不過其中有

些人可能在多年前已經到來，成為先驅者。可以用來形容靛藍色人的字眼包括「誠實」「有覺察力」「高度直覺」「靈感」「獨立」「無所畏懼」「意志堅定」「感受敏銳」。靛藍色人擁有老成的靈魂，他們知道自己是誰，知道自己來自何方。他們是如此獨特，在靈性上遠越過其他人，使得有些人覺得很難跟他們相處，有些人還會覺得他們很奇怪。

靛藍色人在出生時會帶有完整的靈性記憶。很多父母表示，他們的靛藍色小孩會鉅細靡遺地講述自己的前世或最近遇到什麼靈體。他們還表示這些孩子能夠讀懂大人的心思，就像有令人驚奇的靈感。這些早熟孩子的覺察與智慧無法以理性來解釋。靛藍色的孩子通常早在其他孩子能夠講出第一個字之前，就能夠說出完整的句子。靛藍色的孩子似乎天生就很瞭解科技，他們在很小的時候就非常會使用電腦。父母親常常會不知道該怎樣養育這些令人驚訝的孩子。

靛藍色人有一個非常與眾不同的特點，那就是他們大部分看起來很中性，很難判斷他們是男是女，是同性戀、異性戀、雙性戀，還是無性戀，他們身上彷彿同時具有陰與陽、男性與女性的特質。不過性向並不是他們最看重的特質，而是靈性。靛藍色人通常都長得很好看。看著他們的眼睛時，你可能會覺得這些人是來自另一個世界，或是知道一些遠超過地球上已知的事情。

在穩定狀態下，靛藍色人很有覺察力、直覺力、開朗又有創意，而且獨立自主。他們遵循更崇高的法則在過人生。他們認為所有生命都應該被看重，並以正直、同理心和愛來對待。他們會跟從自己內在的覺知，遵守更高的真理。他們比絕大多數人更容易理解靈性與超越時代的概念。

靛藍色人相信每個人都具有神性，而不只是徒有肉體，他們知道人們真實的身分，遠超過我們眼睛所見。他們似乎知道物質與現實世界是虛幻的，生命其實是由能量或一種活著的意識所組成。他們知道宇宙中一切事物都存在某種連結，包括時間、空間與形體在內，全都不是獨立存在。沒有什麼是分離的，除了在人類的心智中。

儘管靛藍色人誠實又獨立，但他們若處於穩定的狀態，也會很有同理心、很能接納他人。他們靠直覺就知道某個人需要愛與安慰。他們的同理心沒有界限，他們也無所懼怕。當有人需要關愛時，他們一點都不會吝於表達自己對別人的關切。當陌生人需要一個親切的碰觸或溫暖的微笑時，他們也能夠憑直覺知道。

靛藍色人在本質上是沒有偏見的。他們珍視所有的生命，視每個靈魂都有其寶貴的價值。他們理解男人不見得比女人厲害，異性戀跟同性戀沒有不同，白人不會比黑人還要優秀，人類沒有高動物一等。

雖然靛藍色人非常敏感，富有同理心，但他們也很獨立。儘管他們愛眾人，但似乎並不需要跟別人頻繁往來，看起來有時也頗喜歡獨處。這些天賦異稟、感受力靈敏的人，一直都在探究與尋求證實，好驗證他們內在所知道的事。比起學習社會上過時的規範、舊有的信念或侷限的現實，他們對瞭解真理和更崇高的生命法則更感興趣。靛藍色人不會受到陳舊的理想或狹隘的信念所限制。

靛藍色人頭腦清晰、有覺察力，且極為坦誠。父母跟旁人大多會感到挫折，因為靛藍色人誠實、直

率，不願意接受勸誘或被強迫定型，也無法強迫他們去做任何自己不相信的事。靛藍色人不會接受指引，除非他們覺得別人跟自己有相同的道德信念，或對真理有同樣瞭解。任何社會壓力都不能迫使他們妥協。靛藍色人必須依循他們所瞭解的最高法則過自己的人生。違背原則會讓他們非常鬱悶、焦慮，想要自我毀滅，因為這違背了他們的天性。他們無法被同儕壓力或別人承諾的愛與包容操控。他們也不相信愧疚感或懲罰的概念，所以用這些也無法說服他們違背自己的基本信念。他們會看不起那些想要用這種老派伎倆操弄他們的人。當靛藍色人看輕自己的父母、老師，或其他他們原本期待會獲得關愛、真理、引導和鼓勵的人，他們會變得很沮喪。他們會變得動手動腳施虐、過動亢奮、羞怯封閉，或想要自毀。

靛藍色人會要求周遭的人要完全誠實以對。他們需要知道別人有沒有傾聽他們、有沒有尊重他們、是否無條件愛他們。他們期待大人給予愛、誠實與尊重，而他們也很願意付出這些。

二〇〇〇年到二〇一四年是靛藍色時代之始，許多靛藍色孩子在此時誕生在地球上，顯示我們已準備好迎接靛藍色的時代了。

當我們進入一個新的時代，可能會感到有些混亂，甚至會覺得受到隨之而來的新意識所威脅。例如從藍色時代進入紫色時代的時候，人們會對於紫色人所帶來的價值觀感到不舒服。藍色時代在一九五〇年代達到顛峰，那個時候媽媽都待在家裡烤餅乾，而「爸爸知道最多」。紫色時代開始於一九六〇年代，是個有和平示威、人權運動、嬉皮、胡士托音樂會、披頭四的年代。藍色人非常講究道德與一夫一妻制，不喜歡紫色人對於性愛那麼狂熱。棕褐色人則不欣賞紫色人對他們朝九晚五、傳統生活方式的反

叛態度。還有，在大企業裡的綠色人，這些喜歡權力與掌控、認為強權就是公理，以及戰爭會對經濟有益的人，也不認同紫色人對世界和平的願景。當紫色人嘗試想要改變大眾的價值觀時，他們惹惱了不少人。不過，當紫色時代愈來愈彰顯，人們最終還是尋求紫色人的領導。世界和平的條約、柏林圍牆倒塌、性解放、全球傳播（網路），還有環境議題，全都是紫色時代來臨的明證。

就像紫色人在紫色時代剛開始時引起眾怒，靛藍色人也在挑戰原有的信念體系，使得許多人大為光火。現在大眾所熟知的靛藍色人物之一，就是流行樂之王麥可．傑克森，不過他的光環中也帶有紫色。一些紫色的讀者可能會以為自己是靛藍色人；但實際上，由於紫色人可以提早看到未來圖像，很多紫色人會開始將靛藍色加入自己的光環。有些紫色人可以感知到靛藍色的特質已慢慢出現在他們身上。如果你覺得自己可能是靛藍色人，你可能其實是紫色人、紫色／黃色組合生命色彩的人，或紫色／藍色組合生命色彩的人。有這些生命色彩的人也常覺得自己靈性較高、感受力比較靈敏，跟其他人不太一樣。

如果想知道自己是靛藍色人，還是紫色組合生命色彩的人，可以問問自己的人生目的是什麼。如果你覺得自己有訊息要傳達，或是對於改變地球、拯救環境或成為知名人物深感興趣，那麼你極有可能是紫色組合生命色彩的人。一般來說，靛藍色人並沒有那麼迫切覺得要拯救地球，或變得出名。他們只是想要平靜依循自己崇高的理想，憑藉自己的創意、正直、力量與生命的完整能量生活。由於很多人（特別是紫色人）開始把靛藍色加入自己的光環中，這些訊息或許能幫助他們瞭解如何與新能量和諧共存。

靛藍色人常常不太能適應自己的身體，因為他們似乎完全無法理解生存在這個物質世界是怎麼回

事。靛藍色人多半不太確定自己的身體如何運作，常覺得像是穿上了太空衣。此外，他們內在的感知似乎調到了非常高的頻率，甚至連生理上的感知能力也特別靈敏，非常接近狗敏銳的聽力程度。這種靈敏度使得他們很容易難以負荷，很可能就會退縮到內在世界來保護自己，或變得好動亢奮。他們甚至對食物非常敏感，有些人甚至只吃有機食物。由於靛藍色人擁有這種高度進化的系統，因此似乎能覺察到能量、靈體、光環或其他次元。他們能夠與動物、孩童、植物、大自然心靈相通。由於靛藍色人常常與想像的朋友對話，因而會被指責想像力太過豐富，甚至是精神錯亂。別人大多無法明白靛藍色人具有理解其他世界的能力，例如，地球是一個活生生的個體、樹木會因為痛苦而哭泣、每個人在意識中都是一體等概念。

靛藍色人在年紀很小的時候就知道，生命是一種有意識的過程，而死亡是這個過程的一部分。這些溫和的靛藍色人覺得自己與萬事萬物相互連結，他們所擁有的一切都是他們的一部分，就像是身上的手腳一樣，也具有他們的能量。如果靛藍色人失去了某個他們擁有的東西，他們會覺得很難過，這不是因為他們在乎什麼財物，而是他們認為這些東西也具有某種生命能量，他們是可以與之心意相通，就像人們跟自己的寵物心靈相通一樣。

儘管靛藍色人很誠實、有直覺力、坦率，也比同輩的人睿智許多，但有時候他們很難去講述自己原本就瞭解是真理的概念。常常找不到字彙來形容他們所知道的事。靛藍色人也覺得要把這麼大的概念用線性的語言來解釋，會難以描述生命那種如全像投影般的真實樣貌。他們無法把自己的人生分類為工作、遊玩、感情、學業等面向，而是認為人生所有面向本為一體，是一個完整的經驗。如果身邊的人夠

有耐心、夠體貼，能夠鼓勵他們，他們就會成為非常強大的傳播者，把超越多數人理解的先進概念分享出去。

雖然靛藍色人力量強大，也很有自信，他們仍然非常敏感。狀態不夠穩定的時候，他們會感到害怕，變得迷惘，並且失去與自己內在覺知的連結，無法瞭解生命。由於現在地球的狀態無法與他們的信念系統相契合，許多靛藍色人很難理解這裡到底怎麼了。這個世界看起來跟表現出來的樣子，不像是他們覺得應該要呈現的樣貌——戰爭、暴力、不誠實、貧窮、飢荒，是靛藍色人很陌生的概念。他們不明白人類是如何脫離常軌到這種地步：我們應該是一體的，怎麼能夠對自己犯下如此的暴行？

由於靛藍色人才剛開始在地球上登場，他們沒有很多支援，也沒有什麼導師能夠為他們解釋現在發生了什麼事。很少有人是以靛藍色人所認知的真理活著。傳統的教育體系普遍無法教導靛藍色人需要知道的事情，他們需要研讀與生命有關的科目，而非背誦無用的資料。

為了要掩飾自己的困惑，還有讓自己內在的聲音安靜下來，靛藍色人往往轉而藉助毒品或酒精，不然就是沉迷於電玩。想要躲藏的心態使得他們甚至更進一步陷入精神錯亂、混亂與絕望。他們因為不太會用言詞表達自己的感受，當他們處於極度困惑的狀態時，溝通會變得很困難，甚至是不可能。這些敏感、被人誤解的靛藍色人，最後常需要入院治療，專家會試著分析、「矯正」，把他們改造成可被社會接受、擁有傳統價值觀與認知的人。靛藍色人常被診斷為「注意力缺失症」（ADD）、「注意力不足過動症」或學習障礙。（注意：不是所有靛藍色人都有「注意力缺失症」，也不是所有被診斷為「注意

力缺失症」的人都是靛藍色人。事實上，很多被診斷為「注意力缺失症」的孩子其實是黃色人。）許多專家並不瞭解靛藍色人先進、獨特的感知，傳統的治療方式只會強化他們內心的衝突。

要能維持穩定，靛藍色人必須要相信他們內在所感受到的真理。他們必須記得自己來到這個地球，就需要清楚知道自己是要帶著喜悅、滿足與和諧過生活。他們必須要堅守這個信念：愛與真理最終一定會呈現出生命真實的樣貌，也就是一種萬有（All That Is）的美和創造力的表現。靛藍色人可以成為這些法則活生生的榜樣，而且終有一天，他們會向世人展現如何創造出一個和平與和諧的世界。

狀態不穩定的靛藍色人，有時會感到孤立、不被瞭解。在穩定的狀態下，他們似乎可以覺察到生命是環繞著自己，這讓他們能得到一種內在的覺知，知道自己從來都不是一個人。冥想和祈禱是很有用的方法，可以幫助靛藍色人保持平衡，與自己靈性的理解力維持連結。靛藍色人非常敏感，他們相信人類絕不僅止於表面見到的樣子，他們瞭解什麼是能量與意識。在穩定的狀態下，他們會遵從誠信、崇高法則、愛、同理心及更偉大的覺知生活。他們知道所有生命是一體的，雖然人類到了現今才發現關於現實世界本質的明證（古時候的神秘主義者就已經知道這些訊息），但靛藍色人卻早已知曉。

靛藍色人來到這個世界上是要引領一個新的時代，向我們顯示如何依從更崇高的意識與更崇高的法則而活，這樣我們才能在世界上創造出和平、愛與和諧。他們是地球上新的靈魂、新的能量、新的意識。他們從直覺知道的事情，所有人類在即將來臨的時代也將會知道。他們知道在未來，我們每個人都會彼此協助，並且會與環境共存共榮，再也不會對生命不敬。

## 關係

靛藍色人會特別挑選伴侶。他們需要的伴侶是值得信任、讓他們保有自己獨特信念的人。他們需要伴侶能夠支持他們在靈性上超越時代的思考方式，需要伴侶能夠體貼、呵護，同時又能夠盡心盡力包容他們的獨立自主與好奇心。靛藍色人是非常溫柔、忠誠的伴侶，他們喜歡另一半是從自己最好的朋友、陪伴者當起，然後才成為愛人。這些獨特的人喜歡在靈魂對靈魂的基礎上與對方密切連結。靛藍色人是忠貞不二的伴侶，他們的法則不允許自己不忠。不過他們是非常敏感的人，如果心愛的人對他們生氣或失望，他們就會馬上感到痛苦。他們瞭解承諾的本質，這也得以形成更深刻的親密關係。

## 性

靛藍色人認為性是兩個靈魂之間深具靈性、親密的體驗，不只有生理上的功能。除非靛藍色人對另一方深感愛意，否則他們就不會跟對方發生性關係。例如，他們就無法理解為什麼紅色人會覺得性只是肉體上的歡愉。由於靛藍色人的身上同時融合了男性與女性的特質，他們並不需要性來讓自己感到完整或圓滿。性是宇宙的合一。靛藍色人會在情感與靈性上投入、體驗性愛，甚至常常忘了肉體的存在。

## 身為父母

靛藍色人雖然力量很強大，但是本身也跟孩子一樣脆弱。他們相信，來到地球上的我們都是正在經歷創造力與現實世界的靈魂。他們也感覺得到，其他靈魂是透過他們的身體被允許旅行到地球上。儘管靛藍色人會覺得要保護自己的孩子，但他們不會把孩子當作是自己的財產。他們覺得自己來到這世界是

要教導、指引年輕的靈魂，直到他們能夠培養出理解力，展開自己的人生。

靛藍色人天生就知道什麼是對錯，他們會期待自己的孩子也會知道。如果孩子無法謹記這些準則，他們會非常震驚，不知道該怎麼做才能讓孩子適應外在的世界。他們的教導來自更崇高的意識，他們明白世界應有的運轉方式。靛藍色的父母不喜歡體罰。在教導孩子時，他們多半會強調愛、同理心，並且尊崇他人，因為每個人都是具有神性的個體。

## 身為小孩

在還是嬰兒時，靛藍色的孩子就格外聰穎、有覺察力，對於周遭事物非常好奇。靛藍色孩子似乎有很強的靈感。由於他們靈感很強，他們似乎也能夠激發別人身上的天賦。他們也極端敏感，很容易哭泣。他們的感官能力極為發達，因此非常容易就被驚擾、嚇到，或無法承受。這些早熟的靈魂需要的睡眠非常少，即使還在襁褓中也是如此。他們只需要足夠讓肉體可以恢復元氣的睡眠，然後就準備好要去探索這個我們稱為地球的物質世界。

靛藍色的孩子大多獨來獨往，因為同儕很難瞭解、接受他們。他們無法被強迫去做他們不瞭解或覺得不對的事。用處罰、哀求、說理或蠻力加以威脅，都無法使靛藍色的孩子違背自己內在的信念。大人若是嘗試強迫這些孩子做違反他們價值觀的事，比方說叫他們去摘花，但他們相信花是有生命跟靈魂的，這只會讓他們感到困惑跟焦慮。他們原本就能夠覺察對與錯的區別，因此其實不太需要管教。只有當大人不允許靛藍色的孩子根據自己的信念行事時，他們才會產生抗拒。

靛藍色的孩子大多比他們的父母還要成熟，也比較有覺察力。大人應該要學習如何告訴孩子什麼是真理，給予引導跟合理的界限，而不是去限制或壓抑他們的覺察力。父母一方面要用體貼和尊重對待他們，另一方面也必須展現出自尊，別被靛藍色的孩子反過來利用。

靛藍色的孩子非常有好奇心，不過他們無法接受簡單的答案，因為那些是既有的答案。他們覺得答案必須真實無誤，否則會拒絕接受，然後繼續尋找，這點讓父母跟老師都很頭大。靛藍色的孩子很難對學校教的一般科目感興趣。他們無法明白這些科目跟靈性生命之間的關聯。他們不是叛逆或愛生氣的小孩，他們只是渴求真理；當他們找到能與更崇高法則相互呼應的答案，就不會再爭執什麼。

## 解決問題

處於穩定狀態時，靛藍色人是根據更崇高的法則來解決問題。解決的方法必須要合乎道德、充滿愛，並且要和諧。他們不接受缺乏誠信的答案，那些垂手可得或現成的答案。靛藍色人在穩定狀態下從不欺騙、說謊或偷竊，所以大家都很仰賴他們。狀態穩定時，靛藍色人相信自己內在的感知會告訴他們，什麼才是正確的事情。

若是處於不穩定的狀態，靛藍色人會很害怕，覺得自己迷失在一個悖離他們所知真理的世界。這些感受特別敏感的人會感到很迷惘，無法信任自己的解決辦法。在失去平衡的時候，靛藍色人會搞不清楚他們對宇宙的覺察要如何融入現實世界。由於他們的身心靈都極為敏感，會因此變得很封閉，這使得他們覺得自己孤獨且不被理解。他們也會變得很焦慮或有自毀傾向。他們很難跟別人解釋自己的信念，而

感到不得其所。

要恢復穩定的狀態，靛藍色人需要回到自己的內在，相信他們本性所感知到的就是更崇高的法則，或者找到可以支持自己的人，來提醒自己這些就是更崇高的法則。

## 金錢

靛藍色人無法理解為何要犧牲人生、愛、健康或自由來換取金錢。不過由於他們很正直誠信，也很有責任感，所以他們會賺錢養活自己。在穩定狀態下，他們很有想法，很快就能賺到錢。他們頗能成為創業者，但他們認為錢只是一種能量的形式，能夠用來獲得體驗，並提供現實生活所需。他們不需要有太多錢就可以在地球上生存。他們似乎知道有其他的方式可以得到他們生命中想要的東西。錢只是一種被創造出來的能量形式。狀態不穩定的時候，靛藍色人則會發現為了賺錢而工作是另一件痛苦的事。

如同藍色與紫色人（他們在靈性上跟靛藍色人極為相似），靛藍色人無法只為了錢工作。他們不會去做任何剝削別人、破壞環境、危害動物，以及違反生命即神聖的事。賺錢不該是揚棄這念的理由。

## 成功

能夠依循自己的信念生活，最能讓靛藍色人感到快樂。在他們找到答案、得以解釋現實世界，並且與他們內在的覺知相合時，就會覺得自己成功了。當他們能夠與其他靈魂以有意義的方式接觸時，他們也會感到快樂與滿足。這些先進的靈魂在看到世界朝向和平邁進，並且與更崇高的法則趨向於一致時，

會感到無上喜悅。當他們知道自己能夠覺察，並且正遵從他們所知道的最高真理生活，就會感受到成功。

## 職業

靛藍色人很有能力、聰明、敏銳，而且有創造力。他們大多偏好可以讓他們自由創作、旅行，或與不同形式生命產生連結的工作。他們很有耐心、善體人意，能夠跟孩子相處；他們也能夠瞭解，並與動物及大自然溝通。另外，他們還具有藝術方面的創意才華，而且天生能夠理解電腦與科技，同時擁有愛心與同理心，能夠跟他人合作。

靛藍色人其實不喜歡工作這個概念。他們出生時就有一個信念，相信生命是一種能量，應該能夠呈現出任何我們要它顯現的形式。不過，靛藍色人大多在小時候就會經過接受培養與教育，讓他們相信傳統的、有限的吸引力法則，因為這是大家都在努力遵循的法則。

靛藍色人需要空間和自由質疑、探究現實的世界。若是規定太多，在別人底下工作就會綁手綁腳；但如果自己創業當老闆，責任跟負擔又太重。最理想的就是能夠讓他們獨立作業又牢靠的工作。儘管他們會是忠誠又值得信賴的員工，但靛藍色人通常太過於敏感，其實不適合一般的工商企業。他們喜歡能夠讓他們發揮創意、教導他人，或是關心、鼓勵他人的工作。

靛藍色人通常會安靜待在幕後，他們不需要大眾的關注。只是偶爾會有像麥可・傑可森這種有才華的靛藍色人，會因為卓越的才華而成為萬眾矚目的焦點。另外，電影《靈異第六感》（The Sixth

Sense）裡的小男孩，也是靛藍色的小孩。

靛藍色人對以下的職業會感興趣：

| | | |
|---|---|---|
| 藝術家 | 自然資源保育學家 | 諮商師 |
| 設計師 | 程式設計師、操作員、分析師 | 老師、教育工作者 |
| 作家 | 動物保育員 | 醫療人員 |
| 音樂家 | 幼保人員 | 植物學家 |
| 園藝家 | 社工 | |

## 健康

靛藍色人狀態穩定的時候，會認為身體只是一種能量，並知道如何運用心靈的力量來治療自己。不過，一旦他們感到恐懼或迷惘，就會忘了這些力量，他們的健康也會因為感覺無法跟自己的身體連結而變糟。

靛藍色人最大的健康問題與他們的精神健康有關。他們會覺得自己就像是外來者，來到一個陌生的國度，沒有人能夠溝通，也無法有情感的交流。情緒憂鬱會引發身體上的疾病，從普通感冒到肝衰竭都有可能。他們身體的感受力非常敏銳，很容易就超過負荷，這使得他們無法抵禦任何季節會在空氣中傳播的病毒。

當靛藍色人恢復穩定狀態，並且再度與內在的覺知連結，他們就能夠很快地運用意志與意識治癒自己。靛藍色人保持健康最好的方法，就是透過規律的冥想與祈禱，與自己的靈性來源維持連結。

# 第五章　組合生命色彩

我們每個人都有一種或是兩種生命色彩。兩種生命色彩的組合稱為「組合生命色彩」，它們能夠互補，也可能會造成內在衝突。人們在出生之前就選擇了自己的生命色彩。會選擇兩種生命色彩的人，是因為可能有額外的力量、創造力、同理心、聰明或平衡加添在他們身上。舉例來說，紫色人可能會加上綠色來幫助他們採取行動，完成他們對於地球的願景；藍色人可能會加上黃色，來幫助他們多點樂趣，不要把人生看得太過嚴肅。

兩種生命色彩能夠相互調和地運作，提供一種有效、和諧的平衡。不過，在我們懂得這種平衡之前，更常會經歷到兩種生命色彩的衝突，或者我們的人生會受到其中一種生命色彩的主導。

本章將會敘述組合生命色彩有哪些正面的特質與內在的衝突，並說明克服這些衝突的方法。色彩可能有許多種組合，有些很常見，有些則很罕見。比方說，藍色／黃色、黃色／紫色、藍色／紫色是最常見的組合生命色彩；橘色／透明色的組合生命色彩則很少見，或者可能根本不存在。此外，薰衣草紫色比較常與其他色彩成為組合生命色彩，而不是單獨以薰衣草紫色存在（例如，紫色／薰衣草紫色）。請參考介紹各個生命色彩的章節，進一步深入瞭解。

如果無法找到自己的組合生命色彩，請翻閱本書後半部介紹關係的章節，閱讀與你兩種生命色彩相關的部分，瞭解可能帶來的力量、在一起是否合得來，以及未來可能產生的衝突。

## 紫色／黃色

紫色／黃色組合生命色彩的人是有創造力的夢想家、能夠帶來啟發的導師，或力量強大的療癒者。在穩定的狀態下，這個組合生命色彩的人很有活力、樂觀且魅力十足。許多藝術家、運動員、表演者都是紫色／黃色組合生命色彩的人，例如：史蒂芬・史匹柏、喬治・盧卡斯、貓王、披頭四、芭芭拉・史翠珊、席琳・狄翁、雪兒、史汀、約翰・屈伏塔、米高福克斯、梅爾・吉勃遜、丹尼・葛洛佛、天才老爹寇斯比、老虎伍茲、麥可・傑克森、籃球皇帝張伯倫。

人們都喜歡紫色／黃色人。大家喜歡他們黃色部分所散發的愉悅以及活力，還有他們紫色部分所流露的強大吸引力與深度。黃色部分的天真魅力可以中和紫色部分潛在的傲慢。

通常會選擇這個組合生命色彩的人是想要為人類帶來啟發、療癒人們或拯救環境；但是他們通常是選擇運用有創意、有幽默感，或幕後的方式來進行。他們也希望確保自己這樣做很有樂趣。黃色／紫色人大多比紫色人來得敏感，他們的方式也比較體貼，不會嚇到大家。雖然紫色人比較嚴肅與正經，不過黃色人比較幽默。

黃色與紫色人都喜歡藝術、教導或幫助別人、聽音樂、旅行（但黃色人喜歡待在家裡，因此這個組合生命色彩需要兩邊協調一下）。黃色人喜歡旅行是為了要逃避或找樂子，紫色人旅行則是為了認識其他文化與風土民情。這個組合生命色彩對於療癒工作也有興趣。當他們進入這個領域時，大多會想一邊

旅行，一邊從事療癒工作，好接觸到更多的人。

由於他們黃色的部分會想要接觸大自然，紫色的部分則對議題有興趣，因此這個組合生命色彩的人會關心環境議題。在身心都穩定的狀態下，紫色／黃色人活力充沛，能夠想出有創意的點子來幫助世界。大部分人跟這個組合生命色彩的人都不會有太多衝突。只要黃色的部分可以採取行動，實現紫色部分的夢想，這兩個部分就能合得來。

不過，這個組合生命色彩的人還是會在某些地方感覺衝突。紫色部分在地球上的偉大夢想與目標，會讓黃色部分難以負荷，感到害怕，傾向輕鬆一點、過得開心就好。紫色部分的夢想可能會非常龐大，讓黃色部分害怕自己表現得不夠好；黃色這個部分則會過於羞怯、缺乏自信，不相信自己可以完成這樣了不起的事，或者想不出來如何著手完成這樣的夢想。黃色的部分也會抗拒可能增加的工作份量。當黃色部分不想只為了圓夢而那麼辛苦或被綁住，紫色部分就會覺得很沮喪並失去耐心。紫色部分想要馬上實現夢想。為了逃避，黃色部分很可能就會沉溺於負面的成癮物質，例如酒精與藥物。這樣不僅拖延了紫色部分的夢想，也讓他們原本看到的圖像變得模糊。

如果紫色部分想要完成目標或讓生命達到新的境界，但黃色部分卻因為害怕而一直拖延，這個組合生命色彩的人很可能會經歷某種「警鈴大作」。黃色部分不喜歡面對自己的恐懼，引發健康方面的問題，則是對黃色部分最有效的「警鈴大作」：當身體出現病痛，他們就知道有問題。黃色部分應該要學會相信紫色部分，才能想出辦法完成夢想。黃色部分如果相信這個過程會很有趣、也可以很有創意，或是可

以幫助別人，就會支持紫色部分的夢想。

另一個衝突是與金錢跟工作有關。紫色部分會想要自己當老闆，黃色部分則常常對自己的能力沒信心，不敢承諾要創業，而且創業還會有非常多事要做。黃色部分通常不太善於管理金錢，錢一到手裡很快就會不見，這讓紫色部分感到很挫折。紫色部分希望有錢能自由地去做自己真正想做的事情。紫色／黃色人或許可以找個人來管帳，這樣黃色部分就不必擔心如何記錄金錢流向。如此一來，紫色部分就有機會可以維持事業的財務穩定。通常紫色部分一賺到錢，黃色部分就很難忍住不花掉。黃色部分常會把錢花在玩樂或藥物上，這種成癮、愛玩的性格會再一次給紫色部分帶來麻煩。這個問題常出現在演藝圈，很多紫色／黃色人都隸屬於此。為了避免陷入財務困境，紫色／黃色人或許可以一開始就把錢固定存入「未來自由基金」。如果黃色部分相信，現在存錢可以讓自己在未來有更多自由、玩得更開心，也許就能學會比較睿智地使用金錢。

紫色／黃色人大多希望自己的另一半既是可以玩在一起的朋友，也是可以帶來啟發、分享共同夢想的伴侶。他們希望另一半有幽默感、擁有相同的體能活動嗜好（例如：帆船運動、打網球、騎自行車、健行），而且能讓他們自由追尋夢想。當喜歡打情罵俏的黃色部分讓深具個人魅力的紫色部分陷入困境時，就會出現問題。這兩個色彩都很有性吸引力，也都喜歡有選擇。黃色的部分一般都會恐懼給予承諾，因此紫色／黃色人常常會有很多情人，卻無法給任何一個人承諾。在穩定狀態下，如果找到合適的人，紫色／黃色人會是非常體貼、忠誠的伴侶。跟他們最速配的組合生命色彩大多是藍色／黃色、紫色／黃色，有時也可能是綠色／黃色。

如果黃色部分能夠維持活力充沛、身體健康，遠離成癮物質，這個組合生命色彩的人便會是充滿關愛、精力旺盛且深具魅力的成功人士。

紫色／黃色人會對以下的職業感興趣：

| | | | |
|---|---|---|---|
| 演出者 | 運動員 | 物理治療師 | 教師（特別是關於藝術、運動、舞蹈、體育） |
| 演員 | 室內設計師 | 整脊師 | 諮商師、治療師 |
| 音樂家 | 平面藝術家 | 醫師 | 飛行員 |
| 藝術家 | 時裝設計師 | 針灸師 | 勵志演說家 |
| 舞者 | 特效專家 | 按摩治療師 | |
| 作家 | 環保人士 | 魔術師 | |
| 喜劇演員 | 治療師 | 身心科醫師 | |

## 紫色／棕褐色

紫色／棕褐色人既有紫色人想要幫助地球的願景，又具備務實且理性的能力來實現。這個類型的人也能夠將這些想法解釋給需要瞭解數據和事實的人聽。他們能用清楚易懂的語彙描述出遠大的夢想，讓其他人瞭解。紫色／棕褐色人會是現狀與未來很棒的銜接橋樑，能夠創造出前進所需要的步驟階梯。

在所有的組合生命色彩中，紫色／棕褐色和黃色／綠色人最有可能出現內在的衝突。這些組合生命色彩的人，內在存在完全對立的性格。當紫色部分看到偉大的願景時，就會想從第一步直接跳到第五十步；但棕褐色部分會告訴對方，應該要一步步慢慢來，而且必須要注意安全，切合實際。在身心穩定的狀態下，棕褐色部分或許會被說服直接從第一步衝到第五十步，但還是會堅持每一步都要確實執行；這可能就會讓紫色部分覺得，自己的夢想要耗費很久的時間才能實現。

這兩個色彩常會彼此爭鬥：棕褐色部分的性格最常會批評紫色部分，指控另一方不切實際，只會做夢。這個組合生命色彩的人或許很難理解自己為何會有這些感受、夢想與情緒。熱情的紫色部分會有強烈的情緒感受，理性的棕褐色部分則不喜歡表達自己的感受。不過，壓抑這種強烈的情緒感受，有可能會導致身體健康出問題。如果這個組合生命色彩的人無法朝向紫色的夢想前進（即使小心翼翼），內在的衝突與挫折就會愈演愈烈。紫色／棕褐色人發生中風、心臟病與癌症的比例最高。當這個組合生命色彩的人無法保持穩定，或是兩邊意見不合而導致衝突，真的會很難受。如果紫色／棕褐色人能夠朝向紫色部分的夢想邁進，身體就不會出問題。讓兩邊雙贏非常重要，紫色部分的夢想必須完成，棕褐色部分則必須能夠一步步確實執行，而且還要在財務上無後顧之憂。

紫色部分想要獨立自主，自己當老闆；棕褐色部分想要有穩定的薪水、健康與退休福利帶來的安全感。紫色／棕褐色人會喜歡在知名企業工作，但要讓他們有某種自主權，例如擔任公司主管，或是在律師事務所擔任律師、在大學擔任教授。紫色部分會想要賺到足夠的錢，讓他們可以去做自己在世界上真正想做的事，棕褐色部分則相信只有耐心、努力工作與聰明投資，才能讓他們（在退休後）去實現紫色

部分的夢想。紫色部分會覺得這樣的等待實在太難熬，因此如果他們的工作可以涉及某個重大事情，會讓他們比較有成就感。紫色／棕褐色人必須要感到自己正在完成一個更遠大的目標，同時又能為他們及家人提供財務上的安全感。

紫色／棕褐色人或許會想透過所有正常管道與既的體制，以一種按部就班、正當的方式，試圖改變司法或教育體系。紫色部分想要旅行，棕褐色部分則會評估這時候去旅行太不務實或經濟上無法負擔。紫色部分這時就最好等到有假、經濟狀況許可時再去旅行。紫色部分想要自由，棕褐色部分則想要安全感；紫色部分想像並夢想著遠大的計劃，棕褐色部分則會保持理性、講究實際、善於分析。假設紫色部分想要成為音樂家，棕褐色部分就會說服對方，還是做現在穩定、薪水不錯的工作比較好。

當紫色部分在眾人面前演說時，啟發性的語句與想法會自動浮現；棕褐色部分則會想知道這是根據什麼研究數據與資料得來的訊息。紫色／棕褐色人會是出色的調解人，因為他們不僅能夠看到更遠的未來，還有聰明的頭腦能夠檢視所有細節與事實。紫色部分也能夠幫助大家相互溝通，人們因此相信紫色／棕褐色人會是客觀公正的仲裁者。如果紫色／棕褐色人保持穩定，他們會贏得旁人的敬重和景仰。

在關係方面，紫色／棕褐色人是很傳統、值得信賴，也很有同理心的伴侶。他們會顯露出品味高雅的吸引力、隱約散發出強大的性感魅力，同時又有一種沉穩的穩健感，而吸引無數人。不過，由於這個組合生命色彩有完全相反的性格，他們也可能像《化身博士》的主角一樣，在今天坦率、健談、熱情洋溢、溫暖、充滿愛，明天又變得封閉、務實、謹慎小心。他們能夠精彩地講出生動的故事，然後突然又

引用數據與事實，讓現場的人一頭霧水，不知道原本那個充滿魅力的講者在說什麼。人們會受到他們那種沉靜的魅力所吸引，但是卻不被允許太靠近。雖然紫色部分想要成為矚目的焦點，但是棕褐色部分卻非常內向，注重隱私。

紫色／棕褐色人會對以下的職業有興趣：

| | | | |
|---|---|---|---|
| 律師 | 商界人士 | 電視臺主管 | 太空科學家、研究人員 |
| 調停者 | 投資者 | 心理學家 | 天文學家 |
| 政治家 | 社工 | 印刷業者 | 電影、電視從業人員 |
| 物理學家 | 演說家 | 出版業者 | 音樂家 |
| 電腦技術員 | 新聞播報員 | 編輯 | 神職人員 |
| 科學家 | 記者 | 作家 | 教師 |
| 公務人員 | 財務顧問 | 土地開發商 | 教授 |

## 紫色／綠色

這個組合生命色彩在光環中力量最強大。紫色部分的驚人願景加上綠色部分實現夢想的能力，當兩者同心協力時，沒有什麼事是這個組合生命色彩做不到的。當紫色／綠色處於平衡狀態，並且保持穩定時，他們能夠寫作、製作、導演出一整部電影，幾乎可以一人獨立完成。他們能夠打造出無人匹敵的金

融帝國。事實上，這個組合生命色彩在穩定的狀態下無人可敵。但由於綠色和紫色是生命色彩中最強大、最有活力的兩種色彩，萬一狀態不穩定，也會引發最可怕的爭鬥。

綠色是唯一能夠成功破壞或抑制深具魅力的紫色的生命色彩。綠色部分通常不相信紫色部分的願景，因此會加以批判。綠色部分會想要知道紫色部分要如何完成夢想；如果紫色部分狀態不穩定，就會看不到該採取什麼步驟，或者不知如何敘述自己的計劃，而只看到最後的圖像。綠色部分會質疑這個夢想太不切實際，充滿太多不可預測的困難，然後列出所有不可行的理由：時機不對；缺少資金、訓練或教育；人們沒什麼反應，覺得很愚蠢；規模太過於龐大。

如果綠色部分叫紫色部分放棄夢想，那麼此人會覺得非常洩氣、鬱悶，最後就會看不起自己，還有那「愚蠢的」夢想。紫色部分擁有夢想時，無法允許綠色部分將其視為一文不值。紫色部分得激勵綠色部分擬定計劃、完成夢想。不夠專注的紫色部分往往會看到太多可能的願景，使得綠色部分簡直要抓狂。綠色部分想要的是條理、紀律和掌控。紫色／綠色人或許可以明智地列出優先順序的清單，這樣綠色部分就會覺得一切都在掌控之中。

紫色／綠色人常會害怕自己的力量，害怕自己綠色的部分不夠敏銳、愛控制，紫色的部分驕傲自大。這兩個部分會非常質疑彼此的負面特質，往往因此壓抑到正面特質。紫色部分不信任綠色部分幹勁十足、能力強大的天性，擔心會嚇跑其他人。綠色部分則不相信紫色部分的夢想，害怕萬一失敗了，就會被同儕瞧不起。

在穩定的狀態下，紫色／綠色人會以身作則，藉由完成願景目標來贏得旁人敬重。當身心穩定時，他們沒有必要去傷害別人。石油大王洛克斐勒、《引爆潛能》作者安東尼・羅賓（他還有黃色部分）都是紫色／綠色的代表人物，他們完成偉大的願景，激勵並啟發了全世界的人，可說是才華洋溢。

紫色／綠色人還有其他特質會造成內在衝突。紫色部分喜歡旅行，但綠色部分不喜歡去煩惱旅行時會帶來的不便。如果紫色／綠色人要去旅行，他們會以最頂級的規格去旅行：高級旅館、高級餐廳，還有高效率的旅遊行程安排。

衝突也會出現在關係上面。深具魅力的紫色部分就像磁鐵一樣吸引眾人，但綠色部分的保護罩則會把大家都推開。綠色部分在選擇朋友時標準很高，偏好自己獨處；紫色部分則喜歡跟人社交。這個組合生命色彩的人需要平衡一下，否則這兩個部分永遠都無法達成共識，或是和睦相處。

紫色部分喜歡有充滿愛意、願意給予鼓勵支持的伴侶相陪，但由於綠色部分標準很高，又是極度的工作狂，很少人能夠跟這個組合生命色彩的人一起生活。紫色／綠色人想要完成夢想的熱情、精力和慾望是如此強大，要滿足他們這種渴望會是一大挑戰。這種想要擴展、探究新的領域、攀升至頂點的慾望，會影響生活的各個面向，包括工作、關係、財務，甚至是性。當紫色／綠色人迫切想要完成自己的夢想與崇高的理想時，可能也很難找到足以與他們能力和能量相匹配的特殊伴侶。

金錢則會為這個組合生命色彩的人造成不同的難題。雖然他們都想要有錢，但綠色部分是想要用錢

獲得權力與物質，紫色部分則想用錢換得自由。紫色部分只會為他們所相信的計劃工作，如果綠色部分只是為了賺錢而工作，這個組合生命色彩的人就會產生衝突。紫色／綠色人會蓄意破壞計劃，或是懲罰自己，因為自己參與了其實根本不想做的事情。這兩個色彩部分能夠輕易吸引財富，所以他們應該從來不會出現什麼財務困難，除非是抑制了自己強大的能力，或是因為紫色部分覺得挫折而亂花錢。綠色與紫色人大多是世界上最富有的人。通常紫色／綠色人都很有錢，他們會用在自己身上，也會幫助他人。

家庭狀況也會是紫色／綠色人的一大考驗。紫色部分很愛家人，想要花時間好好陪伴他們，他們會認為跟家人建立感情是有價值的事。不過，他們也覺得自己在地球上有重要的工作要去完成。綠色部分則通常是工作狂，很少在家，所以紫色／綠色人可能就會出現問題。

孩子的管教會是一大難題。紫色部分通常屬於充滿愛心、同理心的家長，綠色部分則認為家裡要有紀律，需要控管，而不太會流露情感。如果綠色部分（因為工作不常在家）厲聲責罵小孩，紫色部分就會覺得充滿愧疚感而非常掙扎。不過，如果他們可以建立一個比較平衡的時間分配表，除了工作的時間之外，還要有留給家人的時間，生活應該會比較快樂圓滿。

紫色／綠色人最大的一項衝突與決定他們的人生目的有關。紫色部分有強烈的渴望想去拯救世界，啟發全人類；綠色部分則是比較關注在學習、成就，還有在財務上獲得成功。綠色部分認為想要改變世界不僅不切實際，而且也不大可能。如果紫色／綠色人建造了龐大的金融帝國，但在改善地球現況上毫無建樹，他們會覺得空虛不得志。紫色部分的夢想不能被忽略，兩個色彩都需要被滿足。

綠色部分常會跟紫色部分協議「只要經濟穩定，賺到了錢」，就同意紫色部分去追求夢想。但不論綠色部分賺了多少錢，他們永遠都覺得不夠。紫色／綠色人就會愈來愈灰心喪志，卡在想賺進更多錢跟迫切想實踐夢想之間。

紫色／綠色人絕對會想自己當老闆。他們有太多願景、力量太強大，無法受限於任何人。他們必須自己創業賺很多錢，不然就是完成幫助別人的夢想，或者這兩種方式交替。比方說，綠色部分的正職可以是經營銀行或銷售房地產，下班之後紫色部分就可以去參與社會議題。

人們會選擇紫色／綠色這個組合生命生彩，通常是因為想要對世界有重大影響力。紫色部分的夢想家想要確定自己有足夠的聰明才智、雄心壯志與動力來完成目標，所以才會加上綠色部分的能力與特質。紫色／綠色人會對以下的職業有興趣：

| | | | |
|---|---|---|---|
| 製作人 | 店鋪擁有者 | 財務經紀人 | 政治家 |
| 導演 | 演出者 | 股市投資人或顧問 | 企業家 |
| 出版業者 | 作家 | 公司老闆與總裁 | 企業顧問 |
| 經理 | 研討會與工作坊統籌者 | 企業家 | 房地產仲介 |
| 銀行老闆或經理 | 講者 | 政治資助者 | 行銷宣傳人員 |

## 藍色／紫色

藍色／紫色人不像某些組合生命色彩的人會經歷那麼多內在衝突。由於藍色與紫色同屬於情感類生命色彩，兩者都充滿了愛與同理心。不過，紫色部分通常會比藍色部分有更強烈的性格特質。他們不像藍色部分那麼愛哭，也不像藍色部分對狀況很在意，不過兩者都非常關心別人，而且情感豐富。

藍色／紫色是個有趣的組合，雖然是同一個人，但卻像是在過著兩個人生。藍色／紫色人出生後可能先是以藍色部分為主導，他們在人生中最重視的就是關係、婚姻與家庭。他們剛開始可能從事的職業是諮商人員、教師或護理師，都是以幫助別人為主。在他們的生命中的某個階段，他們會轉向紫色的部分，婚姻和家庭不再是他們人生中最在乎的部分。他們還是非常愛自己的家人，但會覺得非常想要幫助更多的人。他們會渴望出去旅行、寫作、繼續唸書，或者涉入人道相關議題。

這個轉換會讓藍色／紫色人極為愧疚與困惑。在這段時期，他們甚至會懷疑自己當初為何想跟現在的伴侶結婚。（不想結婚，並不代表此人一定是藍色／紫色人。藍色／黃色人也會改變對婚姻的想法，但是這個組合生命色彩是真的會這樣，因為他們比較想要玩樂與自由。）當藍色／紫色人轉換到人生新的階段，他們會出現強烈的渴望，想要去做更有意義、更有力量或更有成就感的事。他們也想要更自由發展。藍色／紫色人必須知道，他們不一定要拋棄家庭才能去追逐夢想，他們只需要調整自己的生活，把自己新的渴望融入其中即可。

這個組合生命色彩會有一些內在衝突。藍色部分常常會恐懼紫色部分的力量與潛在的傲慢。紫色部分的夢想也讓敏感的藍色部分覺得太過龐大、難以負荷。藍色部分會想：如果我那麼成功，別人還會愛我嗎？如果我成為強大的領導者，會不會太過厲害，而不再需要家人跟朋友？如果我可以獨立自主、能力夠強，我還會需要重要的伴侶關係嗎？如果藍色部分害怕自己因此很孤單，沒有人愛，就會去壓抑紫色部分的力量。

藍色／紫色人在生命中的轉換會類似以下例子：原本充滿愛心的藍色指導老師，突然決定想要開辦教師社群的工作坊、寫書、拍影片，這樣就可以擴大範圍，幫助更多的人。其他栗子諸如：一個藍色／紫色的老師決定辭掉教職去世界各地旅行，認識其他文化，成為了記者；原本謙虛不愛出風頭、樂善好施的藍色人，開始對賺錢很有興趣，這樣就可以更自由地去旅行，或者追尋遠大的夢想。這些自我激勵的新慾望一旦出現，就會讓一個藍色人變得比較只顧自己。

還有其他從藍色開始轉變為紫色人格特質。例如，講究道德與婚姻忠誠的藍色部分，會開始對性愈來愈感興趣；突然之間，忠貞不二的藍色部分發現自己開始想發展婚外情。這造成的驚恐與困惑會令他們完全難以承受。通常，會發生婚外情是因為藍色部分害怕要去追尋紫色部分的夢想，所以下意識地想把注意力轉移到另一段關係上，這樣可以滿足這個奇怪、新出現、想要改變的衝動。歸根究柢，藍色部分一直都認為關係可以滿足自己所有的需要。從外遇獲得的滿足感很小，但卻延遲了需要在生命中做更多事的迫切感。要平衡這種愈來愈強烈的性吸引力，藍色部分反而應該要將自己的精力導入紫色部分的

新夢想。

要讓這個組合生命色彩的兩個面向都感到快樂，其實是需要一個充滿愛、穩定、能鼓勵支持對方夢想的伴侶。這個組合生命色彩的人還需要有一份能夠自由旅行、幫助他人的工作。儘管金錢不是這個組合生命色彩的人最在乎的東西，但還是得賺到足夠的錢，才能不受拘束地追求夢想。

雖然家庭一直都很重要，不過藍色／紫色人永遠無法滿足於只待在家裡。他們必須要感覺自己正在為世界做出某種有價值的貢獻，包括透過藝術、音樂、戲劇、攝影或寫作來發掘創意，還有加入能夠造福人類、動物或環境的組織。

藍色／紫色人若要維持穩定狀態，必須要學習去愛、去支持並相信自己的夢想與願景。（藍色部分通常會愛任何人、支持每個人——除了自己。他們必須學會支持自己紫色的部分。）

好萊塢傳奇女星伊莉莎白・泰勒（Elizabeth Taylor）是藍色／紫色的代表人物。德蕾莎修女也是藍色／紫色人，但也帶有黃色，請注意她黃色部分所帶來的勇氣與幽默感。這個組合生命色彩一開始可能會對於藍色部分的職業有興趣，之後就轉向對紫色部分的職業有興趣。請參考第四章關於藍色與紫色人感興趣的職業。

藍色／紫色人會對以下的職業有興趣：

教師
語言治療專家
演說家
心理學家
社福機構主管
政治、人道主義、環保議題的主管或志工
治療師
攝影師
旅行社人員
神職人員、牧師
記者
空服員
傳教士
媒體從業人員
導遊
音樂家
社工
外語口譯員
播報員
作家
演員
藝術家

## 黃色／綠色

這個組合生命色彩的人在身心平衡的穩定狀態下，是很有創造力的天才型人物。但如果不夠穩定，這類人就會出現所有組合生命色彩人當中最嚴重的內在衝突。當綠色部分穩定時，他們會極為聰明；當黃色部分穩定時，他們會擁有大量的創意，因此這個組合生命色彩的人幾乎可以創造一切。地球上最優秀的一些作家或發明家，都是黃色／綠色人。他們還有機智風趣的幽默感。

這個組合生命色彩的人大多偏好自己創業，因為綠色與黃色的部分都討厭被指使去做事。綠色部分在全權負責的時候表現最好，黃色部分則喜歡自己安排日程表，才比較有彈性。不過，兩者的內在衝突正好就是出現在工作這個領域。綠色部分通常是工作狂，認為人必須奉獻自己、長時間努力工作，才能

獲得成功，他們不知道怎樣放鬆。黃色部分不喜歡這麼拼命工作，比較喜歡去玩樂、享受人生。黃色部分認為，工作必須要好玩或有創意，不然他們很快失去興趣。黃色部分很容易換工作；綠色部分則相信，人應該要致力朝特定方向前進，直到達成自己的目標。黃色與綠色部分會在完成工作上激烈爭鬥。如果黃色／綠色人拖延或沒有完成目標，他們會看輕自己，認為自己沒有責任感，根本不會成功。

綠色部分認為富有和成功非常重要，黃色部分則很慷慨大方、隨性花錢，幾乎錢一到手就花掉了。黃色／綠色人通常把錢花在玩物上，例如速度極快的跑車、昂貴的體育裝備、電玩、高價珠寶，或任何好玩、浮華的東西。雖然買這些東西對會賺錢的黃色／綠色人而言是還好，但是想要買這些物品的慾望時常會帶來麻煩。這個組合生命色彩的人一般都在跟金錢奮戰，除非他們身心平衡、處於穩定狀態，否則沒有獲得滿足的綠色部分就會花一堆錢彌補自己，黃色部分則會讓錢從指縫中溜走。

黃色／綠色人在交朋友時也會遇到內在的衝突。黃色部分非常友善、容易相處。他們喜歡人們，人們也很容易被他們吸引；但綠色部分往往會在自己周圍建起防護牆，只讓一些經過篩選的人進來。黃色部分喜歡擁抱別人，綠色部分則是會有禮貌地握握手，保持適當距離。黃色部分希望大家都喜歡他們，綠色部分並不在乎別人喜不喜歡自己，常常讓別人受不了或感到畏懼。黃色／綠色人會讓別人覺得陰晴不定，可能某一天開懷大笑，興致很好；第二天卻變得很嚴肅，封閉自己。某一天覺得很孤單，沒有朋友；第二天卻又覺得很享受自己一個人的時光。黃色／綠色人常常會在挫敗中對著別人大吼，然後又覺得這樣很糟糕，就試著講講笑話逗大家開心。黃色／綠色人這種有時粗暴、有時又很友好的態度，會讓別人很困惑。

綠色部分喜歡擬訂計劃，快速採取行動；黃色部分則喜歡順其自然，輕鬆一點。沒法閒下來的綠色部分會寫待辦清單；但對清單反感的黃色部分，很快就會把清單弄丟。綠色部分是很嚴肅地看待人生，什麼事情都擔心，特別是跟錢有關的事；黃色部分則是什麼事情都輕鬆面對，相信船到橋頭自然直。黃色部分很敏感，容易掉淚；綠色部分則是覺得應該要控制好情緒。在這個組合生命色彩的人旁邊，人們常會覺得好像有兩個人住在同一個身體裡，在那裡互爭主導權。

黃色／綠色人若要使內在趨於和諧，兩個部分都必須要擁有他們覺得重視的東西。黃色部分需要有時間放鬆、玩樂、運動、度假。雖然工作狂的綠色部分擔心黃色部分會不想回來繼續工作，但是黃色部分通常還是會帶著新增的活力與煥然一新的創意回去上班。唯一能讓黃色部分全然與綠色部分合作的方式，就是黃色部分喜歡那份工作，而且經過篩選。工作要不是很有趣、有創意，就是跟療癒有關，或是可以彈性上下班。黃色／綠色人必須要在以下之間達到平衡：閒暇放鬆跟自我激勵、有創意與賺錢、結交朋友和花時間自己獨處。

綠色部分必須要達成自己的目標，偶爾承擔風險；黃色部分通常就會拖拖拉拉，害怕面對風險。黃色／綠色人想要變有錢，卻又不想努力工作。中樂透、賭博贏錢或繼承一大筆遺產之類的事，就會很吸引黃色／綠色人。

黃色／綠色人若想過得快樂、平穩，兩個部分得學會互相支持。黃色部分可以提供有創意的點子與解決方案、不拖延，並且學會給出承諾，來幫助綠色部分完成目標。黃色部分必須要相信綠色部分能夠

完成任何他們全心全意去做的事情，也必須學會運用自己難以置信的精力來幫助綠色部分行動。還有，黃色部分可以帶進幽默感帶，讓綠色部分不會過度擔心與焦慮。

綠色部分應該要支持黃色部分，讓他們有足夠的時間玩樂、放鬆、運動，而不會佔用到他們的空閒時間。綠色部分得要在心理層面上支持、鼓勵黃色部分克服恐懼和缺乏自信。還有，綠色部分不要太逼迫黃色部分，或者一直批評，免得造成黃色部分背後出問題。綠色部分應該先決定好自己要完成的目標，擬好計劃，然後聽聽黃色部分有創意的想法。另外，綠色部分要讓黃色部分懂得自律，遠離負面的成癮物質

這兩過部分若不能好好合作，達到平衡，黃色／綠色人會一直處於內在衝突之中，無法完成目標或享受人生。處於穩定狀態、身心平衡的黃色／綠色人，不但樂於工作、玩得開心，還能夠賺到想要的大把鈔票。他們既可以完成目標，同時又不會把人生看得太過嚴肅；他們朝氣蓬勃、能力十足、活力充沛、充滿各種創意的點子。很多卓越的發明家、科學家、醫師、作家、創業家、教練與作曲家都是這個組合生命色彩的人。

黃色／綠色的代表人物包括：露西兒・鮑爾（Lucille Ball）[13]、阿諾・史瓦辛格、唐納・川普。

黃色／綠色人會對以下的職業感興趣：

⑬ 美國著名喜劇女演員，一生活躍於電影、電視、舞臺等各種媒體，成為美國文化一個時代的象徵。

- 醫師
- 珠寶商
- 餐廳、球隊、健身房、汽車修理廠、建設公司老闆或經理
- 整脊師
- 經理
- 職業運動員（特別是個人競賽項目，例如：高爾夫球、網球、健美）
- 企業家
- 彩券得獎者
- 汽車業務員
- 法官
- 喜劇演員
- 房地產仲介商
- 律師
- 製作人
- 音樂家、作曲家
- 代理商
- 作家
- 飛行員
- 發明家

會選擇黃色／綠色這個組合生命色彩來到地球的人，是試因為他們想要成為能力很強、很富有、很有成就的發明家、藝術家、治療者、運動員或企業人士，但是他們也想要過得開心、享受人生。

## 黃色／綠色／紫色

常常會有黃色／綠色這個組合生命色彩的人，將紫色另外加在這兩個色彩的光環外圍，來平息自己的內在衝突。加上紫色的特質還有另一個目的：幫助地球，如此便可以超越黃色／綠色的衝突，提升他們的目標與夢想。這很像兩個兄弟對於各自想要的東西意見不合，兩邊都想贏過對方。但是，如果兩方共同擁有一個遠大過於他們自身的夢想，他們就會摒除不同的意見，同心協力完成夢想。

黃色／綠色人常會在人生許多領域發生內在衝突，例如工作、感情或健康，在加入了紫色部分之後，

他們會突然之間發現自己受到啟發，渴望利用自己的才幹幫助全世界的人，或變得更具有靈性。這些新的目標創造了新的快樂。例如，一個黃色／綠色的詞曲創作者，原本很喜歡自己富有創意而且成功的事業，也賺了很多錢；結果決定開始創作啟發人們、改變世界的歌曲。另外，有一個黃色／綠色人，原本一直非常擔憂健康問題，在加入了紫色部分的新夢想、受到鼓舞後，整個人就快樂起來，再也不會一直只關注或掛心健康狀況，後來身體便奇蹟般好了起來。

還有一個黃色／綠色人，他的內在衝突一直反映在感情上面，自從專注在遠大於自己感情問題的夢想計劃之後，突然就發現到自己得到了滿足，內在充滿和諧。感情關係後來就呈現新的穩定狀態。

如果黃色／綠色人加入了新的紫色部分，卻無法保持穩定，並且專注在紫色部分的夢想上，那麼他們就只是帶進來另外一層的渴望，加深原本的困惑。但如果黃色／綠色人加入紫色光環後能維持穩定，就會變為非常有創意、很有才能、積極行動的人道主義者。

## 棕褐色／綠色

這個組合生命色彩的人能夠構思與擬定計劃，並且很有耐心，能夠完成所有細節。綠色人往往需要另外找人負責處理繁瑣的細節部分，但棕褐色／綠色人能夠自己做完所有的事。

這個組合生命色彩的人很少見，因為通常很少人會擁有同屬身體類、心智類或情感類的兩種生命色彩。如果有的話，就代表這個人在一生中會過著兩種不同的人生。（詳細說明請參見導論的部分）當這個組合生命色彩的綠色部分失去耐心，堅持直接跳到最後一個步驟，盡快完成事情；但棕褐色部分想要慢慢來，謹慎地一步步進行，不能漏掉任何細節時，衝突就會發生。綠色部分會因為棕褐色部分非得按部就班而覺得很挫折。棕褐色／綠色人常常會一直不斷有「快點！可是還是要小心」這樣相互拉扯的內在對話。

綠色部分顯然是大膽冒險的人，而棕褐色部分害怕風險，會偏好安全與穩健。喜歡自己當老闆的綠色部分，很快就會受不了棕褐色要求有固定的薪水。雄心壯志的綠色部分需要不斷面臨挑戰，完成了某件事之後，就想要接著去做下一個計劃。另一方面，棕褐色部分討厭改變，比較傾向維持現狀。綠色部分會想辭掉工作，往自己的目標邁進，但是棕褐色部分就會擔心失去安全感。

把時間跟精力投注在職涯而非關係上面，對棕褐色／綠色人比較重要。他們不太會跟別人親密往來，而且絕對是用頭腦在思考事情。這種性格很少會表達情感。拘謹的棕褐色部分甚至常常會壓抑綠色部分偶爾爆發出來的挫折感。

要讓這兩個部分和諧相處，棕褐色部分必須要信任綠色部分的敏捷、聰明與能力，還得要能承擔風險，不要老是拉住綠色部分。同時，綠色部分應該要對棕褐色部分有點耐心，不要一直逼對方，或是過於擔心。如果綠色部分可以放輕鬆一點，不要那麼苛求，那麼棕褐色部分會提供綠色部分一個安心穩定

的生活。這個組合生命色彩喜歡可以動腦，但又務實與穩健的職業。棕褐色／綠色人大多會選擇辦公室工作，特別是跟處理金錢、建立財務系統或分析預算有關。

棕褐色／綠色人會對以下的職業有興趣：

會計師　行政主管
保險經紀人　稅務分析師
銀行家　公職人員
投資顧問　政府單位員工
大公司員工　研究人員

綠色部分之所以會選擇加上棕褐色部分，是為了要去經歷完成計劃的整個過程。他們會獲得發想點子的成就感，同時也執行所有的步驟，完成計劃。另外，這個組合生命色彩的棕褐色部分，之所以會加上綠色部分，則是為了要加快他們的腳步，不要讓自己卡住。棕褐色／綠色人到了中年會變得比較勇於冒險，應該是綠色部分已經厭煩了棕褐色部分的小心翼翼，終於要強勢主導。也有可能是反過來的情況，年輕、喜歡冒險的綠色部分可能會發現，當自己年紀增長，反倒變得愈來愈謹慎小心。雄心抱負與講求實際之間的平衡，對棕褐色／綠色人來說永遠非常重要。

## 棕褐色／黃色

這是一個常見的組合生命色彩。身體方面的運動、休閒時間、歡笑玩樂，對棕褐色／黃色人來說不可或缺的，但財務穩定、工作有意義、生活安穩也是極其重要。

在穩定狀態下，棕褐色／黃色人很有想法、可靠負責，同時很敏感、體貼、喜歡玩樂。人們都很喜愛他們。不過，若是處於不穩定的狀態，他們會變得愛挑剔、心胸狹窄（大多出於恐懼）、懶散、無所適從、不負責任、意興闌珊、很不快樂。

棕褐色／黃色人的內在對話還蠻教人費解與氣餒。棕褐色部分與黃色部分兩邊所渴望的跟重視的都剛好相反。黃色部分比較愛玩，棕褐色部分則是非常嚴肅、認真、踏實、努力工作。由於棕褐色部分希望自己一直是可靠、腳踏實地、有責任感的人，他們會對黃色部分那種無憂無慮、不負責任的想法很不滿。喜歡玩樂的黃色部分會誘惑棕褐色部分蹺班，結果讓棕褐色部分覺得自己很懶惰、沒有生產力、意志薄弱。不過，也常看到棕褐色部分為了壓制黃色部分，逼對方坐在辦公室裡工作，不准偷懶跑去玩。黃色部分則會故意壓抑自己的創意、耗掉自己的精力、沮喪灰心、把自己搞得體重過重或健康出問題，來加以破壞跟抗拒。

金錢方面也是一大難題。棕褐色的部分對自己的財務非常審慎小心，也會負起責任；黃色部分則是用錢很大方，隨性且不當回事。如果棕褐色／黃色人沒有確實遵守財務規劃，創造長期的財務安全感，

就會覺得非常沮喪。

這兩個部分的情感特質也是大相逕庭。雖然黃色部分很愛玩樂，但他們也很敏感，很容易落淚。另一方面，棕褐色部分大多把自己的情感藏在心裡。壓抑情緒會導致棕褐色／黃色人出現嚴重的健康問題。不過如果運用得當，這些特質也能夠讓棕褐色／黃色人保持平靜，以理性思維與通情達理來平衡自己感性的部分。

面對問題的方式，則是教棕褐色／黃色人左右為難。黃色部分大多迴避衝突，但棕褐色部分會認為應該要解決問題。如果他們一直不去面對問題，會對自己感到很失望。與其這樣，不如讓黃色部分想出有創意的解決方法，提供給棕褐部分，讓他們依據這些解決方法採取行動。

這個組合生命色彩的人很難維持長久的關係。棕褐色部分想要有穩定、忠誠、長久的關係，黃色部分卻害怕專一、逃避承諾。棕褐色／黃色人往往很年輕就結婚，之後經歷中年危機，想要抓住青春的尾巴。但不是所有棕褐色／黃色人的婚姻都會在人生這個階段分崩離析。棕褐色部分大多還是很理性，也很忠貞，會努力克服這個危機。

棕褐色與黃色部分多半都害怕風險。這樣的人很可能是以緩慢穩健、條理清楚的方式來度過人生，因此常常讓比較率性愛玩的黃色部分覺得很挫折。儘管棕褐色部分都要看數據跟資料來加以確認，不過黃色部分卻會對於新的想法與冒險比較好奇。在穩定狀態下，這個組合生命色彩的人至少要學習敞開心

胸，在直接批評某個想法之前，先瞭解一下也無妨。

棕褐色／黃色人必須要做自己喜歡的工作才行。他們的工作可以跟創意相關，也可以是體力方面的，但必須要一直很有趣。如果他們不喜歡自己的工作，他們黃色的部分就會對工作厭煩，開始叛逆。這個組合生命色彩的人一般喜歡設計東西，或是拆解東西，看它們是怎麼運作的，然後再將其恢復原狀。畫畫、設計、整修、建造、測量、演奏、創造、治療，都會是棕褐色／黃色人喜歡從事的工作。

如果這個類型的人想要有健康快樂的人生，那麼他們棕褐色與黃色部分得要互相平衡、和諧共處。如果棕褐色部分讓黃色部分有時間運動、玩樂、放鬆，黃色部分就會以良好的健康、喜樂與創造力來回報。當黃色部分和棕褐色部分好好合作，提供活力幫助對方完成工作，棕褐色部分也會覺得在財務上比較安心，而鬆了一口氣。

棕褐色／黃色人會選擇這樣的組合生命色彩，是因為他們不僅希望自己有想法、愛玩樂，或可以治療別人，還希望自己是值得信賴，有責任感的人。選擇這些色彩也可能是因為他們對這個世界很好奇。接觸大自然對他們非常有療癒的效果。知名影星哈里遜・福特與凱文・科斯納都是黃色／棕褐色加紫色人，前面提過的知名鄉村歌手約翰・丹佛也是。

棕褐色／黃色人會對以下職業感興趣：

建築師　醫療技術人員　飛行員　技術人員
工程師　廚師　郵務人員　電工人員
繪圖員　程式設計師　平面藝術家　木工師傅
設計師　農夫　作家　水電師傅
醫師　植物學家　音樂家　美髮師
按摩治療師　維修人員　演員　衛生稽查員
牙醫　保育巡查員　技師　房屋檢查員

## 藍色／綠色

比起其他的組合生命色彩，藍色／綠色這個組合生命色彩更具體展現了陰與陽、男性與女性的特質。藍色部分呈現了許多被認為是屬於女性的特質，包括充滿關愛、呵護、情感豐富、善於接納，綠色部分則表現出比較男性的特質，包括理智、堅定自信、積極進取、行動力十足。當藍色／綠色人處於穩定狀態，而且這兩個部分結合得相當和諧時，他們會是能力很強的助人者與人道主義關懷者。他們會採取行動，幫助別人。

選擇這個組合生命色彩的人是出自於藍色部分去關愛、幫助他人。他們之所以加上綠色部分，是要確保自己能以所有的愛和同理心來完成某個事情。藍色／綠色人想要用實際行動來證明，要關心與幫助他人並不是只有嘴巴說說而已。

藍色／綠色人非常善於管理非營利組織或其他助人機構。這些很有能力但又有愛心的人都是幹練的主任與管理人。他們喜歡在跟別人一起合作、組織計劃、發揮想法之間達到平衡。他們大多是擔任主管職位，因為他們不喜歡受別人指揮。他們是積極的創業者。當他們穩定且處於平衡狀態時，會非常具有活力、積極進取，同時關心別人。

藍色／綠色人常會有持續又惱人的內在對話。藍色部分與綠色部分往往會互相批評，尤其是關於關係、工作、錢的問題，他們的目標不同，重視的也不同。

關係方面包括了婚姻、家人，還有朋友與同事的關係，這是他們最大的挑戰。藍色部分想要與另一半有充滿愛意的長久關係。他們會在關係中付出一切，而且願意做任何事情換取被愛。另一方面，綠色部分通常是把工作與事業放於關係之前。他們不需要關係，而且大多對藍色部分想要的美好關係無動於衷。當藍色部分想要找一個伴侶，綠色部分就會爭論根本不需要另外一個人，才能讓自己的生命完整。

綠色部分相信，在職場上成功應該就可以獲得滿足。藍色部分渴望有一個理想的愛人伴侶，但綠色部分挑選伴侶的標準非常高，大多會把可能的人選推開或把對方嚇跑。綠色部分會說是因為這些人很無趣，也不適合。覺得灰心、寂寞的藍色／綠色人忍不住會想，自己是不是永遠都無法找到一個可以同時滿足藍色與綠色部分需求的伴侶。若最後終於找到另一半，藍色／綠色人可能這一刻深情款款、支持對方，下一秒又變得沒有耐心，要求一大堆。這會造成這個組合生命色彩的人很愧疚又沮喪，這種矛盾的行為表現等於是把另一半拉過來，然後又把人家推開。

藍色／綠色人雖然充滿了關愛，但對朋友跟同事的要求也很高。他們很喜歡跟人在一起，但又會覺得自己一個人可以完成更多的事。大家常常受到他們藍色部分的體貼與關心所吸引，但卻又經常覺得有一道看不見的牆擋著，而這檔牆一直是把綠色部分團團包圍。綠色部分會特別篩選朋友，藍色部分則是可以跟任何人做朋友。藍色／綠色人這種截然不同的個性會讓其他人不知所措。藍色／綠色人唯有接受自己這兩種鮮明的性格，並且加以平衡，才不會覺得自己有精神分裂症。

養育小孩方面也會是個難題。充滿關愛的藍色部分認為自己應該在家哺育、照顧小孩。可是擁有雄心壯志的綠色部分想要、也需要在工作上大力發揮。藍色／綠色人需要跟別人互相腦力激盪，鼓舞大家。除非他們出去工作，不然他們會因為只能待在家裡而覺得沮喪，最後就會一直要求小孩遵守規矩，把小孩逼到受不了。

藍色部分是非常感性，綠色部分則是很理性，事事都要經過思考分析。藍色部分常常直覺感受到有某些訊息出現，但綠色部分會因為沒什麼證據而加以質疑，提出異議。如果藍色／綠色人能夠學習相信藍色部分的直覺，然後運用綠色部分的頭腦根據這個直覺加以籌劃，這個組合生命色彩的人就能減少一些衝突，同時又可以創造出更有成就感的人生體驗。

雖然藍色部分是天生的諮商師，但綠色部分對於別人的問題卻不太耐煩。如果藍色／綠色人要給予他人建議與方向，擔任諮商或顧問的職位，例如職涯顧問或人事主管就會很不錯。（藍色／綠色人會感興趣的是以個人、一對一的方式幫助別人，而紫色／綠色人通常是透過研討會或媒體方式來幫助一大群

人。）

在選擇職業的時候，藍色／綠色人會想要確定自己是在幫助別人，但他們也希望可以獲得不錯的酬勞。錢會為這個組合生命色彩的人帶來衝突，因為藍色／綠色人對於金錢有不同的想法。

藍色部分是真心想要服務人群，所以很難跟人家收錢；另一方面，綠色部分如果沒有因為自己的付出而得到很好的報酬，就會覺得自己受到羞辱。由於大部分藍色部分喜歡的工作薪水都不高，能夠同時符合藍色與綠色部分喜好的工作並不好找。藍色／綠色人大多不會去做全職志工（除非他們已經財務自由），因為綠色部分會希望自己提供的服務可以得到酬勞。

藍色／綠色人會對以下的職業感興趣：

| | | |
|---|---|---|
| 非營利組織的主管 | 房地產仲介 | 公關主管 |
| 募款人 | 理財顧問 | 企業顧問 |
| 人事主管 | 辦公室主管 | 商店老闆（服飾店、精品店、珠寶店等） |
| 職涯顧問 | 信貸人員 | |
| 醫院院務主任 | 活動專員 | |

## 藍色／黃色

藍色／黃色這個組合生命色彩的人通常充滿關愛、喜歡玩樂且活力充沛。他們肯定非常喜歡跟人相處。他們會關心、照顧其他人，也希望大家都開開心心。他們通常精力無窮。藍色部分有關懷他人的天性，加上黃色部分的熱情、創意與充沛精力，使得這個組合生命色彩的人會是樂趣無窮、有創意的教師，或是和藹溫柔的治療者。

在穩定狀態下，愉悅的藍色／黃色人會關心別人、充滿創意，而且活力滿點。他們會幫助別人，把溫暖與喜悅帶進別人的生命裡。

藍色與黃色部分的性格在很多方面都頗為相似，因此這個組合生命色彩不會有太多可怕的內在衝突。藍色與黃色部分都是會關懷別人、慷慨大方的人，很能感受到別人需要什麼。儘管黃色部分也會有叛逆的時候，不過藍色部分與黃色部分都喜歡討好別人，因此他們也會很在意別人喜不喜歡自己。

衝突可能會發生在某些領域。藍色部分一般比較看重情感，認為必須要去幫助別人；但黃色部分卻受不了藍色部分投入所有情感，相信幫助別人最有效的方式應該是教他們怎麼過得開心。藍色部分會想當護理師，但黃色部分不想要自己成天天被病人與消沉的人包圍。如果藍色／黃色人真的成為護理師，絕對會是一直面帶笑容到病房幫病人打氣、心情愉悅的白衣天使。

由於藍色跟黃色部分都不是特別看重金錢，他們常常會發生財務困難。藍色部分很難透過自己的服務獲得酬勞，而黃色部分又很難留住錢。如果藍色／黃色人能夠學習愛自己、尊崇與看重自己，他們的經濟狀況應該可以有所改善。

狀態不夠穩定時，藍色／黃色人最容易產生內在衝突的四個領域就是關係、性、運動和孩子。藍色部分想要擁有能獲得情感上滿足、長久的關係。雖然黃色部分想要有人陪伴，一起玩樂，但又害怕給對方承諾。藍色／黃色人會破壞彼此關係，甚至渾然不知自己正在這麼做。藍色／黃色人往往會被不適合的人所吸引，例如已婚的人、分隔兩地的人，或害怕投入感情的人。藍色／黃色人會去愛上不該愛的人，讓自己覺得在情感上有被人愛，但又可以避免掉入承諾的陷阱。藍色部分總是會搞得像是對方選擇離開，但實際上是自己害怕承諾而把對方推開。常常藍色部分找到一個伴侶後，黃色部分就會跑掉，免得要給出承諾。藍色部分很難對一段感情放手，黃色部分則會因為沒什麼樂趣就接受現實，開始新的生活。藍色／黃色人往往會有多段婚姻或戀情。建議藍色／黃色人找開朗風趣，在情感方面又能專一的伴侶幫助自己。雖然黃色／紫色人會是他們的絕佳伴侶，但通常他們會與黃色／棕褐色人結婚。

性是這個組合生命色彩會面臨到的另一個問題。藍色部分非常講究道德與單一伴侶，若要跟某個人發生關係，就必須非常愛對方才行；但黃色部分認為性是一種享樂、好玩的經驗，不需要有什麼嚴肅的承諾。即使已經有伴侶，黃色部分仍會有意跟別人來段玩玩的性關係。這樣做會讓忠誠的藍色部分深感罪惡。如果藍色／黃色人可以保持穩定，用運動或有創意的活動來宣洩精力，就可以避免出軌。

運動對於藍色／黃色人是另一個挑戰。黃色部分需要儘量保持身體活動，來讓自己感到幸福與和諧；但是藍色部分覺得走到路口就算運動了。藍色部分根本不想運動，當黃色部分覺得自己需要運動時，藍色部分會找一百個理由不去。缺乏運動的藍色／黃色人會變得死氣沉沉、憂鬱、背痛、肌肉僵硬；但只要一運動，就會覺得好很多。高度建議這個組合生命色彩的人還是要維持規律運動。（種種花草也是一種冥想的形式，很具療癒效果。）

藍色／黃色人大多有體重問題。情感脆弱的藍色部分與感受敏銳的黃色部分之所以體重會增加，若不是想要保護自己，就是覺得沒有得到滿足。此外，若是黃色部分沒有自信，自尊心低落，就會對食物、甜點或酒精成癮，讓問題變本加厲。當藍色／黃色人感覺良好，又能維持身體活動，體重就不是問題。

要不要有小孩對於藍色／黃色人是一個複雜的問題。大多數的藍色部分都想要小孩。黃色部分雖然喜歡跟小孩玩，但是不確定自己是否願意負擔養育小孩的責任。若有了自己的孩子，就會迫使還年輕的黃色部分快點成熟長大。黃色部分有時像是父母，有時又好像是孩子的玩伴。如果做為父母實在是太沉重的責任，黃色部分會感到快要窒息，然後就漸漸消失無蹤。

要保持平衡，藍色／黃色人首先必須要保持身體活動。跳舞或運動對他們的創造力、健康、快樂極為重要。他們還必須要以輕鬆但健康的方式看待關係。如果把情感看得太重或需索無度，會令人承受不住，毀壞關係。黃色部分若是受不了這種強烈的感情與痛苦，關係就會不復存在。天真無邪的黃色部分可以替情感豐富、多愁善感的藍色部分加上一點愉悅，讓藍色／黃色人不會鬱鬱寡歡或太過正經八百。

藍色／黃色人在選擇職業時往往會遭遇難題。根本不想工作的黃色部分，會一直換工作。他們覺得只待在一種行業還蠻無趣與受限的。盡忠職守的藍色部分則會覺得拋棄自己的員工和同事實在太教人愧疚了。藍色／黃色人應該要選擇自己喜歡的職業。他們會想要從事各種能讓他們覺得有趣、有創意、動到身體或助人的職業。通常藍色／黃色人會同時做兩到三份工作（包括父母跟配偶的部分），這樣讓他們覺得可以有選擇、能夠很隨性、不會無聊。不過，他們還是必須要留點時間給自己，才不會無負荷受或筋疲力竭。

好萊塢知名女星歌蒂・韓（Goldie Hawn）[14]、梅格・萊恩等人都是藍色／黃色的知名代表人物，黛安娜王妃也是。（他們還都加上了紫色的光環。）藍色／黃色人對以下的職業有興趣：

| | | | |
|---|---|---|---|
| 藝術家 | 美髮師 | 婚禮企劃 | 物理治療師 |
| 舞者 | 美甲師 | 有氧運動或瑜珈老師 | 諮商師 |
| 演員 | 花藝師 | 空服員 | 治療師 |
| 服務生 | 平面藝術家 | 小學或幼兒園老師 | 廚師 |
| 作家 | 滑雪教練 | 美術老師 | 設計師 |
| 喜劇演員 | 派對活動企劃 | 按摩治療師 | 室內設計師 |

## 紅色覆蓋

人們不是天生就帶有紅色覆蓋。通常是在生命早期因為覺得需要保護，而在光環外圍的顏色帶再加上去的。這個紅色覆蓋是以較低的速率振動，因此它更濃烈與強烈，形成一道適宜的保護屏障。紅色覆蓋不同於生命色彩的紅色，紅色是與生俱來，位於最靠近身體的顏色帶。

帶有紅色覆蓋的人有兩項最常見的特徵：若不是有極端的暴怒與憤恨，就是不斷在痛苦掙扎與自我破壞。雖然紅色覆蓋可以提供保護，但它也可能變成可怕的負擔。如果它最後沒有從光環上移開，這個保護層最終將會變成一個監獄。因為它雖然可以保護自己不受傷害，但也會把生命與生命可以提供的一切隔絕在外。帶有紅色覆蓋會導致生命陷入危險的境地。李察・普瑞爾（Richard Pryor）[15]與披頭四的約翰・藍儂都是有紅色覆蓋的人。

通常人們都不知道自己的光環帶有紅色覆蓋。不過當光環中有紅色覆蓋時，會有一些明顯的特徵，其中最極端的就是激烈、爆炸般的怒氣，即使是小事都會勃然大怒。有紅色覆蓋的人很容易勃然大怒，他們把人生視為一種戰場。比較體貼、不習慣表達怒氣的人則會傾向自我毀滅或戕害自己的生命，在某種意義上等於是把怒氣發洩到自己身上。他們壓抑了自己強烈的憤怒，卻創造出更多的難題與加諸於自身的痛苦。

⑭ 在八〇年代樹立「美國甜心」標準的知名喜劇女星，其女凱特・哈德森也是知名女演員。

⑮ 美國知名脫口秀演員。普遍被認為是史上最偉大、最具影響力的脫口秀喜劇演員之一。

每個光環的顏色都有可能破壞到人生中重要的領域。帶有紅色覆蓋的藍色人多半會毀壞自己擁有長久穩定關係的能力，黃色人則是會造成健康問題；紫色人要不就是看不到自己的願景，要不就是無法完成夢想；棕褐色人與綠色人則大多拼命追求財務上的成功或安全感。如果紅色覆蓋異常強烈，所有的光環色彩都會在各個領域毀掉人生。

人們之所以會把紅色覆蓋加進自己的光環，通常是基於至少以下其中一個原因：他們在出生時或年幼時遇到過生命危險，使得他們覺得自己可能會喪命，或覺得這個世界並非安全之地。例如出生時有併發症、嚴重的疾病、噎到、快要溺死、快窒息。很多人不記得發生過這些事，所以除了覺得恐懼或大難臨頭，對於為什麼會感到憤怒或痛苦的源頭，對他們來說一直是個謎。

如果有人在身體、情感或心靈上覺得被拋棄或被拒絕過，他們也可能會加上紅色覆蓋。紅色覆蓋這個顏色帶常會出現在那些原本不想被生下來的孩子，或在小時候被迫跟父母分開或被領養的孩子身上。紅色覆蓋也會出現在情感上覺得被父母拋棄的孩子身上，即使父母實際上是跟孩子住在一起。這些人在小時候往往會將父母親的行為或態度歸咎於自己，覺得自己不被愛，也覺得自己不配得到愛。

光環中會出現這個紅色覆蓋最顯著的原因就是在身體、情感或心靈上受到傷害。曾經遭到性虐待、毆打的孩子，或者是由酗酒、言語虐待的父母親養育的孩子，通常會覺得這個世界是個很不安全、不能信靠的地方，因此需要有保護才能生存。紅色甚至會出現在情感或身體上覺得快要窒息或被壓抑的小孩周圍。他們覺得自己被大人所辜負，因為大人應該是要愛他們、照顧、保護他們才對。

有些光環的色彩會受到父母親其中一位較大的影響。例如，藍色人需要跟母親關係親密，黃色人需要與父親有密切的連結；紫色人則是需要受到雙親其中至少一位的認可與支持，他們才會覺得自己有資格、有能力去完成那些非凡的夢想。

不過，不是每一個覺得自己被父母拋棄的人都會有一層紅色覆蓋。這種感受必須要很強烈或很嚴重，到了在情感上或身體上已經對生存本能造成威脅的地步。

（在經過好幾年與帶有紅色覆蓋的人互動之後，我發現常有一些覺得自己來到這個世界的使命是要幫助別人的人，會選擇出生在有問題的家庭，似乎是要親自見證或經歷這些痛苦、恐懼與混亂，才能瞭解其他人的痛苦掙扎。這樣的能力幫助他們成為力量強大、具有同理心的領導者、導師或治療者。）

人們需要去除自己的紅色覆蓋。不過，大多數人只要一直認為生命受到威脅，就無法釋放掉這個紅色覆蓋。有些人則會把自己的這層覆蓋從憤怒轉換為對人生的強大熱情，這使得他們更下定決心完成自己的目標。遺憾的是，比較常見的是人們會覺得自己是受害者、毫無力量，並且陷在自己紅色覆蓋的重擔裡。

有三個根本的方法可以移除紅色覆蓋：

第一個是想像這個紅色覆蓋消失不見，或是變成其他色彩。（這個方法只有在你真心相信預想畫面的力量才有用。）

另一個方法是運用想像力，回到過去，但是要重新改寫或重新詮釋過去面臨的狀況。例如，如果你曾經在身體上遭受過虐待，你可以想自己身為一個大人，正在保護當時還是小孩子的你。你可以想像自己正站在那個小孩（你自己）與施虐的大人之間，阻止虐待的行為發生。如果你在小時候覺得被拋棄或被拒絕，你可以想像自己跟那個孩子在一起，安慰並告訴這個孩子你很愛他。想像與預想畫面對於重新改寫過去是非常重要的技巧。你的情感、心靈與生理層面都會回應感覺到安全多了，也比較能感覺到被愛，因此降低了對於紅色保護層的依賴。

第三個方法是治療。憤怒通常根源於受到傷害與恐懼。你可以用以下的方式消弭自己的怒氣：討論、重述、理解過去發生的事，然後原諒讓你覺得不被愛、缺乏安全感的那些人。勉強去原諒是沒有用的。當真正瞭解為什麼施虐或拋棄小孩的人會那麼做之後，真正的原諒才會產生。治療可以幫助你做出嶄新、健全的決定，並且釋放過去痛苦的經驗。除非經歷過真正的理解、寬恕與釋放，同時覺得自己很安全，可以放開紅色的保護層，否則你還是會緊抓著憤怒，堅持著自我毀滅的行為。

有紅色覆蓋的人罹患心臟病、癌症，還有遇到其他危及生命狀況的機率最高。他們帶著自己內在的恐懼、怒氣、愧疚與懷疑過日子，實在很痛苦。他們必須要釋放掉自己的紅色覆蓋，才能過著健康、圓滿的人生。

# 導言　關係

接下來這幾章是關於經營感情關係的指引，而非批評或設限。請先確認你和另一半的生命色彩，然後運用以下介紹的方法幫助你們更瞭解彼此、欣賞對方。

任何事情都有可能，即使在關係中也是如此。兩方若都有足夠的愛、承諾、決心，任何一對伴侶都是可以成功走下去（雖然不是每個人都願意這麼努力）。

每種伴侶組合都有可能，但不是全都很常見或都會發生。比方說，某些身體類生命色彩，特別是紅色、橘色與紅紫色，就很少跟情感類色彩的人在一起，因為他們似乎沒有太多的共同點。由於有些關係組合真的很罕見，關於它們的說明也會比較簡短。

如果你是組合生命色彩的人，請詳閱你每個生命色彩中的關係章節部分。舉例來說，如果你是藍色／綠色人，請閱讀藍色人是如何與其他生命色彩的人互動，然後也讀一讀綠色人是如何跟其他生命色彩的人相互往來。如果你猜想自己的伴侶也是組合生命色彩的人，那麼請閱讀對方每一個生命色彩的關係部分，找出你們關係中的強項與弱點。

再強調一次，本書中所使用的「他」或「她」純粹是隨機選擇，對於男性／女性、女性／男性、男性／男性、女性／女性的關係來說都相同。

# 第六章　與身體類生命色彩的關係

## 紅色

### 紅色與紅色的關係

雖然他們有相同的需求，但是兩個紅色人在一起會太固執己見，而且很可能反覆無常，所以他們不太能夠維持長久的關係。兩邊往往也無法很親密、體貼地表達情感，大多都是直截了當、毫不留情，可能因此傷害到彼此的感情，在兩人之間築起了圍牆。兩方都會願意把計劃付諸行動，但是卻都沒那個耐心處理細節部分。如果他們共同擬出一個計劃，兩方想完成計劃的方式可能完全相反。如果他們可以給予彼此所需要的時間與空間，同心協力朝共同的方向與目標一起合作，那麼這兩位應該會成為強而有力的工作夥伴。

性對於這對伴侶會是很美好、充滿激情的體驗。兩方都喜歡火辣辣的性愛。由於這兩人極為相像，所以能夠瞭解對方的需求。

在聚會的場合，紅色人似乎會待在人群活動之外。這兩位紅色人可能會在外頭形單影隻，即使他們也會一時衝動想要跟朋友喧鬧狂歡。在紅色與紅色的關係裡，沒有一方會老想著要跟對方討論哲學或理論。如果另一半有這種抑制不住的需求，可能會覺得和紅色人在一起無法獲得滿足。

紅色人極有可能會覺得這樣的關係不容易維持。如果是跟一個有耐心、願意處理瑣碎細節的人在一起，他們或許各自獲益較多。

紅色與紅色的關係代表人物有美國歌壇天后瑪丹娜（她是紅色人，當她生了孩子後又加上了紫色）與奧斯卡影帝西恩・潘（他是紅色／黃色加紅色覆蓋的人）。

## 紅色與橘色的關係

紅色與橘色都偏好將現實世界視為有形的實體。這兩人都喜歡面對自己身處的環境。雖然他們都喜歡無所畏懼的勇氣與耐力，但紅色人比較偏愛體能上的力氣與體力，橘色人則喜歡心智上的靈巧與機智。紅色與橘色人大多獨來獨往，因此這個關係組合非常少見。因為這兩方都極為獨立，所以需要大量時間獨處。

不過在某些方面，這兩人還蠻相配的。他們有共同的信念，認為世界是有形的實體，生命要用熱情與活力好好體驗，還有要非常崇敬大自然的力量。只是兩方都不太會溝通，不太會好好表達自己的情感。力量強大的紅色人要求很多，喜怒無常，雖然他們的怒氣爆發後很快就會消下去。橘色人不喜歡被支配與掌控，自主性很強，喜歡冒險，很可能不會長久待在固執己見的紅色人身旁。

橘色跟紅色人喜好的活動、想要的、需要的東西都不同。橘色人會一直需要有體能上的挑戰與冒險。他們會想測試自己心智上的技能與身體上的高超本領。他們在外面比在家裡有更多的東西可以探索。橘

色人喜歡戶外攀岩、賽車、跳傘等活動。他們會想要挑戰對手，勝過對方，即使對手是一座山。他們會因為危及到生命而鬥志高昂。紅色人則比較喜歡身體上的力氣與耐力，跟外界一起完成某件事情。而他們會堅持自己採行的方式是合宜的或更好的。紅色的女性會喜歡感官享受、性愛、力量，甚於賽車時那種刺激感；紅色的男性則看重體力、肌肉、喜歡駕駛重型器械，甚或有生命危險的跳傘運動。紅色人喜歡以具體的樣貌展現想法與計劃，所以比較傾向待在家裡、簡單生活。紅色人和橘色人可說沒有什麼共同的興趣或嗜好。

紅色人喜歡性愛，橘色人卻沒有那麼喜歡。橘色人會利用性來宣洩精力，然後就離開。紅色人則想要的是激情、色慾、維持肉體關係的滿足感。相形之下，橘色人可能還更喜歡爬山或跳傘的刺激感。

紅色人喜歡務實、理性、腳踏實地，他們不害怕信守承諾或工作辛苦；橘色人卻剛好相反，他們比較喜歡看起來不切實際或不可能的挑戰。喜歡冒險與不務實的橘色人，終究還是會讓紅色人覺得很沮喪。橘色人大多比較關心自己的需求與想要的東西，不太會在意對另一半的影響。他們不太有興趣成為團隊的一份子，但忠誠可靠的紅色人卻比較傾向用團隊合作的方式處理事情。儘管紅色人也喜歡獨來獨往，但有時候也需要同伴。

如果紅色與橘色人在一起，他們會個別需要獨處的空間與時間。他們還會需要可以一起參與的體能活動，因為兩方都不太善於溝通。他們很可能不會去討論情緒、感受、哲學、信仰、關係、家庭。他們可能當朋友比較好，因為他們之間沒什麼親密的情感交流，即使有也非常少。

紅色與橘色人都傾向主導自己的職涯規劃。雖然他們這點相同，但是他們無法一起工作，或者其中一方為另一方工作。兩邊都會想要自己當老闆，但兩邊都不想處理實際的業務，也不喜歡處理書面作業。雖然這兩位通常不是很相配的伴侶，不過橘色人有謀劃與制定行動計劃的能力，紅色人則有加以執行的能力，兩方在一起可以成為事業夥伴，成功完成各項計劃。

## 紅色與紅紫色的關係

請見紅紫色與紅色的關係章節。

## 紅色與黃色的關係

請見黃色與紅色的關係章節。

## 紅色與理性棕褐色的關係

紅色與理性棕褐色之間的關係非常具有挑戰性。如果理性棕褐色人真的要溝通什麼，他們會傾向跟能夠討論理性想法的人說話。他們要的是訊息，但紅色人會覺得一直討論數據與事實真相實在很乏味。這兩邊多半會壓抑自己的感受。紅色人脾氣喜怒無常，這讓講究理性、明智、總是掌控很好的理性棕褐色人覺得不知所措。理性棕褐的人無法看到或領會紅色人情緒爆走背後的邏輯是什麼，而紅色人通常無法解釋自己為什麼會發火。

紅色人發脾氣時，理性棕褐的人往往會退縮，切斷所有溝通的管道。紅色人的怒氣或許不會嚇到這

類棕褐色人，因為他們有保護牆，可以阻絕紅色人的情緒發作。如果紅色和理性棕褐色人都維持穩定，那麼他們之間的關係倒是頗為有趣。他們能夠為彼此提供平衡與穩定。理性棕褐色人能夠提供想法與計劃，紅色人則是活力充沛，可以付諸行動。因此他們可以成為事業夥伴，合作得非常好。

儘管這兩種生命色彩的人都很講究實際，但是在個人關係方面，這兩邊沒有太多的共同點。兩方都傾向隱藏自己的想法與感受，因此親密感付之闕如。紅色人非常喜歡性愛，但理性棕褐色人沒有那麼熱衷。紅色人會在性愛與身體上表達自己，但是理性棕褐色人比較傾向心智的激盪。這些差異會造成他們關係裡的衝突。

紅色人喜歡參與體能方面的活動，理性棕褐色人則會選擇坐在電腦前面或者探求心智方面的挑戰。理性棕褐色人往往比較有興趣拆解東西、加以分析、瞭解它們是如何運作以及功能為何。紅色人則對於分析事物沒有興趣。他們不會提出「那是怎麼做到」的疑問，但會有興趣操作實體的東西。

這兩邊共同點真的很少，他們幾乎沒什麼相同的興趣，或同一類的朋友。理性棕褐色人喜歡的活動通常讓紅色人覺得一點也不刺激，紅色人因此很可能在晚上或放假時都是跟朋友出去。理性棕褐色人則大多是跟知識份子友人在一起。紅色人會想跟朋友在一起喝東西，度過喧鬧歡樂的時光。理性棕褐色人會覺得紅色人的興趣實在跟腦力刺激沾不上邊。喜歡用熱情、充沛活力過生活的紅色人，則會覺得理性棕褐色人不愛動、老是坐著的生活方式，實在是太緩慢、拘謹、理性了。

另一方面，這兩方卻能為彼此提供一種有趣的平衡。紅色人能夠為老是用腦的理性棕褐色人帶來情感與身體方面的刺激。紅色人也能將理性棕褐色人仔細分析過的想法付諸實踐，做出具體的成果。理性棕褐色人則是能夠用務實與理性態度，讓總是喜怒無常或容易興奮的紅色人冷靜下來。還有，紅色人通常沒什麼興趣去想計劃中所有的細節，而理性棕褐色人可是很願意扛起責任，代為效勞。

如果這兩邊願意接納彼此的差異，欣賞各自帶進關係中的特質，就能夠為人生創造有趣的平衡。

## 紅色與環境棕褐色的關係

請見環境棕褐色與紅色的關係章節。

## 紅色與感性棕褐色的關係

感性棕褐色人極為溫柔和善，因此很難面對紅色人的精力、力量與反覆無常的個性。感性棕褐色人跟藍色人很像，大多會把事情放在心上。

感性棕褐色人想要去愛、幫助、照顧別人。他們絕對會被紅色人那種強大力量的行為給嚇到或壓過。他們想要的是安全感，還有跟另一半的親密連結。但紅色人太過於獨立，其實並不適合做為感性棕褐色人的伴侶。而且紅色人會壓抑自己的想法與感覺，感性棕褐色人會覺得跟對方情感很疏遠。紅色人則是覺得感性棕褐色人不夠刺激、讓人提不起興趣。感性棕褐色人也不像紅色人在生活裡有強烈的性慾需求。

## 紅色與抽象棕褐色的關係

請見抽象棕褐色與紅色的關係章節。

## 紅色與綠色的關係

紅色與綠色人是非常有活力的一對。綠色人的規劃與組織能力，加上紅色人充沛的精力與毅力，會產生非常驚人的結果。紅色人喜歡把計劃付諸行動。他們的熱情與活力讓綠色人非常著迷，也受到激發。綠色人欣賞、欽佩紅色人的決心與堅持不懈。紅色人的力量如此強大，綠色人心智上的高超本領與能力是嚇不倒對方的。綠色人的聰明才智與頭腦敏捷也很吸引紅色人。紅色人會迫不急待想趕快進行綠色人的計劃。有綠色人的頭腦，加上紅色人的活力，這一對能夠一起完成了不起的事業。

這一對的缺點就是兩方個性都很火爆。紅色人會出現肢體暴力，綠色人則是說話尖酸刻薄，而激怒對方。兩人都很固執己見、自主性強、堅決要按照自己的想法去做，因此會一直衝突不斷，可說是一場意志力的鬥爭，兩邊都決心要贏過對方。紅色人很快就會發火，綠色人則會立刻飆罵。兩邊的討論沒多久就會變成劇烈的大聲爭執。不過，同樣的熱情與活力也會讓他們成為活潑開心的一對組合。

綠色人只有跟自己所欽佩、敬重、無法駕馭的伴侶在一起，才會有性慾。紅色人則是無法接受被別人支配。由於紅色人對性愛充滿渴望，這一對因此能夠體驗到非常火熱的性愛關係。

這兩種生命色彩的人都非常獨立、力量強大、很能幹、意志堅定。他們敬重彼此。不過，這兩人在吵架時，沒有人會想介入其中。

## 紅色與藍色的關係

這對組合非常不相配。強大、個性火爆的紅色人只要一發脾氣，藍色人就會非常在意，所以大部分時間都是在哭。藍色人很有靈性，他們喜歡思索上天、宇宙的本質和生命的意義。紅色人對靈性卻一點也沒有興趣。紅色人認為只有自己看得到、摸得著、嚐得到的，才叫現實。

藍色人不會特別在意自己的身體，但紅色人最大的樂趣就是以這個肉體活著。紅色人對於性愛非常熱衷，藍色人則想要的是擁抱與依偎，這個紅色人就不太擅長，因為他們覺得不夠刺激。紅色人想要從伴侶身上獲得力量與熱情，可是藍色人比較看重情感、多愁善感。紅色與藍色這對的關係就像水與油一樣，紅色人不太情願表達情感，而藍色人希望伴侶能多付出一點感情。紅色人想要去探索現實的世界，但藍色人想要探索的是內在的感受與靈性方面的信仰。藍色人會希望自己的另一半非常忠誠、全心投入；紅色人雖然能夠信守承諾，對伴侶忠貞，但他們也非常不受拘束，當他們想要自己一個人的時候，就會直接走掉。對這點非常在意的藍色人，會覺得自己遭到紅色人拋棄而感到痛苦。藍色人喜歡討論彼此的關係，還有自己的感覺，可是紅色人沒有興趣談論自己的感受，更別說對於彼此關係的看法。藍色人大多天生就是照顧者；紅色人則完全不想被照顧或悉心呵護，他們比較想因為自己的力氣、體力與勇氣被敬佩。

總括而言，對於情感豐富、敏感的藍色人來說，紅色人個性太火爆，情感太疏離。雖然任何的關係組合都有可能，只要雙方全心投入就能成事，但這一對的組合還是困難重重。

## 紅色與紫色的關係

請見紫色與紅色的關係章節。

## 紅色與薰衣草紫色的關係

請見薰衣草紫色與紅色的關係章節。

## 紅色與透明色的關係

紅色與透明色的關係會像是牛跑到瓷器店裡那樣魯莽闖禍。透明色人太過於敏感與脆弱，受不了紅色人的強大力量、強烈情緒與旺盛活力。對桀驁不馴、精力充沛的紅色人而言，透明色人需要的靜心與平靜也太多了。透明色人瞭解、並且需要靈性的冥想，紅色人則是講求實用，需要實際的體力勞動。紅色人多半是用肢體來表達自己，常常甚至很暴躁，嚇壞了透明色人。透明色人如果真的要表達自己，會用溫和有禮、碰觸、善解人意的方式來表現。紅色人會攪進所有透明色人深惡痛絕的事情。紅色人所喜歡的現實世界，像是把手弄得髒兮兮、更換機油、屠宰等等，都會讓透明色人覺得怪異可怖。和壯碩且性慾強烈的紅色人做愛，也會讓透明色人覺得過於激烈。

紅色人或許可以幫助透明色人接地氣一些，不過那種接地氣很可能對於纖細的透明色人來說太過於

嚴苛。透明色人會吸收一些紅色人的光環色彩，但非常可能無法保留紅色人的能量太久。紅色人終究會受不了必須要壓抑自己的旺盛活力。

## 紅色與靛藍色的關係

請見靛藍色與紅色的關係章節。

# 橘色

## 橘色與紅色的關係

請見紅色與橘色的關係章節。

## 橘色與橘色的關係

橘色人並不想追求長期穩定的關係，因此兩邊都不會想要提到結婚的事。與其做婚姻的伴侶，這一對更適合成為一起冒險的夥伴。獨來獨往的橘色人通常比較喜歡自己去登山或跳傘。他們愛好獨自挑戰大自然環境的那份自由與獨立。不過，橘色人確實會跟其他橘色人做朋友，因為他們常常去的都是同一個環境。兩位橘色人在許多方面都很合得來，但是那是當朋友的時候，不是做伴侶。兩邊都沒有興趣要親密交談、分享感受或建立親密的關係。由於兩方都不需要有什麼承諾，所以也沒有必要結婚，或要以結婚為前提。

橘色人沒有什麼朋友願意跟他們一起冒險去他們喜歡去的地方。跟其他橘色人在一起消磨時光，或許是他們需要伴侶的唯一時刻。此外，他們都很喜歡規劃與制定計劃，一起把想法落實會是令人非常興奮的事。（不過他們必須先學會合作的技巧，因為橘色人一直都非常獨立跟單打獨鬥。）他們瞭解另一個人會需要個人的自由與空間，所以不像某些生命色彩的人會有需要呵護或過於保護的態度。兩位橘色人都能理解對方想要挑戰大自然、嘗試危險的活動、過著冒險的生活。但是，這兩位橘色人也可能過度相互競爭，最後會把對方逼得太過頭而丟了性命。

這兩方都沒有人想要承擔維持一個家庭的瑣碎責任，所以不會花很多時間在家裡面。橘色人由於非常獨立、自給自足，當兩個人吵架時，大可以各過各的，而不會傷害到對方感情。橘色人最大的一項挑戰是進入內心。情感是最令他們感到害怕的邊界。對自己的另一半生氣，然後走掉，還比面對自己、發現或許根本自己才是問題，還來得容易一些。橘色人大多無法克服感情或關係的難題。因為沒有一方願意許下長久的承諾，兩個橘色人可能只是短暫在一起。但這樣的關係正好適合橘色人。他們的相似之處能夠滿足兩方許多共同的需求。

## 橘色與紅紫色的關係

橘色與紅紫色人如果真的在一起，非常有可能僅止於短暫的關係。這兩位一開始會很合得來，因為橘色人喜歡冒險犯難，讓紅紫色人覺得很刺激，深深受到吸引。紅紫色人也很欣賞橘色人的獨立自主。橘色人不太管、或依賴紅紫色人，這讓紅紫色人可以自由地出去，開心地玩。不過，兩邊都沒興趣經營長久的關係，他們最後還是會各自離去。

紅紫色人有稀奇古怪的點子，加上橘色人很幹練，能夠制定計劃，將想法具體執行，這一對是有可能成為很好的工作夥伴。舉例來說，如果橘色人想要從大峽谷跳下去，紅紫色人或許能夠構思出一個新的點子，幫助對方完成這項壯舉。

不過，兩方通常實在差異太大，很難在一起。橘色人對於愛好玩樂的紅紫色人來說實在太嚴肅了。當橘色人出去探索的時候，紅紫色人正在儘可能到處參加各種社交活動。他們甚至沒法成為很好的室友。當橘色人在出發登山的前一晚想要好好睡上一覺，紅紫色人卻想整晚款待朋友。紅紫色人那些浮誇的噱頭擾亂了橘色人的生活，往往使得兩人之間的感覺變得很糟。

儘管橘色人與紅紫色人都是獨立、愛好冒險的人，而且喜歡超越現有體制的侷限，可是他們真的就沒有其他的共同點了。兩邊都很欽佩對方的膽量與勇氣，但也都不認同對方的行事作風。紅紫色人覺得橘色人要去嘗試危及生命安全的活動，這點實在太愚蠢了，也太任性了，而獨來獨往的橘色人非常重視個人的隱私，無法認同紅紫色人的怪異行為，或需要成為矚目的焦點。橘色人偏好體能上的挑戰，面對危險非常機智靈巧；而紅紫色人比較喜歡社交上的挑戰，在面對既定的社會標準時一副厚顏無恥、挑釁的姿態。紅紫色人與橘色人很少會出現在同一個場合裡。他們一開始就會相遇的可能性非常低。就算他們會受到對方的獨立性與獨特的生活方式所吸引，但是沒多久他們就會感到彼此的差異實在太過巨大，最後還是各走各的路。

## 橘色與黃色的關係

請見黃色與橘色的關係章節。

## 橘色與理性棕褐色的關係

請見理性棕褐色與橘色的關係章節。

## 橘色與環境棕褐色的關係

橘色與環境棕褐色人都喜歡進入大自然環境，他們對於大自然的力量也很崇敬。對於橘色人能夠克服的體能挑戰，環境棕褐色人是很受吸引，非常欽佩。但是，過了一段時間後，環境棕褐色人就對於橘色人一直要去挑戰大自然環境沒什麼興趣。環境棕褐色人覺得，橘色人冒了太大的生命危險，根本不需要這麼做。環境棕褐色人認為，以合理、明智的方式去探究大自然才比較有價值。雖然兩邊都對於規劃與組織探險行程很有興趣，但是他們考量與盤算的理由卻不相同。橘色人考量的是相關的風險性，以確保生命安全，環境棕褐色人思考的卻是探究如何改善環境所帶來的益處。如果橘色人跟環境棕褐色人一起出發去探險，橘色人最後會丟下環境棕褐色人一個人先走。對於喜歡冒險的橘色人來說，環境棕褐色人實在太小心翼翼。環境棕褐色人就像理性棕褐色人一樣，讓喜歡冒險犯難的橘色人覺得，他們太過於認真研究、注重安全與穩固。

這兩方都不太會處理情感。他們多半把私密的想法與感受藏在心裡。在他們的關係中，言語或情感的交流是非常少的，通常兩方都不會想要開啟話題。性對於他們來說是一種便宜行事，因為這兩個人都

沒有特別重視性愛，或把性當成很重要的事。他們都瞭解，有時候會需要宣洩精力，但結束之後就會想趕快去做更要緊的事情。

兩邊都是獨來獨往的人，喜歡自己一個人，所以比起做為伴侶，他們更適合當室友。在婚姻裡，他們不會很親密、沒什麼情感表達，也缺乏溝通，因為兩邊都沒人想去處理這些問題。

## 橘色與感性棕褐色的關係

請見感性棕褐色與橘色的關係章節。

## 橘色與抽象棕褐色的關係

橘色與抽象棕褐色人並不相配。他們完全沒有共同點。橘色人比較喜歡自己獨處，不需要陪伴，但抽象棕褐色人喜歡跟人在一起，和大家互動。由於橘色人通常不太會跟抽象棕褐色人有什麼情感交流，也不會有肢體的互動，抽象棕褐色人會漸漸變成都是獨自一人。這種模式會持續下去，直到橘色與抽象棕褐色人最後分開住，各過各的生活。

純真的抽象棕褐色人需要有人跟他們互動、照顧他們；橘色人則對於他們抽象的概念漠不關心，比較想要自己一個人過，沒興趣照顧很孩子氣又依賴的人。而溫和、但散漫的抽象棕褐色人，比較喜歡觀察別人，大談人生的意義，而不喜歡參與橘色人的任何冒險探索活動。橘色人沒那個時間、也沒興致幫抽象棕褐色人釐清想法與念頭。他們比較有興趣的是規劃下一趟的冒險行程。

這兩個人若是各自跟志趣相投的人在一起，會比較快樂。

## 橘色與綠色的關係

請見綠色與橘色的關係章節。

## 橘色與藍色的關係

請見藍色與橘色的關係章節。

## 橘色與紫色的關係

雖然橘色與紫色人可能會敬佩對方的獨立性與力量，但他們對於生命的意義卻有不同的看法。橘色人想要挑戰全世界，紫色人則是想要拯救全世界。擁有願景的紫色人相信，我們活在這個地球上是有更崇高的目標，例如啟發跟拯救全人類。個性很急的橘色人沒那個時間或興趣拯救世界，他們比較想要一個人去冒險犯難。

儘管橘色人很欽佩紫色人的領導能力，但如果對方想要領導自己，可會惹火他們。橘色人不但不看重紫色人的願景，反而覺得他們根本不切實際，只是在空想、做白日夢而已。橘色人覺得，拯救世界實在是太高深的理想了。橘色人尊崇大自然，希望它被好好保護，但通常不想要涉入與政治相關的爭戰。紫色人則是覺得，橘色人不瞭解生命更偉大的目標就是幫助人類。這兩個人在自己的專業領域裡都是非

常有力量、很獨立、很勇敢的人，但是他們對於勇氣與人生目標的定義卻不相同。

紫色人天生就很會表演，他們喜歡面對觀眾；橘色人則不是很在乎別人是否敬佩自己偉大的冒險事蹟。紫色人與橘色人都喜歡旅行，但卻是出於不同的原因。紫色人喜歡探索世界，瞭解各地的風土民情，橘色人則往往是對於很少有人敢去冒險的地方感到興趣。橘色人在講述自己如何攀登最高山峰或跳傘的冒險故事時，會讓紫色人非常著迷，覺得透過橘色人所說的故事，自己也間接地親身經歷了一番。但是做為長久的伴侶。他們的共通點非常少。紫色人感興趣的靈性或人道關懷議題，橘色人沒有興趣；而紫色人認為，橘色人的大膽冒險活動根本是浪費時間。

## 橘色與薰衣草紫色的關係

請見薰衣草紫色與橘色的關係章節。

## 橘色與透明色的關係

這一對並不是那麼合得來。透明色人太敏感與纖細，很難跟大剌剌、粗獷、喜歡挑戰的橘色人交往。橘色人喜歡到戶外去面對大自然、探索、攀登高山、挑戰現實世界，但敏感的透明色人比較喜歡到大自然裡，置身於靜謐、溫柔的遺世獨立之中。對於脆弱、講話溫和的透明色人而言，橘色人太粗鄙，如果跟他們在一起太久，可能會讓透明色嬌弱的身體系統負荷不了。

橘色人的生活風格也跟透明色人的生活方式與信仰大不相同。充滿關愛的透明色人，喜歡融入大自

然之中，而不是去挑戰或征服它。屬於少數族群的透明色人，需要的伴侶是可以在高感受性、靈性的基礎上與他們互動。可是橘色人並不想要討論關於靈性的話題。

另外，橘色人過於獨立自主，無法滿足透明色人的需求。橘色人很少在家，這點終究會惹惱透明色人。即使透明色人需要很多時間獨處，但橘色人也做得太過頭了，完全不顧透明色人的幸福。橘色人覺得，透明色人對於平靜的需求實在很無趣，也沒什麼挑戰性。橘色人渴望的是刺激、冒險、挑戰。這一對可說是完全沒有共通點。

## 橘色與靛藍色的關係

這一對也是沒什麼話好說、沒什麼共同點。橘色人覺得，靛藍色人對於宇宙的概念太奇怪、令人費解，因為橘色人喜歡的是現實世界、刺激與冒險，而靛藍色人喜歡思考的是靈性、愛、關於意識的想法。橘色人對這類話題不太有興趣，或者完全沒有興趣。靛藍色人或許會敬佩橘色人的勇氣與膽量，尊敬他們想要超越既有限制的慾望，但覺得他們太粗魯、不受拘束、自我中心，而不太能成為理想的伴侶。

橘色人比較喜歡獨來獨往。靛藍色人雖然也喜歡自己獨處，但通常是喜歡跟親密的朋友一起享受寧靜的時光。靛藍色人無法理解為什麼橘色人需要征服現實的世界，因為他們相信現實世界只是一種虛幻的假像。靛藍色人還覺得橘色人太活在肉體之中，無法跟他們產生共鳴。靛藍色人極為珍視生命，認為生命有其深刻的靈性意義，但橘色人視生命為一種現實的挑戰，是要去征服的對手。靛藍色人或許會喜歡待在山頂上沉思生命之美，但這不會是橘色人爬到山頂上的原因，他們比較喜歡的是征服生命，而不

是欣賞生命。這兩位要建立有意義的關係，恐怕機率非常小。

## 紅紫色

### 紅紫色與紅色的關係

一般而言，這一對可能會出現嚴重的問題。紅色人大多比較務實、實事求是、不好高鶩遠，可是紅紫色人不講究實際、好高鶩遠、不務實，他們想要的是離經叛道的生活。紅紫色人喜歡做些令人出奇不意的事情，這點會讓紅色人覺得太過丟臉，荒謬可笑。

這兩人完全沒有共同點。紅紫色人喜愛一直嘗試新鮮有趣的奇特事物，會想要參加派對，驚世駭俗一番。紅色人則不需要嘗試什麼新的事物，他們的生活很穩定、務實。這一對的關係就像是一個卡車司機載著一個紫色頭髮的龐克搖滾明星出去。紅色人所具備的常識與務實的擔當讓紅紫色人完全覺得無趣，而且紅色人的倔強頑固與堅持己見，讓總是喜歡想要無法無天瘋狂搞怪的紅紫色人覺得悶死了。紅色人對於性、耐力與體力的興趣，完全不吸引紅紫色人。這一對多半沒有什麼共同點。

紅色人或許偶爾會想要展現個性裡狂野、喧鬧的一面，這時候就會跟紅紫色人一起去參加派對活動。不過，紅色人若是出現粗暴或不受控制的行為，通常是因為火氣爆發或性慾，這會讓喜歡玩樂的紅紫色人嚇到，然後退縮。紅紫色人常常會動搖大眾的傳統規矩，因為離經叛道而成為一種對社會的宣告。

紅色人則通常是透過性或怒氣來大吵大鬧。

他們兩人有段時間會很喜歡一同參加瘋狂的派對，不過，典型的紅紫色人跟暴躁的紅色人可能到最後就開始互相翻臉。

## 紅紫色與橘色的關係

請見橘色與紅紫色的關係章節。

## 紅紫色與紅紫色的關係

這兩方一開始很可能相處得非常愉快，但最後還是會想去看對方比較怪異的部分。這一對不是那麼腳踏實地，因為兩邊都不想要為一個家扛起責任，也不想建立長久的關係。紅紫色人由於會很快一直換伴侶，因此這兩人剛在一起時會覺得很有趣，但沒多久就會分手。

這一對很可能會喜歡一起創作出奇特的藝術作品或發明物。他們會把頭髮染成不同顏色，弄成不同形狀，打扮得驚世駭俗地走到大街上，讓人們大吃一驚，而自己玩得很開心。他們也喜歡一起去參加派對。看到兩個紅紫色人把家裡布置成什麼樣子，絕對是難以置信的經驗。但是兩個無法無天的紅紫色人在一起，對於他們的朋友來說可能會太過頭而沒法接受。愈多的紅紫人混在一起，他們的行為舉止就變得愈怪異、愈荒誕不羈。他們會彼此加成。

在一段短時間內，兩方都會覺得在一起很有趣、也很好玩。不過，因為沒有一方想為彼此的關係帶來穩定的影響力，因此很快就會分手。兩邊都沒有人想要付帳單、處理家務、或賺錢維持生計。這一對可能有一陣子可以成為非常要好的朋友或室友，但是很快就會想要展開下一段的冒險。

## 紅紫色與黃色的關係

這兩位會是非常棒的玩伴。紅紫色人會不斷想要逗黃色人開心，而黃色人正好總是想要嬉戲、玩樂、刺激。兩個人都喜歡參加派對。他們在一起會玩得很開心，只要兩人的目的都只是要大玩特玩。不過，當面臨到扛起責任、打理家務、工作賺錢，他們就會遇到問題了。

黃色人很敬佩紅紫色人能夠不必遵循社會規範賺到錢，因為黃色人也很希望可以自由地發揮創意，不必受到朝九晚五的工作所限制。由於這兩種生命色彩都很有想法，他們在一塊能夠創作出很驚人、創新的、藝術性的作品。喜歡開懷大笑的黃色人，很愛看紅紫色人搞怪。不過兩人都沒興趣建立長久、專一的關係，所以會給彼此自由來來去去、跟其他人交往，玩得開心。性對於黃色人來說是非常好玩的經驗，對紅紫色人來說則是感官上的體驗，因此這兩個人會非常喜歡在一起享受性愛。

這兩種生命色彩都不喜歡被人操控，或下達命令，因此他們會讓對方自由地做出選擇。主要問題在於這兩個人都不想要負起家庭責任。這一對非常有可能沒有小孩，因為養小孩就要負責到底。

黃色人的天真爛漫是很好趣，但過了一段時間，紅紫色人就沒法忍受身邊一直圍繞著一個小孩。紅

紫色人最後會想試著去找另一個比較有挑戰性或奇特的伴侶。雖然這一對會是很好的朋友與玩伴，但是他們通常最後都無法成為長久、穩定的伴侶。

## 紅紫色與理性棕褐色的關係

這一對應該不太可能在一起。理性棕褐色人會覺得，紅紫色人的怪異行為太過於匪夷所思。理性棕褐色人喜歡穩健、可靠與安全感，而這些所有的特質與紅紫色人的信念與行為簡直是背道而馳。理性棕褐色人很容易就會覺得紅紫色人的反社會行為很丟臉。心胸開闊、無所禁忌的紅紫色人，能夠拓展理性棕褐人看待生命的務實方式，而理性棕褐色人可以成為紅紫色人一股穩定、踏實的力量，因為紅紫色人大多不付帳單、工作不穩定，甚至讓一家人在一起。

不過，理性棕褐色人最後還是非常可能因為紅紫色人的不負責任與奇怪的行為而感到沮喪。理性棕褐色人想要的是理性、明智、善體人意的行為，而這些嚴格的標準與原則正是紅紫色人喜歡去挑戰的。理性棕褐色人覺得神聖不可侵犯的事情，紅紫色人就偏要去破壞。即使胸襟最寬大的理性棕褐色人，經過一段時間也會覺得這些挑戰令人疲累不堪。

這一對的組合短時間內會達到一種有趣的平衡，但卻無法成為踏實的長久關係。

## 紅紫色與環境棕褐色的關係

請見環境棕褐色與紅紫色的關係章節。

## 紅紫色與感性棕褐色的關係

請見感性棕褐色與紅紫色的關係章節。

## 紅紫色與抽象棕褐色的關係

這一對並不相配，原因雖然很多，不過主要原因是紅紫色人不想照顧依賴成性的抽象棕褐色人。就算紅紫色人欣賞奇特的人，但還是覺得抽象棕褐色人實在太渙散、一團混亂，最後終究會被抽象棕褐色人的前後矛盾搞得很生氣、厭煩。

抽象棕褐色人會花很多時間在想紅紫色人的喜好，可是紅紫色人比較偏好去體驗現實世界，在其中玩樂。抽象棕褐色人在表達自己的看法時，是像煙火那樣一連串四處迸發。要試著理解這樣的抽象棕褐色人，簡直讓紅紫色人抓狂。雖然紅紫色人行為舉止怪異，但他們認為這些瘋狂行徑背後是有其目的。他們想要撼動大家，提醒人們不要那麼容易就自我滿足。可是他們無法理解抽象棕褐色人那些漫無邊際的哲學思考背後有什麼目的或理由，無法明瞭這些討論能怎樣應用在自己的人生中。

這兩人都喜歡社交聚會，但沒有一方想要善盡本分，負起責任。他們的家總是亂七八糟、沒人打理。這兩個我行我素的人，就像小孩一樣，等著別人為自己繳錢付帳單。兩邊都不在乎彼此的關係是否能夠天長地久，或者有深厚的感情，雖然抽象棕褐色人會很希望能遇到某個講話風趣，同時又能提供自己安穩環境的人；但紅紫色人太過獨立、不受拘束，無法提供一個穩定的生活給抽象棕褐色人。如果抽象棕

褐色人試著依賴紅紫色人，紅紫色人會加以反抗，然後跑掉。如果抽象棕褐色人試著想以那種漫無目標的方式，跟紅紫色人談論自己的想法與見解，紅紫色人會覺得很困惑，接著就很惱火，然後變得非常冷漠。

抽象棕褐色人對於紅紫色人的行徑有一番見解，但是紅紫色人不想被研究分析。（反正紅紫色人也聽不懂抽象棕褐色人在說什麼。）這兩人最後還是會各走各的路。

## 紅紫色與綠色的關係

請見綠色與紅紫色的關係章節。

## 紅紫色與藍色的關係

請見藍色與紅紫色的關係章節。

## 紅紫色與紫色的關係

請見紫色與紅紫色的關係章節。

## 紅紫色與薰衣草紫色的關係

紅紫色與薰衣草紫色人都活在自己的世界裡。紅紫色人的世界是友善外向、充滿冒險、怪異的，而薰衣草紫色人活在幻想的世界裡，講話輕聲細語、很直覺又敏感。他們在自己的生命色彩類別裡都屬於

很獨特的人。不論是紅紫色，還是薰衣草紫色人，人們都很難理解他們，連他們兩個也很難理解對方。薰衣草紫色人想要的是自己能夠以充滿愛意、溫柔的方式跟伴侶互動。紅紫色人對他們而言實在太粗鄙、不受拘束、直言不諱。他們兩個很可能就都不管對方了。這兩人並不會堅持伴侶也要採行跟自己一樣的信仰。

這兩個人是如此沉浸在自己的世界裡，他們可說是沒什麼交集。除了對於世界與生命都有獨特的看法之外，他們沒有什麼共通點。即使他們有段時間會對於彼此的不同之處感到著迷，但是這一對會難以長時間自在地相處。

## 紅紫色與透明色的關係

請見透明色與紅紫色的關係章節。

## 紅紫色與靛藍色的關係

紅紫色與靛藍色人在光環的色彩中都屬於前衛派的人。不過，紅紫色人對靛藍色人來說，實在是太難以接受。靛藍色人多半非常具有靈性、很安靜、很有直覺力、很敏感。這兩人都挑戰了傳統既有的信仰體系。紅紫色人挑戰這些是因為他們喜歡自由地表達自己。他們相信，人們應該要能夠以自己獨特的方式體驗人生。靛藍色人質疑現有的信仰體系則是因為他們認為這些信仰限制了靈魂。他們相信，我們能夠完全展現神性，我們會來到世上就是要透過創造力與靈性體驗生命。靛藍色人會去質疑這些信仰體系，也是因為它們大多是屬於較低層次的意識，或源於對於真實本體的侷限概念。

紅紫色人對於靛藍色人的靈性想法沒有興趣，覺得太深奧難懂、不切實際。紅紫色人比較喜歡以創意、肢體的方式來展現自我。靛藍色人則一直不太能夠瞭解我們存在的這個肉體部分。這個肉體與他們還蠻格格不入的。紅紫色人對於性很開放，為了好玩與新鮮感，他們的性關係對象會一個換一個。對於靛藍色人來說，性是很非常個人與靈性的，是一種靈魂對靈魂的經驗。紅紫色人的性行為完全把靛藍色人搞糊塗，覺得很困惑。

紅紫色人喜歡跟很多人在一起，參加各種社交活動，但是最後都落得形單影隻，因為大部分人都沒法接受他們怪異的行徑。靛藍色人也喜歡跟人在一起，但是卻發現很少人能跟自己產生共鳴，或可以信任。靛藍色人的靈性思想以及高靈敏度的感受性，實在太過於先進，大多數人實在很難跟他們交流。紅紫色與靛藍色人都覺得自己像是邊緣人。

紅紫色人不像靛藍色人那麼嚴肅地看待生命，他們也沒那麼敏感。靛藍色人失去穩定的力量時，會覺得在這個現實的環境裡太教人迷惘，不知所措，結果就躲藏到藥物或酒精裡頭。紅紫色人也會遠離社會一陣子，但通常都非常短暫。他們能夠自己獨處，不會像靛藍色人覺得那麼煩心。這兩人多半都很難見容於社會，因此對於彼此都很能有同理心。

這一對不太可能真的在一起。他們會尊重對方需要獨立自主，對方的信仰以及如何與別人互動也讓他們對彼此很感興趣；但他們就是無法瞭解或者接受對方看待生命的方式。靛藍色人會被紅紫色人離經叛道的行為嚇到。靛藍色人想要確認自己直覺所感受到的，就是關於生命本質的真理。喜歡鑽研、溫和

的靛藍色人認為，紅紫色人無法提供任何確切的答案。面對嚴肅、充滿靈性的靛藍色人，紅紫色人是沒法自由自在、不受限制地展現自我。

## 黃色

### 黃色與紅色的關係

這兩種生命色彩雖然都是屬於身體類別，但是相較於紅色人的力量跟體力，黃色人的能量太過於敏感。紅色人可能會嚇到無憂無慮的黃色人。

從正面來看，紅色人可以為黃色人的生活提供一種安定感。黃色人非常孩子氣，因此紅色人常常會扮演家長的角色，扛起責任。這兩個人都喜歡體力相關的工作、搬東西跟觸覺的感受。黃色人喜歡待在戶外、親近大自然，或者用雙手做事。他們通常從事園藝、水電工程、運動員或其他與體能相關的工作。紅色人還喜歡工作時動用到自己的身體，與外界互動。所以，紅色人與黃色人往往會選擇相同的環境與職業。

紅色人有很情緒化的一面。他們會突然怒火中燒，發起脾氣。黃色人這時多半會跑掉，躲避怒氣。紅色人的力量、力氣與暴躁的脾氣很可能會嚇壞黃色人，而紅色人在這個關係中絕對是主導的一方。

這兩個人都瞭解什麼是活在當下，他們都喜歡肉體的歡愉與當下的滿足。紅色人的熱情和對性愛的熱衷，加上黃色人在性方面的嬉戲態度與樂意配合，或許他們倆能夠建立起很棒的肉體關係。

紅色人通常都比黃色人更腳踏實地、有責任感。不過，黃色人可以在生活中為嚴肅認真的紅色人，加添一些好玩與輕鬆愉快的樂趣。紅色人可能必須要保持耐心、自我克制，才不會嚇到或把黃色人嚇跑。黃色人則可能要好好維持穩定的狀態，才能頂得住紅色人的火爆脾氣與極端情緒。紅色人可能無法接受黃色人懶惰或不負責任，因為他們把自己的工作與責任看得非常重要。對於黃色人那種隨便的態度，紅色人可能會覺得很氣餒。

如果黃色人與紅色人的狀態都很穩定，那麼這一對是可以為彼此提供一種不錯的平衡。兩邊都喜歡體能的活動、喜歡活動跟動用到自己的身體、待在現實的世界裡。不過，如果兩者其中有一方不夠穩定，黃色人很可能會覺得自己像是被虐待的孩子。黃色人會被紅色人的火爆脾氣與難以抗衡的力量嚇壞，然後就會想跑掉。對於敏感又孩子氣的黃色人來說，紅色人太過於強大、嚴肅、傲慢專橫。

## 黃色與橘色的關係

黃色人與橘色人都喜歡在現實世界裡玩樂，享受肉體帶來的歡愉。這兩人往往能夠分享一些有趣的事情，但是他們對於情感的需求卻不太一樣。黃色人常常會覺得橘色人的事蹟跟所會的技能非常厲害，也經常參加類似的活動。如果橘色人不會期盼黃色人陪自己去從事所有的冒險探索，那麼這一對會非常合得來。黃色人最後仍然會覺得沒有安全感，而且橘色人總是在面對生命危險這點，也讓黃色人覺得很

驚嚇。黃色人害怕橘色人身體可能會遭受到痛苦。當橘色人去挑戰極限跳傘運動的時候，無憂無慮、不受拘束的黃色人，可能正跟其他人玩得很開心。

當橘色人開始變得太冷漠，他們的關係就會出現問題。黃色人比橘色人更需要有人在旁邊陪伴。橘色人就是非常獨來獨往的人，不會一直待在敏感的黃色人身邊或有情感上的交流，這讓黃色人覺得自己被遺棄。而且橘色人常常讓孩子氣的黃色人覺得太強大、太嚴肅。喜歡冒險的橘色人，想要挑戰生命，征服世界；但黃色人只想要過得愉快，玩得開心。橘色人非常認真看待自己的冒險活動，可是黃色人幾乎不會嚴肅看待任何事情。黃色人跟橘色人都很喜歡性愛，但這卻不是他們最看重的事情。他們反而對於冒險的行程比較感興趣。

這兩人在一起從事體能活動時，會度過非常愉快的時光。但從長遠來看，這一對很有可能還是會分手，因為自由自在的黃色人無法在對方身上找到自己期盼的體貼和玩樂，而橘色人則對於這段關係裡要負起的責任感到厭煩。兩個人都不想要承擔家計或處理家務事，他們都只太在乎要去玩，或者要去冒險。

## 黃色與紅紫色的關係

請見紅紫色與黃色的關係章節。

## 黃色與黃色的關係

黃色人在一起會玩得很開心。黃色人與黃色人的婚姻往往就像是小孩在玩扮家家酒。這兩個人有很

多共同之處。他們都瞭解對方需要玩樂、自由、獨處的時間與空間。他們也很喜歡體能活動、待在戶外、大笑、玩樂、享受人生。健康穩定的黃色人能夠一起體驗到幸福快樂、充滿活力、令人愉快滿足的人生。不過，若是狀態不穩定或失去平衡，黃色人就可能出現一些問題，包括財務出狀況、因為負面的成癮習性導致的併發症、或不願意承諾而造成對感情沒有安全感。

如果其中有一方沉溺於負面的成癮物質，例如藥物或酒精，很可能也讓另一方出現問題。黃色人在遇到成癮物質的時候，都沒什麼自我約束力。如果有一方想要戒除，而另一方沒有同時戒掉，就會變得難上加難。如果有一方繼續陷入成癮物質中，另一方卻沒有，就等同於兩人失去玩在一塊的連結，這會使得兩人變得疏離，而且傷了彼此的感情。

變成富豪可能不是這一對的人生目標，除非他們很幸運，不費吹灰之力就可以得到一筆錢，例如中樂透、繼承遺產，或者在對的時間與對的地方想出什麼有創意的點子。通常黃色人都會有財務問題。

知名的黃色夫妻檔包括：歌蒂・韓（藍色／黃色，加上紫色）與寇特・羅素（黃色／理性棕褐色，加上紫色）、梅格・萊恩（藍色／黃色）與丹尼斯・奎德（黃色／紫色）、喬治・伯恩斯（黃色／綠色）與格雷西・艾倫（黃色／紫色）。

## 黃色與理性棕褐色的關係

請見理性棕褐色與黃色的關係章節。

## 黃色與環境棕褐色的關係

儘管黃色與環境棕褐色人對體能活動的喜好相仿，可是他們不是最相配的一對。肅穆、務實的環境棕褐色人覺得黃色人太沒有責任感，也太不成熟了。雖然他們喜歡黃色人的無憂無慮、開心愉快，但最後還是會被黃色人草率粗心的行為搞得很灰心，覺得很受不了。黃色人需要的是一個玩伴，一個可以一起大笑、耍蠢、享受人生的人；可是環境棕褐色人卻一點也不知道要怎麼玩樂。他們的人生通常扛著沉重的負擔。雖然環境棕褐色人可以為黃色人的人生帶來安全感與穩定感，但是他們的嚴肅認真最後也會讓黃色人覺得太沉重，難以負荷，而在這樣的壓力下喘不過氣來。

這兩個人都喜歡體驗現實的世界。他們常常到類似的地點，從事相同的活動。如果他們真的在一起，至少還可以共同參與這些嗜好活動。不過，喜歡玩樂的黃色人通常比謹慎小心的環境棕褐色人更魯莽、不顧後果、不受拘束。這兩個人參與體能活動的熱情與熱忱可是不太一樣。

如果環境棕褐色人願意成為負責任、明事理的伴侶，打理所有的瑣事，承擔家計，那麼黃色人就可以隨性地為兩人的關係帶來歡樂與愉悅，兩邊都可以因此而受惠。黃色人能夠為環境棕褐色人嚴肅又灰暗的人生帶來光明與希望，而環境棕褐色人可以為黃色人散漫又窮得要命的生活帶來秩序，提供穩定的收入。

這兩個人都能提供對方生命中所欠缺的東西，但是他們實在差異太大，因此無法在一起很久。環境

棕褐色人對孩子氣的黃色人來說太過於死板。黃色人根本受不了環境棕褐色人的規定與期待。他們比較想要的伴侶是很隨性又有創意。可是環境棕褐色人的個性不允許自己做這種無聊輕浮的事。他們比較要的伴侶是很理性又負責任的人，跟自己有同樣的智識，很牢靠又值得信賴。

這兩個人還是要找和自己個性比較相近的人在一起，才會過得比較快樂，感到滿足。

## 黃色與感性棕褐色的關係

黃色與感性棕褐色人可以為彼此帶來一種柔和的平衡。感性棕褐色人的溫暖與和善讓孩子氣的黃色人很有安全感，覺得很自在。感性棕褐色人能夠理解與接受黃色人喜歡玩樂的行徑，不但不會批評或責備黃色人，他們藍色的部分還會像媽媽一樣照料與呵護黃色人。（黃色人多半會吸引具有母愛個性的人。）

這兩個人都喜歡幫助別人。他們都是會去關心別人，很體貼，讓人喜歡。感性棕褐色人會為雜亂脫序的黃色人提供一個充滿關愛、有安全感的環境，而黃色人則是能為正經八百的感性棕褐色人帶來輕鬆愉快。

不過，這一對有一些潛在的問題。雖然感性棕褐色人欣賞黃色人的善良好心、善體人意、願意幫助他人，但是他們也跟其他棕褐色人一樣，比較想要可靠、審慎、明智的伴侶，而且也很看重承諾。但黃色人大多畏懼給出承諾，負擔責任。有時候感性棕褐色人會對於黃色人不負責任、無法信靠的行為覺得

很沮喪，認為家裡的開銷一直都靠自己，無憂無慮的黃色人則是不知道跑去哪裡逍遙。感性棕褐色人還很快就會發現，比起賺錢，黃色人更會花錢。

面對黃色人的這種不負責任，感性棕褐色人沒多久就會衍生出一種母愛的心態。他們會覺得自己必須要照顧黃色人，不然所有事情就會一團糟。剛開始黃色人還蠻喜歡有人照料自己的大小事情，但是到最後就會很不滿，覺得自己是跟媽媽住在一起，而不是玩伴。雖然感性棕褐色人大部分都是被黃色人不負責的行為逼得要扮演照顧者的角色，但是兩邊最終對於這樣的狀況都會非常不滿。若想建立一個和諧的關係，感性棕褐色人必須學會接受自己是一個很務實的伴侶（但不要變成黃色人的媽媽），不然就是黃色人必須要學習變得更有責任感、讓人可以信賴。如果可以達到這些目標，那麼他們就會是一對佳偶。感性棕褐色人非常有耐心，能夠容忍黃色人的行為，因此算是可以跟黃色人和諧地共同生活在一起。

## 黃色與抽象棕褐色的關係

請見抽象棕褐色與黃色的關係章節。

## 黃色與綠色的關係

請見綠色與黃色的關係章節。

## 黃色與藍色的關係

黃色與藍色這一對的組合還蠻常見的。因為很有母愛的藍色人會被很像小孩的黃色人吸引。他們的

關係剛開始的時候會非常好。充滿關愛與喜歡照顧人的藍色人，會大大滿足黃色人的一切需求，因為藍色人就是喜歡照顧每一個人。他們的照顧還包含了在金錢方面幫助黃色人。藍色人非常清楚要怎樣拯救迷失、低潮、煩亂的黃色人，只是到最後會發現，當把黃色人照顧得無微不至之後，對方就跑了。黃色與藍色的這一對很可能會白頭偕老，只要藍色人不要太過度照料黃色人，而黃色人能夠認真地看待承諾。

黃色與藍色人之間還是會出現問題。當藍色人墜入愛河，他們會想要隨時跟對方在一起。可是黃色人需要時間與空間獨處。當黃色人選擇要自己一個人時，藍色人可能會覺得被拒絕，就會躲避起來，因為覺得自己被拋棄、不被愛了。敏感的黃色人，不想要傷害任何人，會想不惜任何代價避免衝突，這時通常就會跑掉。黃色人也不喜歡被愧疚感綁住，而這是藍色人最擅長使用的武器。

黃色人與藍色人都喜歡幫助別人。他們都很體貼入微，樂於付出。他們會是相處愉快的一對伴侶，只要他們真的能在一起。藍色人最看重的就是彼此相愛、忠誠不渝的關係，而黃色人最大的恐懼之一就是給予承諾。很能忍耐、忠誠、忠貞的藍色人，可能要等好幾年，才能從黃色人那裡聽到自己渴望聽到的話，而藍色人通常都會等待下去。

藍色人願意為心愛的人做任何事情，若是他們聽到黃色人講的笑話會哈哈大笑、給對方自由有時間獨處、學會接受對方送的禮物（黃色人喜歡帶著小禮物回家），那麼這時黃色與藍色人就是非常相配的一對。黃色人必須讓藍色人想哭就哭，或者談論兩人的關係。黃色人這個時候可不能逃開。藍色人絕對

不會傷害任何人，他們只是想要知道自己是被愛的。

藍色人必須要很愛黃色人，來幫助對方相信自己，而不是變成依賴。藍色人必須要瞭解，讓黃色人待在自己身邊是因為愛對方，而不是需要對方。藍色人必須要學會放下想要自己被需要的那種需求。

黃色人則必須瞭解，承諾不是限制，而是一種能夠幫助雙方成長、更進一步瞭解對方的工具。黃色人要明白，告訴藍色人，他們是被愛的、被欣賞的，會讓他們非常快樂。黃色人不需要把藍色人對愛的需求看成是困住與壓制自己的一種操控手法。

黃色人來到這個地球是為了帶來歡樂、療癒人們，藍色人則是為了帶來愛。如果他們可以瞭解彼此的目標、需求、重視的事情，那麼會是很美好的一對伴侶。

知名的黃色—藍色夫妻檔包括：歌蒂・韓（藍色／黃色，加上紫色）與寇特・羅素（黃色／理性棕褐色，加上紫色）、梅格・萊恩（藍色／黃色）與丹尼斯・奎德（黃色／紫色）。

## 黃色與紫色的關係

黃色與紫色人會是很歡樂、有想法、具啟發性的一對。紫色人的願景，加上黃色人的創意，能夠創造出驚人的成果。這兩個人能很自在地一起玩樂。紫色人是不會批評黃色人喜歡玩樂。這兩個人都喜歡幫助別人。黃色人可能會有點害羞，但是等到跟大家熟絡之後，紫色人與黃色人都會很喜歡跟人往來、

社交。

他們也都很喜歡性愛。他們是生命色彩光環中性慾最強的兩個色彩。雖然黃色人喜歡嬉戲的成分較多，而紫色人傾向充滿激情，不過他們在一起能夠體驗到一種很好的能量平衡。

紫色人大多在關係裡是擔任主導者的角色。他們要比黃色人更認真看待自己來到這個世界的目的。這一對真正唯一的問題會出在，若是黃色人一直很懶散或不負責任。紫色人擁有強烈的渴望，想要往前完成自己的目標與願景，對於黃色人拖拖拉拉的個性會覺得灰心、失望。黃色人通常不敢、也害怕冒風險。他們比較喜歡順其自然，活在當下，而不是設定目標，擬定計劃。紫色人在兩人關係中多半是提供一種充滿活力的動力。黃色人則是加入輕鬆愉快、有趣好玩、有創意的想法。常常，黃色人會靠著紫色人的裙帶關係被提拔，這樣悠閒自在的黃色人就不用工作得那麼辛苦，可以少負點責任。但這樣會讓紫色人瞧不起。紫色人通常是比較會賺錢的一方。不過如果紫色人變得漫不經心，沒有保持安穩，黃色人跟紫色人都會陷入財務困難。

這一對通常有很多共同的興趣，像是音樂、娛樂、運動、性、人群、旅遊。雖然在這些興趣背後兩人的目的不同，不過他們一起參與時是非常開心。

黃色人跟紫色人大多相處十分融洽，通常能讓彼此的生命更為豐富。只要黃色人不要變得懶散、害怕或不負責任，他們是能夠以幽默與創意啟發紫色人。而只要紫色人不要變得太傲慢或嚴肅，還有要找

時間跟像小孩子的黃色人一起出去玩，那麼紫色人是能夠激發黃色人的靈感，得到更棒的創意點子或療癒能力。紫色人能夠教導黃色人冒點風險，將自己更多的潛能發揮出來。

紫色人來到這個世界是為了拯救地球，改變世界，讓它變得更好。黃色人天生就是療癒者，來到這個世界是為了讓大家放輕鬆，並帶來歡笑。這兩個人在一起能夠成為有啟發性、有創意的一對伴侶，透過像是電影、藝術、音樂的媒介，接觸到大眾，或者他們會到世界各地旅行，以療癒者的身分一起接觸到眾人。在狀態穩定時，他們是活力旺盛的一對。

以下是知名的黃色—紫色人的關係組合：披頭四（全是黃色／紫色）、伊莉莎白．泰勒（藍色／紫色）與李察．波頓（黃色／綠色）、凱薩琳．赫本（紫色／黃色和綠色）與史賓塞．屈賽（黃色／綠色）、約翰．甘迺迪（紫色／黃色）與賈桂琳．甘迺迪（紫色）、保羅．麥卡尼與琳達．麥卡尼（兩人都是黃色／紫色）。

## 黃色與薰衣草紫色的關係

黃色與薰衣草紫色人在一起非常快樂，不過若是結婚，就會像是兩個孩子在玩扮家家酒。黃色人跟小孩沒兩樣，薰衣草紫色人則是活在幻想的世界裡。兩邊都沒有人渴望要去完成什麼事，雖然黃色人通常很喜歡在家裡東修西修。實際狀況是，黃色人比較在意自己的身體，這點能幫助薰衣草紫色人多多關注自己的身體。他們兩個人是能夠玩在一起。黃色人可以幫助薰衣草紫色人回到現實，薰衣草紫色人可以說說童話故事，娛樂黃色人。但是這兩個人沒有一個人要負擔家計、照料家務，或出去賺錢。

這兩方都很敏感、充滿關愛，誰也不想傷害對方的感情。當感覺到可能會有衝突發生時，這兩個人都會逃避跑掉。還有，這兩人往往頭腦都不夠清醒，無法建立起成熟大人的關係。這一對很像冰淇淋上面的巧克力糖漿，看起來很好看、吃起來很可口，但卻可能不是很健康的關係。

當黃色人的創意結合薰衣草紫色人的奇幻想像力，或許會出現這一對關係裡的正面優點。這兩個人能夠創作出很棒的童書或玩具。不過，他們還需要另一個人幫他們處理細節的部分。

由於兩人都不善於理財，他們大多一下就會把錢花完。除非他們真的變成大富翁，不然還是跟能夠照顧他們、又能負責的人結婚比較好。這一對是很有創意想法的組合，但不是非常穩固的婚姻伴侶。

## 黃色與透明色的關係

請見透明色與黃色的關係章節。

## 黃色與靛藍色的關係

請見靛藍色與黃色的關係章節。

# 第七章　與心智類生命色彩的關係

## 理性棕褐色

### 理性棕褐色與紅色的關係

請見紅色與理性棕褐色的關係章節。

### 理性棕褐色與橘色的關係

這兩種生命色彩的人並沒有很瞭解彼此。橘色人多半覺得理性棕褐色人太過於安穩、很容易就滿足，理性棕褐色人卻總覺得橘色人冒的險根本是沒必要。理性棕褐色人喜歡安穩、理性、心智類的工作，而橘色人需要讓身體活動，同時挑戰生命。理性棕褐色人看不出來橘色人的行為背後有什麼邏輯或目標可言。他們偏好在郊區定居、有份朝九晚五的穩定工作、一生為家庭盡心盡力。橘色人則認為，理性棕褐色人的生活方式就跟慢慢無趣又痛苦地等死沒兩樣。敢向危險挑戰的橘色人不想被感情、家庭責任或乏味的朝九晚五工作所阻礙。

理性棕褐色人不太敬佩或崇拜橘色人的冒險活動，反倒會批評他們根本就是任性、不切實際、不顧危險、沒頭腦。不過，要說這兩個人有什麼共同點，那就是他們都喜歡計劃得很周詳。理性棕褐色人會對橘色人的心思靈巧與條理清楚的技能非常欽佩與著迷，橘色人則能夠叫得動講究細節的理性棕褐色

人，來幫自己研究所有跟冒險行動有關的資料與數據。只是他們無法有相同的生活方式、嗜好，或者喜歡挑戰。

## 理性棕褐色與黃色的關係

這一對就像是厲行紀律的爸爸或媽媽跟沒責任感小孩的組合，要不然就是可以為對方提供一種平衡。一般而言，理性棕褐色人會鼓勵黃色人要長大成熟、更有責任感。黃色人往往會忤逆理性棕褐色人專橫的期待來加以回應，或者因為害怕不被認可或被拒絕而退縮。像小孩子的黃色人常常會覺得，在理性棕褐色人的審查之下，自己是很差勁的人。

理性棕褐色人喜歡可靠、務實、負責任的伴侶（這些都不是黃色人的特點）。而黃色人喜歡可以一起玩樂、冒險、率直隨性的伴侶。理性棕褐色人覺得很難讓自己不管在身體、心智、情感哪個層面上完全都沒有牽掛、放任不管。

如果這兩個人可以瞭解與接受彼此的特質，那麼他們是可以建立起平衡的關係。理性棕褐色人可以提供一個安穩、可靠的環境，黃色人在其中能夠安心自在地創作。黃色人則是可以讓理性棕褐色人沒什麼變化的世界明亮起來，增添即興的樂趣。理性棕褐色人因為非常講究實際，可以為黃色人的創意點子帶來實質的根據。黃色人悠閒逍遙的態度則能幫助嚴肅的理性棕褐色人學習放輕鬆一點，多多享受人生。

這個組合若要長久成功地走下去，就得靠彼此能夠瞭解對方跟自己互補的特質，還有要容忍對方與自己的差異。黃色人必須瞭解，遵循原則、分析資料可以讓理性棕褐色人有安全感，而且要對他們很有責任感的態度心存感激。理性棕褐色人則要允許黃色人可以喜歡玩樂、自由自在，並且要去欣賞黃色人的熱忱與天真的個性，而不是加以批評或限制。

## 理性棕褐色與紅紫色的關係

請見紅紫色與理性棕褐色的關係章節。

## 理性棕褐色與理性棕褐色的關係

這兩人很可能是非常相配的一對。他們都是很腳踏實地、值得信賴、有條有理的人，對事情的優先順序也很一致。兩方都會出去上班、有穩定的工作、喜歡討論知性的話題。

這一對可能的潛在問題，就是不會有什麼意料之外的變化。理性棕褐色人通常就做著同一份工作、住在同一棟房子、一輩子遵循著固定的模式生活。他們的生活裡沒有什麼刺激的冒險，也不會有什麼動機去改變。這一對會變得一切都是習以為常，重複做一樣的事情。不過他們也很滿意這樣的生活方式。成長會以他們覺得自在的步調發生，而且是安全且教人放心。

兩人都瞭解對方需要看到所有的資料與數據才安心，也都很感激對方的可靠。只是這一對關係裡會欠缺情感的表達與激情。不過，對於理性棕褐色人來說，伴侶不會要求要有親密的情感交流，就會覺得

輕鬆自在，也安心多了。

## 理性棕褐色與環境棕褐色的關係

這一對很類似兩個理性棕褐色人在一起的關係。他們很合得來，唯一的差別只在於環境棕褐色人與現實環境有比較多的連結。環境棕褐色人想要與環境有所互動，對於身體的活動也比理性棕褐色人有興趣。如果環境棕褐色人決定要去潛水，調查海洋的某個部分，理性棕褐色人通常不會跟著一起去，因為不相信這是安全的活動，而且也看不出有什麼合理的理由要去參與。環境棕褐色人大多都是自己去參加這類的活動，他們理性棕褐色的伴侶是不會一起去的。

大多數這一對的組合中，兩方是非常相似，都是可靠、穩健、務實的人，都喜歡分析資料、處理細節。他們重視的事情也一樣。他們可能會對於不同的案子或活動有興趣，但是兩方不同的興趣或許能幫助繼續增進彼此的關係，而且在不同的領域教導對方。

這一組的關係裡，可能不會有太多的激情或親密的溝通。兩邊大多不會講出自己的感受。他們的關係往往有點類似事業夥伴的關係。各項的細節與責任，每天都有人會好好處理，難得見到什麼情緒的波動。這樣的生活兩個人都很滿意，因為都不會覺得被迫受到情緒的影響。

## 理性棕褐色與感性棕褐色的關係

請見感性棕褐色與理性棕褐色的關係章節。

## 理性棕褐色與抽象棕褐色的關係

請見抽象棕褐色與理性棕褐色的關係章節。

## 理性棕褐色與綠色的關係

請見綠色與理性棕褐色的關係章節。

## 理性棕褐色與藍色的關係

藍色人想要的是專一、長久的關係，所以常常會被理性棕褐色人的穩健與可靠所吸引。遺憾的是，通常他們在婚姻中會衍生出溝通的問題。藍色人是用真心溝通，他們希望跟伴侶可以在情感上有交流，可是理性棕褐色人什麼都是用頭腦去想。這類棕褐色人喜歡針對狀況加以分析，然後得出合理的解決方法，但會在過程中把感受與想法隱藏起來。這就讓藍色人很挫折，覺得自己跟另一半真正的內心世界是隔絕開來的。

理性棕褐色人在理性上無法理解藍色人的情緒為什麼會變化莫測。對於有條不紊、講求明智的理性棕褐色人來說，藍色人似乎過於相信直覺，很不理性。藍色人則是一直想要討論兩人的關係，想要談論感受。理性棕褐色人最終在情感上還是無法滿足藍色人，而藍色人覺得自己常常像是在跟一面牆講話。

在這個關係組合裡，藍色人需要在情感方面更成熟一點，才不會因為一直要求外在的肯定來確認自己的價值，而讓理性棕褐色人筋疲力竭。他們必須要相信自己是被愛的這一點。（這是藍色人進入或脫

離一段關係的最大理由。）不過，理性棕褐色人也要體認到，藍色人必須要得到情感上的滿足，所以必須要瞭解到打開心房、討論感受的重要性。如果藍色人在情感上覺得獲得了滿足，那麼不管天涯海角都會跟從自己的伴侶。

如果這兩個人期待的是傳統的婚姻，也就是藍色人主內、理性棕褐色人主外，那麼這一對就會走得下去。在理性棕褐色人的身邊，藍色人知道對方是很穩健、可靠、信守承諾的人，就會感到很安心與滿足，而理性棕褐色人知道，自己有一個忠誠、充滿愛意、盡心盡力的伴侶，會好好照顧自己。理性棕褐色人是家裡的管教者，藍色人則是照顧者。

雖然溝通可能會是個問題，不過忠誠與安全感是這一對獲得的回報。兩個人在這個關係中是各司其職。理性棕褐色人與藍色人必須要體認到，彼此看待世界的方式不太相同、處理感受的方式並不一樣、看重的事情也不一致。如果藍色人可以瞭解，理性棕褐色人需要有條不紊、慢慢地分析訊息（還有，如果藍色人在理性棕褐色人卡住時可以保持耐心），那麼兩個人的婚姻就會非常穩固。如果理性棕褐色人可以理解藍色人對於情感的需求，如果他們可以學習相信藍色人所感受到的事情，而不管事實是否齊全，那麼他們就會擁有忠心、支持自己、深愛自己的伴侶。（有一個方法可以讓理性棕褐色人學習去相信藍色的伴侶，那就是觀察與分析對方過去的軌跡紀錄。藍色人的直覺往往都是對的，理性棕褐色人可以學習去相信。）

## 理性棕褐色與紫色的關係

理性棕褐色人與紫色人的信念與行為在生命色彩中是完全相反的，因此他們兩人的感情備受考驗，只有極少數走得下去。理性棕褐色人從第一步到第十步的每個步驟，都會有條理地仔細進行分析，因此紫色人想要從第一步直接跳到第五十步的習慣會嚇到他們。理性棕褐色人認為紫色人不切實際，只會做白日夢。這兩個人常常會發生衝突。不過當紫色人完成自己的夢想，理性棕褐色人會很欽佩他們的遠見與能力。

理性棕褐色人很務實、理性、有條不紊，懷抱夢想的紫色人則往往很散漫，跟現實社會一般認定的務實差距甚遠。在他們的關係中，當紫色人想要往前衝，不管合不合理，為了夢想甘願冒著一切風險時，就會出現問題。這往往會讓理性棕褐色人惱火，因為他們極為看重自己非常辛苦工作、好不容易才建立的安全感與穩定的生活。理性棕褐色人很快就會覺得很沮喪，怨恨自己幹嘛拼死拼活工作，賺錢供養只會追尋夢想的紫色人。即使是最有耐心的理性棕褐色人，最後也會希望紫色人的這些夢想能夠落實，帶來真正的收入。還有，紫色人喜歡旅行，但是理性棕褐色人會爭辯說，休假不上班是不負責任，也不切合實際。

紫色人的情感非常深刻，他們天生就具有憐憫心，會受到感動而落淚。理性棕褐色人則是傾向壓抑自己的感受，通常不會跟任何人多做說明。紫色人非常熱情、喜歡性愛、很有想法，而拘謹的理性棕褐色人在這些部分則是很克制。這兩個人在同一個層面上不太容易溝通。

儘管理性棕褐色人與紫色人的需求完全不同，但是如果他們可以保持穩定平衡，仍然可以受惠於對方。抱持質疑態度、小心謹慎的理性棕褐色人可以幫助紫色人務實一點，不要衝太快，還可以為紫色人的點子加入大家都知道的道理、理性的思考、實用性，而為兩人的關係提供一個穩定、牢靠的基礎。當理性棕褐色人相信紫色人，就會想出必要的步驟，具體實踐紫色人的夢想。例如，紫色人能夠想像出一種先進的媒體科技形式，然後理性棕褐色人研發出精細的技術，將這個想像具體落實。理性棕褐色人也可以提供穩定的收入，讓紫色人可以帶著自己的夢想起飛。

紫色人能夠讓理性棕褐色人的生活不那麼單調乏味。理性棕褐色人常常陷入重複的模式中。紫色人可以幫助他們從不同的角度看待人生，進而拓展自己的經歷。紫色人也能幫助他們探索與說出自己的感受。理性棕褐色人可以幫助紫色人腳踏實地，而紫色人可以幫助理性棕褐色人不要只專注在現實的層面。他們可以為彼此提供一個很好的平衡。不過，比較常出現的情況是，這兩人之間的差異讓彼此都很灰心和惱怒。

## 理性棕褐色與薰衣草紫色的關係

這是一個有趣的組合，他們要嘛可以為雙方提供一個平衡，不然就是讓彼此一直覺得很氣餒。理性棕褐色人想要的生活是明智、理性、務實，但薰衣草紫色人的生活不但不務實，而且是活在白日夢裡。理性棕褐色人認為這根本是不切實際、不負責任。理性棕褐色人通常要負擔開銷、出去工作、處理兩人生活裡的大小事。除非他們同意這樣的安排，不然這最後會讓理性棕褐色人感到沮喪不已。

溫和的薰衣草紫色人能夠為這個關係帶來創意的部分。他們可以啟發傳統保守、常常只看到眼前的

理性棕褐色人從不同的角度來看事情。他們也能夠幫助理性棕褐色人改變某些習慣性的行為舉止。薰衣草紫色人還可以幫助自己理性棕褐色的伴侶不要變得太頑固。有時候，他們的幻想與獨特的視角讓只會用頭腦思考的理性棕褐色人覺得很新奇。

在穩定狀態下，理性棕褐色人會感謝薰衣草紫色人為生活所帶來的體貼與溫柔。若是不夠穩定，理性棕褐色人就會很氣薰衣草紫色人無法好好在現實、理性、有經濟效益的體系裡工作賺錢。比理性棕褐色人敏感又脆弱的薰衣草紫色人，會對於對方無法在情感上理解自己而覺得非常受傷，憂傷之餘，就會退縮到自己的世界裡。兩邊的溝通因此變得困難，有時候根本就不可能。

只要理性棕褐色人不去要求薰衣草紫色人遵守他們定下的規矩與法則，薰衣草紫色人就會覺得可以自在地做自己，有自己的想法。薰衣草紫色人常常很感激理性棕褐色人為兩人在一起所展現的務實、負責的能力，因為他們願意打理所有事情，讓薰衣草紫色人可以自由去玩。不過，薰衣草紫色人也會發現，理性棕褐色人會對於他們的品味太有偏見，令人鬱悶。

通常這一對最後會發現，兩人沒有什麼共同的興趣，溝通方式也天差地別。理性棕褐色人大多把感覺隱藏起來，只討論理性的事情。薰衣草紫色人想要分享自己的經歷時，講出來的內容卻超乎理性棕褐色人所能理解的範圍。他們不能理解薰衣草紫色人的世界。這一對往往就像是一個盡責管教的家長，跟一個沉默寡言卻敏感的小孩在一起。這樣是無法建立起成熟、情感上得到滿足的親密關係。

這兩人若要一直走下去，得靠兩邊都願意讓對方為這段關係帶來獨特的貢獻。一方可以提供安全與安穩的基礎，另一方可以為兩人的關係培養出情感充沛、有創意、靈性的一面。

### 理性棕褐色與透明色的關係

請見透明色與理性棕褐色的關係章節。

### 理性棕褐色與靛藍色的關係

請見靛藍色與理性棕褐色的關係章節。

## 環境棕褐色

### 環境棕褐色與紅色的關係

比起理性棕褐色人跟紅色人，環境棕褐色人跟紅色人可能比較有機會走得下去。環境棕褐色人跟紅色人都喜歡探索大自然的環境，喜歡融入其中。這兩人都是強壯、話不多的類型，所以可能彼此欣賞；但他們也多半不太會講出自己的感受與想法，因此兩人之間可能會缺乏親密的情感連結。關於性的部分，這一對要比理性棕褐色跟紅色人更合得來。

環境棕褐色人就跟理性棕褐色人一樣，很善於訂定計劃與整理訊息。紅色人會運用自己體能的力量

來協助計劃執行。由於各有擅長的技能可以相輔相成，這兩人可說是非常棒的工作團隊。環境棕褐色人也有不錯的體力，不會被紅色人的力量與活力嚇到。

這一對可能會有的問題是：環境棕褐色人比紅色人更較用頭腦在過生活，而紅色人可能無法瞭解環境棕褐色人為何那麼喜歡要動腦的事情。不過，環境棕褐色人對於動腦的興趣也可以為兩人的關係拓展其他的層面。（請見第六章關於紅色與理性棕褐色人的關係章節，進一步瞭解紅色人與環境棕褐色人可能會有的問題。）

兩人都沒興趣分享感受或進行親密交流，他們可能做事業的夥伴比做婚姻的伴侶好。不過，這一對成功的可能性也不是完全沒有。

## 環境棕褐色與橘色的關係

請見橘色與環境棕褐色的關係章節。

## 環境棕褐色與紅紫色的關係

這一對非常類似理性棕褐色與紅紫色的組合。相較於紅紫色人荒誕離譜的行為與挑戰權威的想法，環境棕褐色人就顯得太安穩、可靠、理性。這兩人的共同點非常少，覺得對方的態度跟行徑為實在很無聊。（請見第六章關於紅紫色與理性棕褐色人的關係章節，進一步瞭解紅紫色人與環境棕褐色人。）

## 環境棕褐色與黃色的關係

請見黃色與環境棕褐色的關係章節。

## 環境棕褐色與理性棕褐色的關係

請見理性棕褐色與環境棕褐色的關係章節。

## 環境棕褐色與環境棕褐色的關係

這一對會是很好的事業夥伴，彼此都很看重對方的想法與能力。不過，這兩人之間沒有什麼情感的表達、柔情、或親密的言行，兩個人大多很獨立地過著自己的生活。由於他們都不會表達自己的情感，所以也不會有親密或坦誠的溝通。他們敬佩對方的聰明才智、穩重可靠與常識豐富。但是也因為兩人之間沒什麼差異，而無法為彼此的關係帶來深度。這兩個人實在太相像了，會是非常好的朋友或事業夥伴，但是做為婚姻伴侶的話，一般來說，他們在情感上不是很親密，在性愛方面也沒有什麼刺激感。

## 環境棕褐色與感性棕褐色的關係

這個組合很可能非常相配。感性棕褐色人渴望內心堅強、有責任感、可靠的伴侶，環境棕褐色人完全體現了這些特點。感性棕褐色需要的伴侶是能夠信守承諾、支撐整個家庭的人，而環境棕褐色人會選擇這麼做。兩邊都傾向在理性、精神的層面上跟對方溝通。

感性棕褐色人會為環境棕褐色人提供一個安靜、備受呵護的家庭環境，他們還能提供環境棕褐色人

不時會需要的溫柔與柔情，讓他們保持平衡。他們不會侵犯環境棕褐色人對隱私的需求。他們的方式不會嚇到環境棕褐色人，而且環境棕褐色人反倒非常欣賞他們安穩的可靠、有責任感、無微不至的照顧方式。不過，有時候環境棕褐色人會覺得感性棕褐色人的溫柔貼心有點無趣，他們偶爾會希望伴侶比較強悍與霸道一點。

這兩人可能出現的問題是，感性棕褐色人因為在光環中有藍色部分，偶爾需要有人也可以在情感和親密關係的基礎上交流，但環境棕褐色人通常卻不太會跟伴侶有情感的連結。有時候，環境棕褐色人把感性棕褐色人管得太嚴，而且很兇。感性棕褐色人很感謝環境棕褐色人，因為覺得自己可以倚靠他們處理生活大小事情，只不過自己情感上的需求沒有一直都獲得滿足。如果感性棕褐色人可以接受，事實就是環境棕褐色人只能給予到某個程度，而且如果感性棕褐色人能夠放輕鬆，滿足自己的情感需求，那麼這兩個人很有機會可以白頭偕老。

這兩個人都不喜歡往外跑或冒險，他們也不是很喜歡社交，雖然感性棕褐色人要比環境棕褐色人還喜歡常常跟人在一起。兩人都喜歡待在家裡，為自己及家人打造出舒適、安全、私密的環境。他們都能理解對方對於安全感與穩定的需求。這兩個人都非常穩定，沒有一方會出現極端的情緒起伏，而讓另一方受到驚嚇或覺得火大。兩人之間的溝通大多是很平穩、沒多大變化。

在很多方面，這個組合很有可能白頭偕老。他們能夠互補，提供彼此都需要的安全感與穩定感。

## 環境棕褐色與抽象棕褐色的關係

這一對不太合得來。環境棕褐色人希望自己的生活井然有序、紀律分明，對於抽象棕褐色人亂七八糟的行徑會覺得很惱怒。環境棕褐色人認為，抽象棕褐色人太粗心大意、忘東忘西的。環境棕褐色人想要的伴侶是比較能幹、自主獨立的人，可是抽象棕褐色人想找的是可以照顧自己的伴侶。環境棕褐色人瞧不起抽象棕褐色人無法負起責任、讓人信賴。雖然抽象棕褐色人很好心，但是往往腦袋裡想太多事情，結果很多都無法做到。

環境棕褐色人常常讓抽象棕褐色人心生膽怯。他們的能力與堅強會讓抽象棕褐色人不知所措，而且這點讓抽象棕褐色人會想退縮到自己的世界裡。環境棕褐色人是非常內向、嚴肅的人，往往都是把感受藏在心裡。雖然抽象棕褐色人會談論對於情感的想法，不過他們也是傾向從自己的感受抽離出來。結果這一對在情感上就會沒什麼交流。雖然抽象棕褐色人的愉悅、樂觀的態度可以讓肅穆的環境棕褐色人受益，但是卻往往被拒絕。抽象棕褐色人充沛、又到處四散的活力常常讓內向的環境棕褐色人覺得很煩。即使環境棕褐色人認同抽象棕褐色人對於人類大愛的抽象理念，但是他們比較希望伴侶是可以幫助自己打理事業。抽象棕褐色人則是希望伴侶不會一直要求要有責任感或可以信賴，能夠多多理解自己的獨特作風。

## 環境棕褐色與綠色的關係

請見綠色與環境棕褐色的關係章節。

## 環境棕褐色與藍色的關係

請見藍色與環境棕褐色的關係章節。

## 環境棕褐色與紫色的關係

這一對是非常有趣的組合。雖然有可能走得下去，但無法走得長久。環境棕褐色人大多關心的是拯救地球的實體環境，而紫色人關心的是從人道關懷的層面上拯救世界，兩個人都關心地球的問題，但是角度卻不同，是能夠為彼此提供一種平衡。環境棕褐色人可以為這個關係帶來務實與穩固，幫助紫色人保持專注，具體實踐自己的夢想。紫色人則能夠幫助環境棕褐色人超越已證實過的訊息與事實，看到想法與點子。紫色人的夢想可以啟發與擴展環境棕褐色人的心智境界。

問題通常會出現在兩個人想要溝通的時候。這兩人的作風不同，理性、不帶情感的環境棕褐色人會想把自己的感受和夢想隱藏起來，而紫色人情感豐富，需要跟伴侶在這個層面上交流。對於環境棕褐色人來說，紫色人顯然只是不切實際地在做夢，總是想著虛無飄渺的事，想出來的點子既不可行又不務實。對於紫色人來說，環境棕褐色人常常眼光短淺、沒血沒淚、過於小心。紫色人需要熱情帶動兩人的關係向前。環境棕褐色人的確不會表現出熱情，或者輕易大幅改變自己的信念，雖然他們也是可以學習這麼做。他們嚴肅的行徑最後會讓紫色人很灰心。在情感豐富的夢想家與講求實際的現實主義者之間，衝突與爭執常常出現。

在穩定、互動良好的關係裡，環境棕褐色人多半都是安穩、始終如一的伴侶，有個穩定的工作。紫

色人則是會專注在自己的夢想與願景上，最後能夠讓自己與伴侶提升進入更高水準的生活。這一對不會競相爭奪外界的注意力，因為環境棕褐色人沒有很喜歡到矚目。他們會很高興不必去娛樂具有領袖魅力的紫色人。不過，紫色人一直想成為在社交聚會的注目焦點，環境棕褐色人會斷定這人要不是沒安全感，就是愛炫耀與自大。

雖然這一對有可能為彼此提供一種平衡，但更常見的是，因為兩人的差異而感到沮喪。環境棕褐色人會對於自己一貫的生活方式感覺比較安心，也證實可行，而支持紫色人的夢想或許會造成財務上的負擔，直到紫色人能夠證明自己會成功。紫色人需要去完成自己的夢想，發揮自己的潛能。可是環境棕褐色人會對於紫色人的夢想做過度分析，而讓進行的速度慢下來，或甚至導致紫色人放棄。無法追尋自己的夢想會使得紫色人很不快樂、憂鬱、迷惘。

這兩個人雖然可能成為一對，但是他們之間的差異往往會讓兩個人都不自在，覺得受到對方限制。

## 環境棕褐色與薰衣草紫色的關係

請見薰衣草紫色與環境棕褐色的關係章節。

## 環境棕褐色與透明色的關係

環境棕褐色人與透明色人可能無法建立親密或情感深厚的關係。這兩人多半不會想要主動跟別人談戀愛。透明色人喜歡情感的交流，但是往往因為害羞而不敢開啟話題。環境棕褐色人則對於討論情感沒

什麼興趣。因此這兩人通常也不會很親密。兩方都需要時間自己獨處，也會尊重對方這個需求，但是就會變得很疏遠。

由於環境棕褐色人不會有什麼狂放或驚人的行徑，透明色人就不會被那種負面的能量影響。環境棕褐色人能夠為脆弱的透明色人提供務實、安穩的能量。不過，對於生性溫和的透明色人來說，會覺得環境棕褐色人在情感方面太過疏離、太注重實際面、太嚴厲、太死板。環境棕褐色人則往往不能理解透明色人關於靈性的信仰或進入內在冥想的需求。

這兩種生命色彩的人都喜歡大自然，這讓他們有可以分享的東西。不過概括來說，透明色人是以更柔和、縹緲、充滿情感的方式接觸自然與生命，環境棕褐色人則是傾向以分析的方式來欣賞生命。透明色人可以為技術導向的環境棕褐色人加添美感與柔軟，而環境棕褐色人能夠為脆弱、沒有安全感的透明色人提供安全感與穩定感。

如果這一對能夠接受對方幫自己生命加上的平衡，那麼他們可以成為非常互補的伴侶。只是由於兩邊都很內向、喜歡省思，他們關係中缺乏的特質往往會是親密感、情感的連結與坦誠的溝通。透明色人雖然待在自己安靜的世界裡會比較快樂，但是可能得去適應環境棕褐色人世界裡已經建立起、講究實際的界限才行。儘管兩方都可以提供對方所欠缺的特質，不過環境棕褐色人對於溫和、脆弱、情感豐富的透明色人來說，還是太一板一眼、理性、紀律嚴明。

### 環境棕褐色與靛藍色的關係

請見靛藍色與環境棕褐色的關係章節。

## 感性棕褐色

### 感性棕褐色與紅色的關係

請見紅色與感性棕褐色的關係章節。

### 感性棕褐色與橘色的關係

這個組合對雙方都是挑戰，他們也不太處得來。感性棕褐色人往往會一直擔心橘色人的健康與安危，橘色人則覺得感性棕褐色人那種母愛的行徑與不喜歡冒險的心態實在很無趣、令人窒息。感性棕褐色人想要的伴侶是可以待在家裡，跟自己一起從事符合現實、照顧家人、安全的活動，可是橘色人完全不想要滿足這樣的需求。橘色人覺得，以感性棕褐色人那種平靜、安穩的方式過日子，簡直跟慢慢等死一樣，他們還是比較喜歡過著冒險犯難的生活。每次橘色人出門去挑戰大自然或嘗試從事冒險的活動，感性棕褐色人心裡滿是擔憂。過一段時間，這種壓力就會超過他們所能負荷的。

感性棕褐色人需要仰賴另一半養家餬口，但承擔傳統的責任並不是橘色人真正想要的人生。如果感性棕褐色人跟橘色人結婚，可能大部分時間都是自己一個人。感性棕褐色人需要伴侶陪伴的程度是遠超

過橘色人願意做到的。通常橘色人會特別被感性棕褐色人吸引，是因為他們願意待在家裡、打理家事、讓橘色人可以自由地去冒險。不過，這一對最後會因為感性棕褐色人怨恨自己遭到遺棄、橘色人討厭被限制而分手。這兩個人還是無法做到對方的要求。

## 感性棕褐色與紅紫色的關係

感性棕褐色人希望自己的人生過得平靜安穩，因此他們是沒法忍受紅紫色人驚世駭俗的行為，覺得紅紫色人實在太怪異了。他們比較想要的伴侶是擁有穩定、有責任感、可以信賴的特質。感性棕褐色人需要有人可以提供安全感，可是紅紫色人不願意去扮演這樣的角色。

紅紫色人常常發現感性棕褐色人太容易就滿足。雖然他們知道，感性棕褐色人會照料大小事、把家裡打理好、提供一個充滿愛與呵護的環境，但是終究還是會對於感性棕褐色人的安穩、一成不變感到乏味。

紅紫色人需要願意跟他們一起搞怪、愛玩的伴侶，而且要讓他們自由地展現自我。雖然感性棕褐色人不會阻止紅紫色人展現自己，但是他們的行為往往讓感性棕褐色人很火大。他們很容易就會讓感性棕褐色人覺得丟臉。內向、有禮貌的感性棕褐色人更在意的是遵循規範，符合社會訂定的標準。可是紅紫色人喜歡挑戰規定、不顧社會標準。他們覺得不需要謙恭有禮。

雖然負責任的感性棕褐色人或許能滿足紅紫色人某些日常生活的需求，但是紅紫色人還是會一直覺得他們很無趣；與此同時，紅紫色人通常也無法滿足感性棕褐色人對於情感與理性的需求。

## 感性棕褐色與黃色的關係

請見黃色與感性棕褐色的關係章節。

## 感性棕褐色與理性棕褐色的關係

感性棕褐色與理性棕褐色人會是一對非常美滿的伴侶。這兩種生命色彩的人同樣對於安全感、穩定、可靠有很大的需求。由於感性棕褐色人在他們的光環裡有藍色的細膩特質，因此他們往往可以為彼此的關係帶來更多的溫暖、體貼、直覺。

他們可能會有的問題是：感性棕褐色人希望伴侶除了要有擔當、很可靠之外，還能從對方身上得到感情、愛、善解人意。雖然理性棕褐色人可以提供安全感與穩定感，但是他們在情感層面上往往不太會表達。雖然感性棕褐色人會很想要建立親密的情感連結，但是通常還是會很有耐心等候。儘管感性棕褐色人感激理性棕褐色人提供安全感，賺錢養家，但是終究還是會對於兩人之間沒有情感的交流而覺得失望。理性棕褐色人雖然無法理解對方對於情感方面的需求，但是會很感謝對方要比其他大多數的人安定、理性多了。感性棕褐色人如果哭泣，通常背後都有一個合理的緣由。

這一對真的是不錯的組合。感性棕褐色人可以為兩人的關係提供溫暖與情感上面的平衡，而理性棕褐色人可以提供安全感與安定感。兩個人在情感需求方面的差異通常不會影響到他們許多相合的特質。

## 感性棕褐色與環境棕褐色的關係

請見環境棕褐色與感性棕褐色的關係章節。

## 感性棕褐色與感性棕褐色的關係

兩個感性棕褐色人在一起是非常自在又相配。這兩個人很滿意可以一起有溫暖、安穩的家。他們也是非常相愛與支持對方的伴侶。他們都瞭解對方對於平靜、安定、隱私的需求，而且能夠滿足另一半對於承諾、提供安全感穩、受到呵護的需要。

這兩位在情感與心智方面相當契合，但是他們倆之間的關係就會變得容易滿足。兩個人都希望與期待對方可以打理好大小事、承擔家計，這樣自己就可以待在家裡，照顧家人。雖然感性棕褐色人喜歡的伴侶是穩健、務實的人，但是他們跟企圖心多一點的人在一起通常會比較快樂。

這兩個人能夠溝通無礙，但是他們關係中欠缺了激情。他們兩人之間往往缺乏驅動力、企圖心、旺盛的精力、火花四射的性愛。因為感性棕褐色人不喜歡冒險，或有所改變，他們未來要一起成長的可能性很小。儘管這一對的關係沒那麼具有刺激性，但是兩個人在一起是非常安穩與自在。他們做朋友或室友往往會比當伴侶更好一些。

## 感性棕褐色與抽象棕褐色的關係

只有少數人可以理解、接受抽象棕褐色人的特異行為，感性棕褐色人是其中之一。這兩人都是用理

性思考，都喜歡處理細節。感性棕褐色人非常著迷於抽象棕褐色人能夠同時看到所有的細節，而他們也很有耐心，讓抽象棕褐色人有足夠所需的時間，把一切整合起來。感性棕褐色人很欣賞並理解抽象棕褐色人對於全人類的大愛。感性棕褐色人大多會是以行動展現對人們的關愛，抽象棕褐色人則是花比較多時間思索與構想人類的未來。感性棕褐色人會鼓勵抽象棕褐色人更積極投入人生，而且會幫助他們規劃出完成想法的步驟。

感性棕褐色人非常支持、呵護常常被誤解的抽象棕褐色人，喜歡抽象棕褐色人的純真與樂觀，當然有時候也會對他們製造出來的混亂狀況覺得很厭煩，常常得在他們後頭收拾、幫他們找不知放到哪裡的車鑰匙、提醒他們有約。雖然感性棕褐色人一直扮演照顧者的角色，但還是會厭倦於老是在當抽象棕褐色人的母親和看護。

如果感性棕褐色人能夠一直對抽象棕褐色人保有耐心與理解，而抽象棕褐色人可以學會把自己散漫的心神集中起來，變得比較可靠一些，那麼他們會會是很相配的一對。

## 感性棕褐色與綠色的關係

這一對是否合得來，全靠感性棕褐色人與綠色人願意為對方扮演什麼樣的角色。對綠色人來說，很有耐心、有條不紊的感性棕褐色人是非常棒的秘書、帳務人員、助理或幫手。綠色人在構想計劃、整合訊息、管理公司的時候，感性棕褐色人會打理好所有的細節，對於綠色人幫助非常大。感性棕褐色人敬佩綠色人的雄心壯志與聰明才智，也很高興綠色人努力奮鬥所帶來的財務報酬。

在這個組合裡，感性棕褐色人覺得很安心，因為他們知道自己不必煩惱錢的事情。相對地，感性棕褐色人會為辛苦打拼的綠色人提供一個充滿愛與舒適的家庭環境。

不過，能力很強、專橫的綠色人，會讓內向的感性棕褐色人覺得太過於嚴厲。很有企圖心、思考很快的綠色人，會對感性棕褐色人要求太多，還會利用他們的心甘情願來幫助自己。綠色人也會對感性棕褐色人細膩、情感豐沛的性格很苛刻。就算感性棕褐色人大多個性安穩、通情達理，能夠很理性地去思考綠色人為什麼會這麼做，但還是很容易被綠色人的尖銳批評傷害。步調快速的綠色人，會對感性棕褐色人慢條斯理、條理分明的思考模式很不耐煩，常常因此表現出沮喪的樣子。就算綠色人自我克制，不去批評，然而，感性棕褐色人的直覺很強，還是會感覺得到對方的不認可。感性棕褐色人會一再做到綠色人的要求，直到覺得再也無法承受對方的快速節奏與很高的期望。

感性棕褐色人也會對綠色人的工作狂行為很失望。雖然他們很高興綠色人帶來穩定的收入，但是希望對方更重視家庭與家人。感性棕褐色人對於積累大量財富與擁有昂貴物品沒什麼興趣，他們想要的是跟伴侶共同擁有一個充滿愛、舒適、安穩、樸實的家，對他們來說，一個家裡面沒有伴侶和家人，就只是一個空殼而已。不過以目標為導向的綠色人，通常不會認同感性棕褐色人這些小小的盼望。

儘管綠色人感謝感性棕褐色人對自己的支持，但是也覺得他們很無趣。綠色人想要的伴侶是可以跟自己一起動腦筋討論的人。綠色人喜歡辯論，喜歡被嶄新、先進的想法所啟發。做出改變、冒著風險、學習新的東西，全是綠色人覺得非常興奮的事情。而感性棕褐色人在相同、熟悉的環境裡才會覺得比較

自在。他們對於有風險的事會躊躇不前，也會被爭論嚇到。

一方面，這兩個人可以為彼此提供一種平衡。綠色人能夠支持感性棕褐色人，但又能夠讓他們不要變得太古板與容易滿足。感性棕褐色人能幫綠色人照料他們討厭的瑣碎細節，還能教他們放輕鬆，多培養一些耐性。另一方面，這個組合裡或許沒有一方可以完全滿足另一方的需求。綠色人會嚇壞感性棕褐色人，或者造成情感上的傷害，而感性棕褐色人則會讓活力充沛的綠色人覺得總是一成不變，沒什麼吸引力。

## 感性棕褐色與藍色的關係

請見藍色與感性棕褐色的關係章節。

## 感性棕褐色與紫色的關係

請見紫色與感性棕褐色的關係章節。

## 感性棕褐色與薰衣草紫色的關係

他們兩個人都是很溫和、充滿愛的人，但卻總是無法滿足對方的需求。他們倆的關係常常演變成像是母子的關係。在所有的生命色彩當中，感性棕褐色人是最溫和與體貼的人，他們希望自己的另一半是負責任又可靠的人。感性棕褐色人在關係裡需要有安全感，但務實、穩重、有責任感，這些偏偏都不是薰衣草紫色人所具有的特質。除非感性棕褐色人願意成為務實可靠、負擔家計的人，不然會一直擔心無

法倚靠薰衣草紫色人賺錢養家。感性棕褐色人覺得跟能夠瞭解承諾與責任感是什麼的人在一起會比較安心，而薰衣草紫色人太不負責任，又不遵循常規。

感性棕褐色人很難理解薰衣草紫色人為什麼如此著迷於其他次元的世界，對於他們常常顯得情感疏離感到很挫折。感性棕褐色人會覺得在這個關係裡遭到遺棄，總是自己一個人。這一對不太會彼此溝通。講究條理的感性棕褐色人希望生活是井然有序、理性、切合實際，可是想像力豐富的薰衣草紫色人偏好活在自己的幻想與美夢中。務實的感性棕褐色人關心的是經濟、生活、工作穩定，但富於幻想的薰衣草紫色人比較在意能否自由地發揮創意。感性棕褐色人的期望與關切最終會讓單純的薰衣草紫色人快要窒息。薰衣草紫色人覺得，被迫要把精力專注在現實世界的責任上面實在很不自在，甚至非常痛苦，最後就會退縮到自己的世界裡，逃避對方的要求。

如果這兩個人可以保持平衡，維持穩定狀態，他們是可以想辦法做出公平的安排。感性棕褐色人能夠為不務實的薰衣草紫色人提供一個安穩的環境。如果感性棕褐色人願意照料日常瑣事與責任，那麼薰衣草紫色人便能夠成為有創意的夢想者。充滿感激的薰衣草紫色人可以因此自由地探索，從其他世界把訊息帶回來給感性棕褐色人，而這些訊息有時候可以幫助感性棕褐色人從其他的角度看待生命，擴展自己的視野。薰衣草紫色人能夠以隨性與創意讓感性棕褐色人千篇一律的生活明亮起來。

通常個性內向、不張揚的感性棕褐色人不會強迫薰衣草紫色人要符合自己的標準，基本上會支持與照顧伴侶。不過，薰衣草紫色人不負責任的行為終究還是會讓感性棕褐色人失望。一般來說，這兩人無

法滿足對方的需求，因此沒辦法成為非常快樂、可以白頭偕老的伴侶。

## 感性棕褐色與透明色的關係

請見透明色與感性棕褐色的關係章節。

## 感性棕褐色與靛藍色的關係

儘管這一對的關係很像是媽媽在照顧小孩，但卻是有可能走得下去。感性棕褐色人總是無法瞭解靛藍色人超現實的想法與信仰體系。靛藍色人主要是依循自己的直覺和內在覺知過生活。他們沒有事實根據可以支持自己的信仰，而感性棕褐色人想要的是比較腳踏實地和務實的生活。

雖然感性棕褐色人很難理解靛藍色人，但是會一直關愛、照顧對方，幾乎像是父母一樣。靛藍色人對於感性棕褐色人這份默默的愛與包容非常感激。靛藍色人在穩定狀態下，是非常忠心與盡責的伴侶，這點讓感性棕褐色人非常欣賞。這兩個人一般比較像是母子的關係，而非伴侶的關係，還有最後通常是由感性棕褐色人負責維持家計。

若這兩個人要真正合得來，感性棕褐色人需要把焦點放在自己性格中的藍色部分，讓自己能夠跟情感豐富、充滿靈性的靛藍色人產生共鳴。要跟靛藍色人溝通，感性棕褐色人必須把自己理性的部分暫時擱置一旁，相信自己靈魂裡頭直覺的部分。他們也必須願意在這個關係中提供穩定的收入，而靛藍色人則是探索自己靈性的部分。

這一對可能很難走得下去，因為兩個人對於人生的想法差異太大；不過這兩人都很深情又善體人意，還是有可能克服他們的差異。

## 抽象棕褐色

### 抽象棕褐色與紅色的關係

抽象棕褐色人與紅色人一般並不是那麼契合。即使兩個人的特質可以為彼此帶來平衡，可能還是很難克服兩者之間的差異。

紅色人能量飽滿、可靠，是足以信賴、工作努力的人。抽象棕褐的人則是很散漫，常常一團混亂。他們會同時在腦袋裡想東想西，結果顯得反覆無常、沒有責任感。就算務實的紅色人可以為雜亂無章的抽象棕褐色人加添穩固牢靠的基礎，但是他們胡亂隨便的思考最後還是會讓紅色人受不了。這類棕褐色人喜歡討論抽象的理論，但務實的紅色人一點興趣也沒有，他們比較喜歡的是可以觸摸得到的現實世界。抽象棕褐色人傾向活在自己的頭腦裡，對於各種不同的概念以哲學角度來研究與思考。可是他們多半不會將自己的想法具體落實，這點終究會讓紅色人很氣餒。

紅色人的個性是行動派。雖然抽象棕褐色人若是有務實的紅色人在身邊，應該會有所幫助，但是他們可能很難跟紅色人講清楚自己的想法是什麼。能幹的紅色人比較偏好先知道有哪些事情要做，這樣就

可以採取行動。散漫的抽象棕褐色人一般會叫紅色人做一堆看起來不相干的事情，最後紅色人就會被他們混亂的做事方式給氣死。例如，假設抽象棕褐色人想要把客廳裡的家具重新擺放一遍，他會告訴紅色人先移走音響旁邊的沙發，接著又叫紅色人去修理一下洗碗機。然後，當紅色人正在修洗碗機的時候，他又叫紅色人去把椅子跟燈移到原本放沙發的地方。這件事做一做莫名其妙又跳到去做另一件事，會讓紅色人覺得很氣餒。抽象棕褐色人應該要告訴紅色人，自己想要怎麼擺放所有的家具，這樣對方就知道如何搬動這些家具。紅色人如果可以先瞭解事情完成後的具體樣貌，然後再去做下一件事，會感覺好很多。

紅色人的沮喪，還有他們暴躁易怒的脾氣，會讓敏感又孩子氣的抽象棕褐色人心生膽怯，往往就不會想跟對方交流了。由於這兩個人都不善於把感受講出來，他們之間就會缺乏情感和親密的溝通。即使紅色人很欣賞抽象棕褐色人的樂觀，感謝他們無條件付出的愛與包容，但是終究還是會被他們毫無章法的行為惹火。抽象棕褐色人雖然也很喜歡被可靠負責的紅色人照顧，但是也明瞭自己變來變去的行徑讓對方很失望，然後就會覺得自己很沒用、是個失敗者。

這一對或許能為彼此提供對方所欠缺的特質。但這兩個人還是跟能夠理解、配合他們生活方式的人在一起，才會比較快樂。

## 抽象棕褐色與橘色的關係

請見橘色與抽象棕褐色的關係章節。

## 抽象棕褐色與紅紫色的關係

請見紅紫色與抽象棕褐色的關係章節。

## 抽象棕褐色與黃色的關係

這兩個人通常對彼此都很溫柔與體貼，但是他們不一定要成為講求實際或可靠的婚姻伴侶。他們在一起的時候會覺得很安心，因為兩個都不會想要傷害對方。如果黃色人不能瞭解這個散漫棕褐色人的抽象理論，通常會一笑置之，不會對他們生氣。不過，總有一天，抽象棕褐色人腦袋裡想的那些有的沒的，會開始讓喜歡玩樂的黃色人覺得很困惑，甚至很厭煩。黃色人比較喜歡把時間花在遊玩、運動、打球、體驗現實世界。雖然參與體能活動有助於抽象棕褐色人放鬆一點，稍微不要胡思亂想，但是他們還是無法像黃色人那麼喜歡花時間在現實世界裡，而是比較喜歡建構理論，做哲學上的思考。

這兩個人都是精力充沛、樂觀正面，喜歡跟人們在一起，而且也都充滿好奇心，對於學習新的事物非常興奮。他們也都是非常敏感的人，非常在意別人喜不喜歡自己。這兩個人的個性很相近，也都很孩子氣。不過黃色人偏好現實世界，喜歡玩樂，抽象棕褐色人則是喜歡頭腦的思索與理論型的概念。

黃色人與抽象棕褐色人往往就像是沒有責任感的孩子，所以他們會有財務上的困難。兩方也沒有人願意負起責任，打理家務。

這一對在一起是很好的玩伴，但是他們還是需要找有責任感、會做事的伴侶會比較好。

## 抽象棕褐色與理性棕褐色的關係

雖然這兩個人都喜歡處理細節，但是抽象棕褐色人分不清事情孰重孰輕的作風會讓理性棕褐色人很抓狂。理性棕褐色人試著想要理解對方的思考模式，往往只會覺得很挫敗。與其重新鍛鍊，理性棕褐色人如果能夠往後退，讓抽象棕褐色人以自己雜亂的方式一步步做完，就會發現對方最後還是可以把事情做完。理性棕褐色人無法期待抽象棕褐色人會用井然有序、前後連貫的方式做事，如果想要重新加以教育，將會非常失望。

這兩方沒有一個人喜歡探究情感的層面，結果就是兩個人對彼此都覺得很安心，只是關係裡會一直缺少情感的深度與親密感。

抽象棕褐色人常常把東西亂擺，這一點會讓一絲不苟的理性棕褐色人很介意或生氣。此外，抽象棕褐色人散漫的行為、前後不連貫的說辭，以及不可靠與忘東忘西的性格，都會把理性棕褐色人的生活搞得亂糟糟，也會被抽象棕褐色人無法有效管理金錢而搞得很累。在這個關係裡，理性棕褐色人很快就會變成喜歡批評、家長型的一方。

抽象棕褐色人會為理性棕褐色人極為嚴謹的生活加添一種無條件的愛與包容感。即使並非一直都能理解或認同他們的作風，但是理性棕褐色人還是很欣賞他們的樂天與對人類的大愛。理性棕褐色人的生命中常缺少這些要素，而抽象棕褐色人則會帶來這些要素。

抽象棕褐色人很感激理性棕褐色人能夠為兩人創造一個安穩、務實、理性的環境。理性棕褐色人願意負起責任，工作賺錢，養家餬口，為沒有責任感的抽象棕褐色人提供一個穩固可靠的基礎，但是也會讓對方因為自己獨特的行事作風，而覺得自己很沒用、很糟糕。

這兩個人起碼會是很合得來的朋友。如果理性棕褐色人願意多承擔一點責任，而且在抽象棕褐色人沒那麼有條有理做事時，學會很有耐心，這一對就有可能走得下去。如果抽象棕褐色人可以學會多保持專注一點、有規劃一點，那麼條理分明的理性棕褐色人就會覺得在他們旁邊不必那麼緊繃，可以安心一點。

## 抽象棕褐色與環境棕褐色的關係

請見環境棕褐色與抽象棕褐色的關係章節。

## 抽象棕褐色與感性棕褐色的關係

請見感性棕褐色與抽象棕褐色的關係章節。

## 抽象棕褐色與抽象棕褐色的關係

這兩個人若是結為伴侶，一起生活，是最有可能一片混亂的組合。他們或許可以大談哲學，什麼各式各樣的話題都可以聊，但是家裡就是亂七八糟，衣服到處亂丟，還沒繳的帳單被壓在一大堆沒拆開的信件下面，還有很多已經過期的便利貼，上面寫著他們錯過的會面行程。

兩邊沒有一個人夠可靠，足以照料大小事情。而且他們的行程往往都排得很滿，四處奔波，因此可能很少見到對方。即使他們可以排定時間碰面，也肯定會有一方忘記。如果他們想要一起做什麼，可能只會把更多事情加進已經爆滿的日程表。

抽象棕褐色人會想逃避面對情感，因此這兩個人不會建立什麼深厚的親密感。即使他們能夠分享對知識的熱愛，還有他們對於人類的樂觀與大愛，還是做朋友比較合適。做為朋友，他們可以偶爾聚在一起聊聊，而且也不會因為結了婚有得找時間在一起的壓力。這兩個人還是跟可以提供更多安全感與承諾的人在一起比較好。他們需要的伴侶是可以照顧他們、幫助他們穩定與專注過生活的人。兩個抽象棕褐色人在一起會太散漫、雜亂無章，無法好好過日子。

## 抽象棕褐色與綠色的關係

雖然這兩個人有能力幫助對方，但是一般而言他們並不相配。抽象棕褐色人散漫、混亂的生活方式會惹惱條理分明的綠色人。綠色人一向自豪自己生活的環境很乾淨、整齊、雅緻，看到抽象棕褐色人周遭環境凌亂不堪，顯然也不好好珍惜自己的物品，會覺得非常震驚。每次綠色人看到抽象棕褐色人靠近他們無價的物品時都會非常恐慌。

綠色人很欽佩抽象棕褐色人能夠有整體的構想，同時又兼顧所有細節。不過，漫不經心的抽象棕褐色人卻沒有能力可以用清楚、理性的方式說明自己的構想，這一點讓綠色人很挫折。他們對於抽象棕褐色人無法具體落實許多構想也很沒耐心。就算抽象棕褐色人完成了很多計劃，他們常常也不是如綠色人

會欣賞的那樣很快或很完美地完成。

綠色人都非常聰明、敏捷、有條有理，會讓抽象棕褐色人覺得自己在旁邊顯得很笨、沒用、無能。溫和又敏感的抽象棕褐色人，被綠色人的力量嚇得心生畏懼，結果只想躲在自己的世界裡，在退縮到覺得安全的地方之前，只會短暫地大起膽子談論新的哲學想法。雖然綠色人可能會覺得抽象棕褐色人的想法很有趣，但是卻很少看到他們對於人類的大愛有什麼務實的行動。綠色人想知道，抽象棕褐色人的理論概念要如何應用在每天要面對的工作與生活上。

即使綠色人能為抽象棕褐色人的生活提供規範理與秩序，他們最後還是對於自己要一直費力覺得氣餒與厭煩。就算抽象棕褐色人能為綠色人緊繃、嚴肅的世界帶來一些樂觀、和善、愛，抽象棕褐色人多半還是覺得能幹的綠色人令自己很害怕，也覺得自己不被理解、沒被認同。綠色人需要的伴侶是能力很強、有企圖心、可以照顧自己的人，而抽象棕褐色人需要的伴侶是可以幫助他們井然有序地過生活、而且很有耐心理解和支持他們的人。這兩個人通常是無法滿足對方的需求。

## 抽象棕褐色與藍色的關係

抽象棕褐色人與藍色人在很多方面都非常合得來。藍色人很感謝抽象棕褐色人能理解什麼是對人類的大愛與包容，只是他們多半還是希望抽象棕褐色人在個人方面能夠更敞開心胸，多一些情感的流露。抽象棕褐色人跟所有棕褐色系的人一樣，會一直在腦袋裡想藍色人喜歡什麼。他們並不願意或無法體會到藍色人希望在兩人關係裡培養的深厚情感。

藍色人欣賞抽象棕褐色人的善解人意、個性和善、樂觀正面。雖然很少有其他生命色彩的人瞭解或容忍抽象棕褐色人的散漫行為，但是藍色人卻能夠愛和接受這些跟別人格格不入的人。藍色人可以明瞭，不被他人理解是什麼樣的感受。就像抽象棕褐色人一樣，藍色人沒有事實證據支持自己直覺感受到的東西，很難用邏輯去解釋自己的感覺。抽象棕褐色人也很難從邏輯上講清楚自己的想法，因為他們心裡想的東西雜亂無章，一團混亂。藍色人總是充滿了關愛與耐心，能夠讓抽象棕褐色人有時間把所有細部節統合起來。為了報答藍色人的愛與奉獻，抽象棕褐色人會非常感激對方，也會用愛回報對方。

藍色人天性中照顧他人的本能，會使得他們想去照顧孩子氣又敏感的抽象棕褐色人。他們會為對方買菜做飯、專心聽對方講那些抽象的概念、為對方收拾善後。他們是非常忠誠的照顧者。不過，就算是最能忍耐的藍色人也會被抽象棕褐色人的混亂搞得筋疲力盡、難以負荷。他們有時候也會覺得要幫助抽象棕褐色人集中心力、有條有理進而保持正軌，實在是很累。他們也希望自己可以被另一半照顧著，但卻常常覺得被抽象棕褐色人給遺忘而感到失望，因為抽象棕褐色人行程總是滿檔，根本沒多少時間可以留給伴侶。抽象棕褐色人很愛藍色的伴侶，也很感激對方，但卻總是忘了把對方擺在優先順序。

當這一對最後終於有時間在一起時，藍色人會很喜歡聽抽象棕褐色人講述許多關於愛與人類的哲學看法，而抽象棕褐色人喜歡藍色人所帶來的溫暖、包容、專注。只是，如果藍色人覺得情感上太過於匱乏，害怕的抽象棕褐色人可能會躲入自己安全的世界，把藍色人一個人丟下，讓藍色人覺得自己在情感上沒有獲得滿足。為了要創造一個美滿的關係，抽象棕褐色人必須讓自己的生活更井井有條一些，並且要把藍色的伴侶擺在第一位。

這兩個人都是非常體貼入微、充滿關愛的人，能夠一起建立一個和諧的關係。不過他們兩邊都必須要學會維持安穩，保持平衡，才能好好走下去。

## 抽象棕褐色與紫色的關係

請見紫色與抽象棕褐色的關係章節。

## 抽象棕褐色與薰衣草紫色的關係

請見薰衣草紫色與抽象棕褐色的關係章節。

## 抽象棕褐色與透明色的關係

基本上抽象棕褐色人與透明色人無法成為很相配的一對。抽象棕褐色人雜亂無章又散漫的行為絕對會攪亂透明色人的能量，讓透明色人處於混亂之中，而覺得非常沮喪。透明色人需要身處在安靜、乾淨、單純與整潔的環境，可是抽象棕褐色人的周遭環境根本一點也不乾淨整齊。雖然這兩個人都很善體人意，心腸很好，但兩個人都不想為對方負起責任。

在情感上，這兩個人都很封閉。透明色人會安靜地待在自己的靈性世界裡，抽象棕褐色人則是安全地躲在自己的腦袋裡，兩個人都不知道要如何跟對方變得親密起來。

抽象棕褐色人非常會社交，喜歡跟很多人在一起，可是透明色人會避開人群，因為旁邊如果人太多

的話，會讓他們敏感又脆弱的靈魂支離破碎。雖然兩個人都很喜歡學習，但他們獲取訊息的方法不同。抽象棕褐色人喜歡從其他人與外界的資源來研究、蒐集資訊，透明色人則是需要安靜地冥想，來獲得答案。

抽象棕褐色人是充滿活力、外向開朗的人，不太知道要怎麼跟纖細的透明色人相處。如果這兩人真的結婚，抽象棕褐色人可能大部分的時間都待在外頭，或是一直來來去去。而抽象棕褐色人難以捉摸的行徑與混亂的生活方式則是讓透明色人很心煩。沮喪的透明色人因此會把自己跟另一半隔絕開來，讓對方覺得被拒絕、沒有被愛。然後，為了避免受到更多的傷害，抽象棕褐色人會退縮到自己哲學與思考的世界裡。兩個人都這麼疏離的情況下，更沒有希望會有溝通或親密的交流。

這兩位如果跟比較相似或比較理解他們獨特行徑和生活方式的人在一起，應該會比較幸福一點。

## 抽象棕褐色與靛藍色的關係

抽象棕褐色人與靛藍色人大多可以建立起和諧的關係。兩個人都會想要探索知識，尋求可以幫助他們理解人類與宇宙法則的訊息。別人常常會誤解這兩個人，因為他們的態度跟行為非常奇特。抽象棕褐色人和靛藍色人都能體體驗到什麼是對於人類的大愛與瞭解。即使這兩個人都是很敏感、關心別人、孩子氣、充滿好奇心的人，但是他們通常要很花很久的時間才能培養出深刻的關係。兩個人都得要先能夠信任對方，才能跟對方在一起。這兩個人能夠信任彼此，因為他們可以瞭解和認同彼此。

抽象棕褐色人往往本身就是一個資料庫，可以為喜歡追根究底的靛藍色人提供答案。他們會很有耐心教導靛藍色人關於現實世界的許多事實真相與觀念。出於感激，靛藍色人會死心塌地愛著和接受抽象棕褐色人。靛藍色人不太會為抽象棕褐色人的許多想法和所做的事情、或者亂七八糟的行徑所煩心，反而可以從抽象棕褐色人從事的各式各樣活動獲取資訊。這兩個人能夠建立一個親密、忠於彼此的關係，會彼此敬重、信任與教導。

靛藍色人希望可以和另一半有深入靈魂的親密連結。但是，抽象棕褐色人對於要探索如此深刻的情感關係卻感到不安。靛藍色人對於抽象棕褐色人的恐懼通常很有耐心，也能夠體諒，會給予他們足夠的時間和空間，以他們自己的方式探究自己的感受。抽象棕褐色人或許因此開始足夠信任靛藍色人，而對對方打開心房。如果抽象棕褐色人永遠無法深入到情感的層面，在這個層面上與靛藍色人建立起深入靈魂的連結，靛藍色人雖然還是會接受與愛著對方，但卻會感到很失望。靛藍色人會一直覺得很空虛，無法與抽象棕褐色人的靈魂連結。

另一個可能的問題就是這兩種人都不太擅長處理事情。不過他們都是好心的人，而且如果他們可以學會一起制定計劃，應該可以過得很幸福。他們可以讓彼此集中心力，保持在常軌上。這兩個人能夠成為非常相愛又相配的伴侶。

## 綠色與紅色的關係

請見紅色與綠色的關係章節。

## 綠色與橘色的關係

綠色與橘色這一對是非常有意思的組合。綠色人是事業心很重的規劃者和組織者，橘色人跟這些企業家在一起會大大受惠。橘色人喜歡為可以提供他們職業方面（賽車或特技）贊助的廠商工作。綠色人腦筋動得很快，他們能夠談好商業合作，讓橘色人可以為這樣的公司工作。當橘色人想要去攀登聖母峰，綠色人會幫他們找到贊助，讓他們得以成行。綠色人也非常聰明，能夠找出讓贊助者可以從這趟旅程中獲益的方式。橘色人很敬佩綠色人的頭腦，綠色人則是會被橘色人的靈巧機智所吸引，對他們能夠規劃與執行大膽的冒險活動深感著迷。雖然綠色人覺得這些冒險活動很有趣，但通常不會跟著橘色人一起去從事危險的探險活動。

綠色人與橘色人對於彼此的技能非常敬重。雖然他們都喜歡制定策略、規畫活動、測試自己的技能，但是兩人的目標卻不同。綠色人喜歡腦力的挑戰、完成計劃、賺大錢，橘色人則是喜歡征服或贏過對手的實際挑戰。橘色人很感謝綠色人賺錢，讓他們能夠追求自己想要面對的挑戰。有綠色人的規劃能力和賺錢的點子，加上橘色人的機靈與體力方面的能力，這一對會有非常好的夥伴關係。

這兩個人都是很能夠自處與獨立的人。兩邊都不需要依附在關係裡。不過兩個人都很欣賞對方，深深被對方吸引，因此也知道自己可以為兩人的關係帶來什麼益處。但這兩邊都沒有人喜歡被掌控，這段關係裡或許會出現衝突。獨立自主和想要掌控的慾望會製造出權力的爭奪。

由於兩個人都很聰明，具有規劃和組織的能力，這一對應該會非常有錢，可以自由地想做什麼都可以。他們會敬佩對方的頭腦、技能、還有敢於挑戰的能力。一般來說，這一對非常有可能長久在一起。

## 綠色與紅紫色的關係

綠色與紅紫色這一對的關係非常不錯。紅紫色人在創造和藝術方面想像的能力，能夠激發綠色人的商業點子與創業能力。紅紫色人獨特的點子和想法令頭腦轉得很快的綠色人深感著迷。綠色人聰明、努力不懈、很能幹，可以成功完成紅紫色人的想法。另一方面，紅紫色人則是對於綠色人敏捷的頭腦、看到模式的能力，以及組織的技巧深感興趣。

綠色人能夠打理事業，提供穩定的收入，讓紅紫色人能夠發揮創意、不受拘束、自然隨性。兩個人都對彼此獨立自主的能力非常欣賞。他們都不想要有人讓自己快窒息，或者賴著自己。

當綠色人需要被別人欽佩或敬重的時候，這兩個人就會出現問題。紅紫色人多半覺得沒有必要特別去尊敬或欽佩別人，或者行為舉止根本也不需要表現得文雅得體。他們的行徑往往引發完全相反的反應。綠色人對於紅紫色人失禮的行為會覺得非常丟臉。綠色人很快也會看不起他們，因為他們不像綠色

人想要安穩，或是認真地看待人生。

不喜歡被控制的紅紫色人，最後會怨恨失去穩定的綠色人，因為他們態度強勢又跋扈。綠色人喜歡告訴對方要做什麼，而紅紫色人就會反抗、挑釁對方的掌控。這兩種生命色彩的人都極為不受拘束、固執己見，這一點會在關係中造成兩人權力的爭鬥以及其他的問題。

綠色人希望家裡的東西都是用最好跟最貴的，例如最好的家具、最高級的服飾、最貴的珠寶，紅紫色人則是偏好奇特的東西，不一定要很貴。綠色人希望別人很羨慕自己的居住地方，但是紅紫色人喜歡讓別人很吃驚。這種心態上的差異會讓綠色人非常氣餒。雖然兩人都明白，對方的能力可以滿足兩人夥伴關係的需求，但是如果兩邊都覺得自己最強烈的渴望沒有獲得滿足，可能就沒法長久在一起。雖然對綠色人來說，穩定與承諾很重要，但如果兩人在一起沒有變成自己所希望的關係，他們也會是先離開這個關係的人。這兩個人也許比較適合做事業的夥伴，而不適合成為婚姻的伴侶。

## 綠色與黃色的關係

雖然沒有什麼是不可能的，而且所有的伴侶只要有足夠的承諾與決心，都可以想辦法走下去，但是這一對的困難度令人難以置信。

一開始，綠色人會被黃色人輕快的活力所吸引。黃色人自在輕鬆的態度與幽默感能夠有助於平衡綠色人緊繃又嚴肅的態度。但是過了一陣子，綠色人就會對於黃色人缺乏企圖心失去耐性。綠色人在督

促、要求黃色人更多的同時，很快也會失去對他們的敬重，因為他們在人生中都沒完成過任何有價值的事情。狀態不穩定的綠色人會動不動就批評、挑剔別人，講話非常尖銳，會讓敏感的黃色人遭受到可怕的傷害。對自己能力沒有信心的黃色人，發現很難達到綠色人完美主義的標準。當綠色人覺得很沮喪，不管黃色人做什麼都沒用。為了進一步加深黃色人對自己無能的感覺，綠色人生氣時，會對另一半封閉起自己的情感，拒絕與對方做愛。性愛與身體的碰觸是黃色人最重要的消遣玩樂。如果這兩個人都不夠穩定，這個關係最後對黃色人很可能成為一種身體、心智與情感上的羞辱，綠色人則是會感到失望。

綠色人喜歡下指令，但是黃色人痛恨被別人指使去做事。常常覺得自己受到逼迫的黃色人，就會暗地裡違抗獨斷的綠色人。但這樣只會更惹怒綠色人，更向對方挑釁。從此，專制家長與叛逆小孩的惡性循環就開始展開。

如果綠色人與黃色人真的要在一起，綠色人必須要體認到黃色人跟自己的目標不同，看重的事也不一樣。如果綠色人想要賺很多錢，就得靠自己。平衡狀態中的綠色人能夠達成目標，而黃色人可以為這個世界創造或帶來喜樂。如果黃色人覺得讓別人感覺更愉悅，就會認為自己做了有價值的事。綠色人必須要讓黃色人去完成他們獨特的目標。

另一方面，黃色人必須要瞭解綠色人想要盡情地享受人生，同時儘可能完成目標。當綠色人覺得沮喪、憤怒時，黃色人要瞭解他們是在對自己生氣與灰心。黃色人或許可以幫助綠色人明白自己的潛能與能力，不要畏懼。綠色人只是想要有人欽佩、敬重、認可他們的成就。向對方表達感謝，是黃色人能夠

送給綠色人最好的禮物。

黃色人痛恨被別人叫去做這做那，建議綠色人可以去激發他們的創意，而不是逼迫他們。綠色人可以以身作則激勵他人，因此也可以做為黃色人的榜樣。

在穩定狀態下，這兩個人能夠讓彼此受益。綠色人可以利用黃色人的創意點子、制訂計劃、具體落實。有藝術天分的黃色人則能夠受惠於綠色人組織與管理的技能。只要這一對能夠保持平衡，讓對方發揮自己獨有的天賦，他們就能一起完成了不起又有創意的事情。只不過，比較常出現的情況是，綠色人覺得沮喪、失去耐心、成就遠超過黃色人。

## 綠色與理性棕褐色的關係

這兩個人很有機會成為不錯的伴侶，因為他們都是以理性思考，有很多共同的興趣。兩個人都喜歡以合乎邏輯、通情達理的方式來討論想法。他們在智識方面非常合得來。但理性棕褐色人一般思考事情的速度比綠色人緩慢，這一點會讓綠色人感到失望，也很不耐煩。當理性棕褐色人還在慢條斯理地消化訊息、解析每個步驟，綠色人早已找到最後解決的方法了。綠色人不想要一一檢視每個步驟，但是理性棕褐色人會堅持一定要這樣做。理性棕褐色人還在那裡描述的時候，綠色人常常充耳不聞。他們不想聽所有的細節，心思只好飄去別的地方想其他計劃。要等到理性棕褐色人講到關鍵部分，他們才會回過神來。

如果綠色人可以明瞭理性棕褐色人處理細節的能力所帶來的益處，就能學會欣賞他們。跟理性棕褐色人成為伴侶，綠色人可以放手規劃構想與點子，同時理性棕褐色人能夠處理細節的部分。如果綠色人沒有耐心，試著想要主導或催促，那他們動作會變得更慢。他們這種相反的表現會讓兩邊都很沮喪。綠色人往往還會出現「我早就跟你說了」這種態度，讓理性棕褐色人很火大，促使他們更加違逆綠色人。不過，解套的方法很簡單。當理性棕褐色人在那裡條理分明、精確解析所有步驟時，綠色人不妨讓自己忙一點，去思考別的想法，或者直接動手去做就好了。

這一對常常會因為錢的事情起衝突。綠色人想要很快賺大錢，理性棕褐色人則相信，自己必須長時間工作才能賺到錢，而且必須要存錢、聰明投資、耐心等候，希望可以建立穩健的基礎。還有，理性棕褐色人不喜歡風險，會試著警告綠色人要謹慎。但這只會讓綠色人不爽。比起理性棕褐色人，綠色人更像賭徒，也比較敢冒風險。綠色人喜歡玩股票，理性棕褐色人則偏好儲蓄。綠色人喜歡花錢，想要奢華、昂貴、有質感的物品。理性棕褐色人則是喜歡務實、耐用、不貴的東西，他們大多十分節儉，不會亂花自己辛苦轉來的錢。這兩個人經常為了在家裡或外頭的花費爭吵。綠色人多半過度花費，常常入不敷出，這點讓理性棕褐色人非常惱火。

若狀態不穩定，綠色人與理性棕褐色人都會變得很愛批評、倔強固執。綠色人都會認為自己是對的，理性棕褐色人則要等到所有的事實都經過查證，才會往下一步移動。雖然他們通常會很理性、明智地討論問題，但是綠色人會在爭執時變得言詞尖銳。正當理性棕褐色人壓抑自己的情緒跟想法，還在分析狀況時，綠色人卻迅速思考完畢，很快猛烈抨擊。結果他們的討論就會變成一面倒。綠色人的頭腦是動得

如此之快，能力又強，理性棕褐色人根本來不及回應。綠色人在這個關係組合裡大多是非常強勢，控制欲很強。當理性棕褐色人覺得自己被壓制得受不了時，就會出於自我防衛而退縮。這樣就斬斷了兩人之間的溝通，結果就更讓綠色人不高興，因為綠色人需要被傾聽和敬重。

若要維持和諧的關係，兩方都要接受對方的思考模式。綠色人若想要有很多錢，就得學會自己去賺，不能逼迫理性棕褐色人去賺錢給自己花。如果綠色人有什麼目標或構想，要嘛自己去做，要嘛讓理性棕褐色人慢慢思索，然後完成。

理性棕褐色人則是需要更經常與綠色人妥協。他們要相信綠色人過去的經驗，願意承擔風險。他們還需要看重綠色人的敏捷與聰明，小心不要太鑽研細節與技術的部分，才不會讓整個計劃的進度落後。

如果綠色人不要一直催促理性棕褐色人，叫他們違背自身意願加快腳步，如果理性棕褐色人不要總是拖慢綠色人的腳步，這一對很有可能會成功。這兩個人若是能夠把彼此的差異視為優點，那麼他們是可以好好走下去。理性棕褐色人能夠打理好所有的細節，這樣綠色人就可以放膽去開創、組織、謀定策略。不然的話，他們倆的差異會造成不和諧。

綠色人要不是能夠欣賞理性棕褐色人的穩健，就是會失去耐心；而理性棕褐色人要不是能欽佩綠色人實踐想法的意志，就是會對他們輕率衝動的行為覺得灰心喪氣。

## 綠色與環境棕褐色的關係

綠色人會受到環境棕褐色人神秘的外表與舉止所吸引，覺得他們自信又冷漠的行為是一種挑戰。環境棕褐色人則是著迷於綠色人有敏銳的頭腦，能夠迅速採取果斷的行動。這兩個人在一起幾乎能夠完成任何事。環境棕褐色人力量強大，是少數不會被意志堅定的綠色人所控制的人。有時候這兩個人會有嚴重爭執，但綠色人大多會敬重環境棕褐色人的耐力和韌性。

這兩個人都對彼此的風采與舉止深感著迷，並對彼此的力量感到興奮，他們在性方面也會互相吸引。兩人之間的化學反應創造出的能量，足以讓他們非常亢奮、彼此挑逗很長一段時間。

他們會欽佩對方強大的心智能力。這兩個人都很聰明、有才能，既能自我激勵，也非常獨立自主。綠色人與環境棕褐色人都希望自己的伴侶靈巧機敏，可以打理好自己。他們都很欣賞對方的能力。

問題會出現在綠色人對環境棕褐色人動作慢吞吞感到不滿的時候。綠色人會對他們在做決定之前還要審慎分析資料很沒有耐心，而環境棕褐色人不想要被催促。當狀態不穩定時，綠色人會變得吹毛求疵、要求苛刻，或很偏執；環境棕褐色人則是傾向退到自己的內心世界，封閉兩人之間任何溝通的可能性。這個舉措讓綠色人更為光火，因為他們需要被人傾聽與看重。不論綠色人是多麼生氣與沮喪，都無法讓環境棕褐色人從自己的殼裡出來。綠色人唯一可以做的就是放手與等候，等到他們決定自己再度現身。如果綠色人太常斥責，環境棕褐色人到最後就不會再信任綠色人，永遠與對方隔絕。

綠色人必須要學會把自己的時間花在其他的案子上頭，同時讓環境棕褐色人有足夠時間，處理所有的細節。還好這兩個人都很獨立，可以自己完成事情。他們並不需要對方才能覺得成功或滿足。由於他們兩個人都會非常專注在自己的工作上面，因此可以長時間各過各的沒關係。偶爾一起合作完成計劃，則有助於維繫彼此的交流與溝通。

環境棕褐色人會樂意安穩地處理細節的部分，這可以讓綠色人有更多的時間發想點子。一直往前衝的綠色人可以讓環境棕褐色人的生活不那麼單調乏味，環境棕褐色人則能夠為常常沒有耐心的綠色人加添一些平靜的安穩感。

## 綠色與感性棕褐色的關係

請見感性棕褐色與綠色的關係章節。

## 綠色與抽象棕褐色的關係

請見抽象棕褐色與綠色的關係章節。

## 綠色與綠色的關係

這一對很有可能是非常強而有力、企圖心旺盛、成功、富有的組合。他們也很可能會經歷權力的爭奪。兩個綠色人在一起或許會彼此敬重，但也可能產生嚴重衝突。綠色人都認為自己才是對的，他們討厭自己吵架吵輸。

如果這兩個人是各在自己專業的領域負責主導，那他們會是很好的夥伴。如果他們的工作有清楚的劃分，而且可以學會看重對方的能力、才智與意見，那麼他們就會相互欽佩，非常合得來。只是當他們的目標不同，或者其中一個綠色人想要掌控另一位綠色人時，問題就會浮現。綠色人沒法忍受自己受別人控制，但卻又喜歡去控制別人。假如兩個綠色人真的在一起，他們就必須學會互相敬重與讓步，才能找到解決問題的辦法。

當兩人之間沒有互相尊重時，不夠穩定的綠色人就會對彼此很殘酷。他們還會爭強好勝，一方總想跟另一方比看誰錢賺得多、或誰比較成功。綠色人因為都覺得自己才對，也常常很容易就吵起來。綠色人通常都非常堅持己見、冥頑不靈。如果他們可以互相看重與敬佩，那麼兩人的性愛會充滿熱情。但是如果兩個人起了爭執，就不會想跟對方做愛，直到衝突圓滿化解為止。

綠色人喜歡挑戰。他們會互相鼓勵對方要學習、達成目標、努力發展。對這兩個人來說，人生一點也不會無趣。他們最大的問題就是會彼此競爭、堅持己見、倔強固執、喜歡爭辯。不過，因為他們的聰明才智不相上下，所以心理戰對他們也是頗為刺激。兩個綠色人都喜歡贏，所以如果希望能有一個和諧與平衡的關係，他們就必須找出能夠雙贏的方式。因為他們都一樣聰明，應該很容易找到可以讓兩方雙贏的方法。

綠色人必須要敬佩與尊重自己的伴侶。幸好綠色人正好是另一個綠色人所不能碾壓的生命色彩。互相敬重的話，這一對就有可能好好在一起。雖然他們做事業上的夥伴可能會比做婚姻的伴侶成功，但是

只要兩個人平等地看待彼此，還是有可能建立起一個和諧的關係。當然這一對會很有錢，有精心布置的房子，用的東西都很有質感。這兩個人都喜好奢華的品味。

## 綠色與藍色的關係

請見藍色與綠色的關係章節。

## 綠色與紫色的關係

綠色與紫色人在一起白頭偕老的可能性非常大。紫色人是光環色彩中少數不會被綠色人壓制的生命色彩。雖然說綠色人能力很強又很聰明，能夠快速地從第一個步驟做到第十個步驟，但紫色人是能夠從第一個步驟跳到第五十個步驟。結果紫色人還領先綠色人很前面，這讓綠色人大受刺激，很想挑戰紫色人。只是這個關係若要能成功，紫色人必須要讓自己穩定下來，保持專注與平衡。

紫色人有想要完成的願景與夢想。可是綠色人若是失去穩定，會批評紫色人的夢想，說他們頭腦不清或脫離現實，讓他們覺得很挫折。綠色人總是能看穿紫色人不切實際、愛做夢。當紫色人想要直接跳到第五十個步驟，綠色人往往會提出異議，質疑他們是否真的有能力完成那個夢想。如果紫色人不夠穩定，就會懷疑自己是否能夠完成自己的夢想。綠色人接著就會踐踏紫色人的想法，瞧不起他們。

如果紫色人是處於平衡的狀態，非常穩定，當綠色人在質疑的時候，他們是能夠堅定地去實現自己的想法。然後紫色人的力量與全心投入會啟發綠色人，激勵他們去幫助紫色人擬定計劃，完成夢想。

另一個衝突會出現在綠色人希望事情都能按部就班、有效率。狀態不穩定的紫色人，會變得漫不經心、做事沒有章法，讓綠色人難以忍受，失去敬重。另一個可能的問題是與他們對性愛的態度有關。紫色人喜歡性愛，充滿熱情，可是綠色人常常會顯得冷淡、有所保護。當綠色人不高興時，他們常會設下情感與身體方面的界線。可是如果兩個人感情不錯、覺得有受到尊重，那麼他們之間的性愛會是非常激情，彼此都很滿足。

綠色人和紫色人是世界上最有錢的人，但是衝突也會發生在他們對於取得金錢的出發點與方式。綠色人會只為了賺到錢就去做某一個工作（狀態不穩定的綠色人即使知道會破壞環境，還是會去設鑽油平臺。）不過，當紫色人在穩定狀態時，他們必須要先相信自己在做的事情，這裡頭必須要有更崇高的目標與誠信廉正，還有他們必須要喜歡這個工作才行。紫色人往往會批評綠色人太物質主義、冷酷無情、太會算計、太愛錢。紫色人也想要有錢，但只是因為錢可以給他們自由，讓他們完成自己真正相信的事情。綠色人則是為了物質享受與權力而想要有錢。他們想要擁有名車、華服、豪宅。最後，紫色人會無法只因為物質上的享受就覺得滿足。如果這兩個人能夠接受彼此的差異，或者相互學習，那麼他們是有可能賺到充裕的錢，讓兩人都很快樂。綠色人可以因此擁有上好的財物，紫色人則能夠有錢出去旅行，樂善好施。

綠色與紫色這個關係組合有一個優點，就是當紫色人很有信心、處於穩定狀態，能讓綠色人的力量有多強大就多強大，因為他們不會被綠色人的控制慾嚇到。紫色人會傾聽綠色人講什麼，但是不管怎樣，還是照樣以自己的方式去做。在穩定狀態下，紫色人能夠透過自身的魅力與才智領導其他人，激勵他們。

這種包容的態度可以減少綠色人與紫色人之間的摩擦。不過，若是紫色人不夠穩定，這一對會出現權力的爭奪，因為兩方都會想要當頭。綠色人若是要跟某個人在一起，必須要很敬重對方才行。只要紫色人保持穩定，專注在實踐自己的夢想上頭，那麼綠色人就會很欽佩他們。綠色人與紫色人都想要自己當老闆，他們會成為不錯的合作夥伴。即使紫色人懷有夢想，但是他們往往也不太確定要怎樣去完成。做事很有效率的綠色人則能夠幫助他們訂定計劃、加以組織、實踐夢想。

這一對有可能建立並維持一個和諧的關係。當紫色人看到願景，綠色人必須加以支持，並擬定計劃去完成。換句話說，綠色人必須要相信紫色人的願景。當願景看起來脫離現實太遠時，這點並不容易做到。不過綠色人很有能力，可以讓夢想切合實際，並且還可以賺得到錢，在財務上獲得報酬。做為回報，紫色人必須要專注心力，這樣才不會讓需要秩序與紀律的綠色人感到灰心。紫色人不喜歡受到拘束或限制，但是真的需要好好專心。當紫色人有點過於理想化或者想同時進行十個計劃時，綠色人可以幫助他們把注意力鎖定在目標上，專心一次進行一個案子就好。只要紫色人保持專注、平衡，而綠色人持續決心完成自己的目標、感覺自己很不錯，那麼這兩個人在一起很可能建立起活力充沛、力量強大、和諧、很有收穫的關係。只要兩邊都好好保持穩定，這一對很被看好。

以下是一些知名的綠色—紫色夫妻檔：阿諾・史瓦辛格（黃色／綠色）與瑪麗亞・施賴弗（紫色）、雷根總統（紫色）與第一夫人南茜・雷根（綠色／紫色）、伊莉莎白・泰勒（藍色／紫色）與李察・波頓（綠色／黃色）、凱薩琳・赫本（紫色／黃色和綠色）與史賓塞・屈賽（黃色／綠色）、湯姆・克魯斯（紫色／黃色）與妮可・基嫚（綠色加紫色）。

## 綠色與薰衣草紫色的關係

一般來說，薰衣草紫色人的幻想和創意部分會吸引到綠色人，但最後他們會對薰衣草紫色人沒有能力採取行動而感到沮喪。如果綠色人能夠採用薰衣草紫色人的點子，將這些點子做為實際的用途，那麼這一對合作當夥伴會收穫很大。如果綠色人不要期待薰衣草紫色人會跟自己來個麼腦力較勁，而是接受他們有創意的想法是一種刺激，那麼這兩個人就能一起合作。如果綠色人生氣或失望，他們的這種能量會過於強大，讓敏感的薰衣草紫色人覺得大受威脅。他們會退縮到自己的幻想世界，逃避綠色人的怒氣。

在處於穩定狀態的時候，這兩個人可以互相為對方的人生平衡一下。綠色人可以為薰衣草紫色人不切實際、虛無飄渺的幻想世界加上務實與理性的部分，而薰衣草紫色人可以為以工作為導向、總是充滿壓力的綠色人生活加入一些樂趣和創意的面向。綠色人或許可以去找其他人談論要用腦筋思考的話題，而不是跟自己薰衣草紫色人的伴侶討論。這一對的組合裡，綠色人會是主導和掌控的一方。

大致上而言，這兩個人並不是彼此最好的婚姻伴侶。綠色人通常會很氣薰衣草紫色人沒有企圖心、不夠專注、也很不可靠，薰衣草紫色人則常常被綠色人強大的力量和逼迫給嚇到，覺得無法承受。薰衣草紫色人在情感方面的需求可能無法被綠色人滿足，因為他們根本無法放鬆，只會隱藏自己的感受。綠色人喜歡掌控一切，這點會讓薰衣草紫色人覺得很孤單，無法感到滿足。他們做為工作上的夥伴，會比做親密、相愛、性生活美滿的伴侶要成功許多。

## 綠色與透明色的關係

請見透明色與綠色的關係章節。

## 綠色與靛藍色的關係

請見靛藍色與綠色的關係章節。

# 第八章　與情感類生命色彩的關係

## 藍色

### 藍色與紅色的關係

請見紅色與藍色的關係章節。

### 藍色與橘色的關係

這個組合可能會讓藍色人抓狂，橘色人窒息。橘色人大膽、甘冒生命危險的行為，會讓充滿關愛的藍色人一直很擔憂他們的人身安危。橘色人大多不受拘束，喜歡冒險，藍色人則是希望另一半會在家，很愛自己、關係親密。可是獨來獨往的橘色人多半把感受藏在心裡面。

假設有對藍色—橘色的夫妻，太太情感豐富、很會照顧另一半，先生則是喜歡冒險的政治人物。這個藍色的太太從來無法確定先生晚上是否會回家，或者會不會因公被槍殺。過了一陣子，壓力與情感的枯竭就會大大超過藍色的妻子所能承受。

橘色人喜愛體能活動，藍色人則偏好靈性與情感相關的工作。身強體壯的橘色人喜歡活動自己的身體，挑戰環境；講求靈性的藍色人通常不太在意自己的身體。藍色人喜歡討論靈性與情感方面的想法，

橘色人對這些話題則是一點興趣有沒有。獨立自主的橘色人不會討論自己的情感，但情感卻是藍色人的生命泉源。

橘色人是獨來獨往的人，藍色人則需要身旁有很多人。藍色人是給予者，而橘色人似乎比較關心自己更甚於另一半或家人。橘色人常常會利用藍色人慷慨大方的天性。

這一對沒什麼共通點。如果他們結婚，藍色人扮演的角色會是幫橘色人打包食物，準備去攀登高山或從事跳傘活動。藍色人不喜歡冒險犯難，甚至連運動都不是很喜歡，因此不會陪另一半去，反倒會一個人待在家裡擔心，直到橘色人回來。藍色人如果跟橘色人結婚，可能很多時候都是自己一個人。

這一對大致來說不太契合。藍色人和橘色人在生活中沒有什麼相同的興趣。他們往來的朋友不一樣，人生目標也不相同。

## 藍色與紅紫色的關係

這兩人的關係對藍色人是一大挑戰。就藍色人來看，紅紫色人實在太怪異了。不過，由於藍色人在關係裡會對另一半非常忠誠、專一，他們通常會一直愛著紅紫色人，不論對方的行徑有多驚世駭俗。就算覺得很丟臉，藍色人還是會站在紅紫色人的旁邊，為他們的行為找理由解釋。即使對方不忠或用其他方式傷害他們，藍色人還是會對伴侶很忠貞。

這一對可能會面臨的問題是：藍色人非常忠誠，但紅紫色人認為，大部分的關係都只是短暫的邂逅，只是用來體驗、享受、相互學習，然後就可以說掰掰，即使婚姻也是如此。這種心態會徹底傷害到藍色人的情感。

儘管紅紫色人很感激藍色人對自己無條件的愛，但是也常會利用這份愛佔對方便宜。紅紫色人不能理解藍色人深奧、情感豐富的靈性需求或信仰體系。紅紫色人雖然不會試著去改變藍色人的信仰或靈性，但也無法瞭解或贊同。

這兩種生命色彩的人都喜歡跟很多人在一起，他們常常會一起參加社交活動。只不過紅紫色人在這些場合會出現偏離常軌的行為，這點常常讓藍色人感到丟臉，覺得朋友們也很難接受。雖然藍色人喜歡朋友，但是他們也喜歡和另一半待在家裡，依偎、摟抱、探索內心世界。但紅紫色人對這些都沒啥興趣，他們比較喜歡跟人群在一起，無法無天亂搞來挑戰現狀。由於紅紫色人不喜歡受到拘束，也不忠誠，藍色人在這段關係裡往往會覺得自己被拋棄。藍色人還是跟比較專情、忠誠、願意給予支持的人在一起比較好。紅紫色人則是不斷換伴侶、讓自己保持自由，才比較快樂。

## 藍色與黃色的關係

請見黃色與藍色的關係章節。

## 藍色與理性棕褐色的關係

請見理性棕褐色與藍色的關係章節。

## 藍色與環境棕褐色的關係

雖然藍色與環境棕褐色的組合很常見，但是這一對並不相配。他們在日常現實生活的需求可以相合，但是最深層的需要與渴望卻無法獲得滿足。

充滿關愛的藍色人會被環境棕褐色人穩健、負責的特質所吸引。在環境棕褐色人沉靜、內向的性格中，藍色人看到他們願意承諾一段長久的關係，並且認真看待。心懷盼望的藍色人感覺得到，環境棕褐色人既可靠又負責任。他們知道自己能夠信賴對方是一個非常顧家又忠誠的配偶。環境棕褐色人則是覺得，藍色人會是一個溫暖、充滿愛、忠貞的伴侶。他們受到藍色人願意支持、投入這段關係所吸引，知道自己可以信任對方。這個組合常常出現在一九五〇年代的傳統婚姻裡：爸爸是家裡的經濟支柱、一家之主，媽媽則是負責養育孩子，照顧家庭。

不過到最後，溝通會是這兩人的問題。藍色人會想要談論感受，想要和另一半有親密的情感，可是環境棕褐色人卻很難表現自己的情感。他們比較傾向把情感隱藏起來，痛恨有人想要侵犯他們的隱私。當環境棕褐色人生氣時，會退縮到內心躲起來，想看看有什麼解套的辦法。敏感的藍色人希望跟伴侶分享所有的想法與感受，這時就會覺得自己被隔絕開來，認為這種行為是一種對個人的拒絕。對藍色人來說，溝通和分享是一段圓滿關係裡很重要的部分。藍色人喜歡情感表達，但是沉默的環境棕褐色人卻不

會敞開心胸流露情感。藍色人覺得這是一種自己沒有吸引力、不討人喜歡的暗示，於是會悲傷地退避到自己的房間裡。

講求靈性的藍色人喜歡分享關於愛、神、信仰、情感、關係的想法。講究實事求是的環境棕褐色人，則是比較關注在現實層面，例如經濟、政府、數據資料、邏輯、有形的實體。這兩位通常對於人生並沒有相同的基本信念。

環境棕褐色人認為藍色人太情緒化、太脆弱了。他們無法瞭解為什麼藍色人常常動不動就哭，情緒突然就迸發。他們想要的伴侶是安靜地待在自己旁邊，對自己不會有什麼情感上的要求。他們需要保有自己的隱私。他們也希望自己的伴侶很務實，能夠打理日常大小事。藍色人不會一直那麼務實，而是受到直覺與情感的主宰。

雖然他們對於安全感、信任、忠誠、穩定、託付等基本需求可以得到滿足，但是有些更深層的需求卻一直無法獲得滿足。藍色人想要追求親密的情感，還有深刻、靈性層面的連結，但和這位伴侶在一起往往是無法得到的。

藍色人在失去平衡的時候，會一直表達出情感上有所匱乏與沒有安全感，環境棕褐色人對這點則覺得很挫敗。當他們看到藍色人受到傷害、感到失望，會認為自己又再度失敗了，因而常常很愧疚，覺得自己沒用。他們以為自己頭腦不錯，是個老實的伴侶，而且有好好賺錢養家，這樣應該就足以讓另一半

覺得很感謝了。

當狀態維持穩定的時候，這一對能夠為彼此帶來平衡。藍色人可以提供情感的養分，而環境棕褐色人可以讓這個關係維持穩定、切合實際。不過他們還是無法瞭解彼此內在的需求。

## 藍色與感性棕褐色的關係

這一對非常合得來。這兩種生命色彩的人都需要親密的情感連結、穩定、承諾。感性棕褐色人可以為藍色人的生命加入情感上的穩定感。當不夠安穩時，藍色人會情緒起伏不定，有時興高采烈到達最高峰，有時又陷入嚴重的憂鬱。感性棕褐色人面對自己的情緒反應，倒是鎮定許多。兩方都是充滿關愛的人，很會照顧別人。在這個關係裡，感性棕褐色人比較務實，而藍色人可以提供情感方面的釋放。感性棕褐色人可以給予藍色人迫切渴望得到的愛與親密的情感。雖然感性棕褐色人多半都把自己的感受隱藏起來，但他們並不會抗拒表達自己對於滿懷愛意的藍色人是怎樣的感覺。不過，感性棕褐色人不會想一直談論自己的情感。藍色人必須加以體諒，還有要學會如何讓自己對情感的需求再多一點平衡。這兩個人都喜歡人們。只是感性棕褐色人需要多一些時間獨處。他們在生活中需要平和、安靜、秩序。

感性棕褐色人可能很難瞭解藍色人情感的深度或者情感上抑鬱的程度。藍色人的情感反應通常都不是理性的，因此感性棕褐色人總是無法理解他們不理性又難以捉摸的行為背後有什麼原因。藍色人則覺得情感受到傷害，因為感性棕褐色人總是在情感上很疏離。他們無法很自在地表達自己的情感。不過，感性棕褐色人通常都很溫和、沉靜、實際，足以幫助藍色人擺脫憂鬱。

儘管這兩個人都非常有直覺力，但是感性棕褐色人通常能夠找出事實與資料來支持自己的直覺。感性棕褐色人能夠為藍色人在靈性方面的理念加入務實的部分。感性棕褐色人可以負責把家裡大小事全打理好，或者賺錢養家，而藍色人能夠安心地呵護、關愛家人。這兩個人都相信長長久久的承諾，因此這一對極有可能關係圓滿、成功。如果他們結婚，兩個人或許能夠白頭偕老。

## 藍色與抽象棕褐色的關係

請見抽象棕褐色與藍色的關係章節。

## 藍色與綠色的關係

藍色人與綠色人通常不太合得來。他們所看重的事情、面對人生的方式有極大的衝突。工作第一的綠色人大多把自己的事業擺在感情的前面，藍色人則是把這點解釋為是對自己的拒絕。情感豐沛的藍色人認為愛、家庭、關係，要比金錢、財物、攀登到事業顛峰更為重要。雖然藍色人一旦和綠色人在一起，就會支持對方的雄心抱負與目標，但最後發現錢與事業還是對方的最愛時，就會感到很受傷而心懷怨恨。藍色人甚至會把自己也變成工作狂，想要從綠色的伴侶那裡贏得認可和接受。不過他們很快就瞭解到，不論自己完成多大的成就或多麼拼命工作，綠色人還是想要得到更多。

藍色人對於情感的需求往往無法得到滿足。鍥而不捨、充滿企圖心的綠色人有更重要的事情要做。他們大多不理解藍色人的情感需求。雖然他們知道藍色人比自己付出更多、也更有耐心，但常常也會看輕藍色人，因為他們認為藍色人在情感上就是太軟弱、任人欺侮。總是輕信別人的藍色人，很容易就會

被人利用。藍色人大多會犧牲自己的需求去幫助他人，綠色人則是比較自我中心，對別人要求很多。如果這兩個人去一家餐廳吃飯，綠色人若是不滿意自己的餐點，會直接退回去，要求提供更好的。感到抱歉的藍色人則會為綠色人的行為尷尬不已。綠色人完全無法接受藍色人的安撫，會直接嗆聲。

藍色人的敏感與情緒起伏會讓能力很強、自我克制的綠色人很惱怒。他們相信，像這樣的情緒展現會顯露出個性上的缺失。渴望得到溫暖與感情的藍色人則是常常覺得很失望，因為綠色人總是表現得很疏離，克制著自己的情感。這兩個人都很重視承諾與恆久忍耐。不過，不管情緒上有多難受、痛苦，藍色人會一直忍耐著，希望有一天自己的忍耐會得到回報，但綠色人卻比較理性。如果他們覺得在一起沒什麼沒未來可言，就會離開。

如果綠色人可以學習讓自己的人生平衡一些，跟伴侶在一起的時間和打拚事業的時間一樣多，那麼滿懷感激的藍色人會充滿愛地支持他們達成目標。當綠色人灰心喪志時，要不就突然冷酷地退縮，要不就是會用言語加以辱罵。不管是哪種行為，都會嚴重傷害到敏感的藍色人。綠色人必須要學習如何用比較不懷敵意的態度來傳達自己的感受，同時，藍色人很容易會受到對方尖酸刻薄的話語傷害，因此要學會不要那麼在意綠色人的情緒衝動。他們那些傷人感情的舉動通常代表對自己的氣餒，而不是針對另一半。藍色人反倒要學會別管他們，讓他們自己想出解決的方法，或尋求幫助。

綠色人必須要學習欣賞藍色人能夠這麼充滿關愛、寬厚大方，而不是加以批評。如果綠色人可以多表達一些情感，不要動輒批評，那麼就會擁有非常愛他們、又忠貞不渝的藍色伴侶。如果藍色人能夠在

情感方面獲得較多的滿足，就能夠跟著綠色人在智識上成長，在財務方面也能得到大大的支持。

雖然任何關係都可以走得下去，只要兩個人之間有足夠的愛、承諾、決心，不過藍色－綠色的組合需要非常努力才能成功走下去。耐心、讓步、學習、體諒是這對關係的必要組成要素。如果這兩個人願意突破重重困難，他們就能夠在這個關係中學習與成長。不過，如果他們不想那麼努力，其他伴侶會比較適合，而且比較能夠滿足他們在情感和智識方面的需求。

藍色－綠色的知名夫妻檔是伊莉莎白・泰勒（藍色／紫色）與李察・波頓（綠色／黃色）。

## 藍色與藍色的關係

藍色人可以和另一個藍色人建立起非常親密的情感關係。兩個藍色人常常會覺得彼此心意相通。他們多半有同樣的想法與感受。若是這兩位在一起，他們會是最好的朋友。他們會一起看愛情電影，一起大哭。這兩個人瞭解彼此的情感需求、相信彼此的直覺念頭、還能分享彼此對靈性的信仰。

藍色人是非常專情、忠貞、忠誠的伴侶，所以婚外情在這個關係裡不太可能發生。而且，兩方都不希望自己的離開傷害了對方。雖然在這個組合中，離婚是很罕見的；但是如果真的發生，兩位藍色人很可能一輩子都還是好朋友，會傳訊息或拜訪對方，保持一定聯繫。藍色人都會投注大量心力在關係上，因此他們會在一起很久很久。當狀態不夠穩定時，藍色人會情緒不穩，把事情都放在心上。一句無傷大雅的話都會讓藍色人陷入情感失控的狀態。這兩個人在情感方面都太脆弱、非常需要關愛，因此他們會

要求即刻獲得滿足。所幸藍色人大多都可以找得到對方，兩人之間通常是充滿了大量關愛的支持與感情。藍色人瞭解彼此，願意滿懷愛意地滿足彼此的需求。

這一對可能出現的問題是：當其中一個藍色人太常扮演受害者的角色，會導致另外一個藍色人對於要去照顧對方而感到厭煩。如果他們同時都扮演受害者的角色，兩方都會希望被拯救。這時出來扮演拯救者的那一方會變成殉難的烈士，而另一方就會感到有罪惡感，接著受害者、烈士、罪惡感的惡性循環就會開始產生。藍色天生就會使用罪惡感做為武器，若是用在另一個藍色人的身上，殺傷力會非常大。

兩個藍色人除了付出，還需要懂得接受。當一個藍色人想要把什麼給另一個藍色人時，另一個藍色人最好要學會接受，這樣前一個藍色人才會覺得心滿意足。由於藍色人在跟對方要自己想要的東西時，都會覺得很愧疚，這時候另一個藍色人的直覺能力就可以派得上用場。藍色人可以不需要言語就能知道彼此的需求。這兩個人是很容易心有靈犀。

若要維持關係的穩定與和諧，兩個藍色人必須瞭解他們都是被愛的，而不需要一直去再三確認，來強化這點的重要性或價值。他們還得學會，愛自己要跟他們愛彼此一樣多。藍色人因為在情感和直覺方面都能理解彼此，也願意付出愛，他們多半能一起建立起非常和諧的關係。

## 藍色與紫色的關係

請見紫色與藍色的關係章節。

## 藍色與薰衣草紫色的關係

雖然這兩種生命色彩的人都非常善體人意、充滿關愛、體貼入微、具有同理心，但兩邊都不想負責承擔家計。最後責任就會落到藍色人的身上，因為他們天生就是會去照顧別人。薰衣草紫色人想要有人可以照顧自己，這樣他們就可以輕鬆地悠遊在幻想的世界裡。而藍色人大部分都喜歡被別人需要，最後就會覺得自己比較像是父母，而不是伴侶。藍色人希望薰衣草紫色人能夠跟自己有深層的情感連結，但是，薰衣草紫色人害怕這麼強烈的情感，因此通常都會逃避。

藍色人會愛、呵護、支持薰衣草紫色人，對他們非常接受、寬容，他們可以做任何讓自己快樂的事情，但是藍色人自己的需求一直無法得到滿足。藍色人想要的是情感上的承諾與穩定，薰衣草紫色人卻無法展現出這些特質。藍色人在狀態不穩定時，會充滿自哀自憐，認為自己是受害者或犧牲者，這對薰衣草紫色人實在是太激烈、太嚴重了，他們通常就會躲進幻想的世界裡，丟下藍色人，沒人傾聽心聲，也沒人支持。薰衣草紫色人不想去瞭解藍色人那些充滿強烈情感的行為。

若是這兩個人結婚，藍色人無法期待薰衣草紫色人會在情感上提供安全感與深厚的感情，而薰衣草紫色人最後會覺得自己被藍色人綁住或搞得喘不過氣來。這兩個人在情感方面比較適合當最要好的朋友，而不適合做為伴侶。

## 藍色與透明色的關係

請見透明色與藍色的關係章節。

## 藍色與靛藍色的關係

這一對會是非常相愛、互相呵護的伴侶。藍色人能夠瞭解靛藍色人的靈性面向。藍色人也希望地球是和平、充滿愛與和諧，就跟靛藍色人一樣。藍色人非常愛護靛藍色人，能夠接受他們必須要去實踐更崇高的理想。

靛藍色人需要有人可以理解與支持他們，而不是抵制、批評，或想要阻止他們。靛藍色人很珍惜從藍色人那裡得到靈性上的理解與無條件的愛。藍色人常常發現自己在照顧像孩子般的靛藍色人，他們總是被誤解，有時候還會受到驚嚇，對於他們的困境是深感同情。

藍色人與靛藍色人都很有直覺力，所以他們能瞭解彼此內在的覺知，不會要求要有科學上的事實或數據來證明。藍色人也很感激靛藍色人可以跟自己在靈魂層面建立深厚的情感關係。兩個人在一起非常相愛，對彼此很溫暖、忠貞。他們的問題不多，可能會出現問題的是在靛藍色人失去平衡，退縮起來的時候。這會讓藍色人很難過，因為他們總是希望可以跟伴侶保持情感的交流。不過藍色人的關愛、耐心與溫和通常可以將靛藍色人帶出封閉的內在世界，回到原本的穩定狀態。

對靛藍人而言，比較困難的是要去理解不穩定的藍色人，因為這時候藍色人的受害者情節，會讓靛

藍色人無法瞭解或無法忍受。藍色人多半會用愧疚感去操控他人，而靛藍色人則根本不甩什麼愧疚感或任何形式的操控。這個時候溝通就會破裂。藍色人與靛藍色人都應該要儘可能保持穩定，才能讓彼此的關係達到最圓滿的境地。

藍色人天生就會想照顧和支持自己所愛的人。靛藍色人在藍色人的情感支持和愛的力量加持之下，會發展得很成功。情感方面很穩定的藍色人也能為靛藍色人的靈性生活方式提供金援。

藍色與靛藍色的知名伴侶有麥可・傑克森（靛藍色）和他小孩的母親黛比・羅維（藍色／黃色）。

# 紫色

## 紫色與紅色的關係

這一對的組合非常有趣。紫色人有很強的領導能力與預見未來的能力，他們可以提供方向跟夢想給紅色人，引導他們將想法具體實踐。有紫色人想像未來，加上紅色人腳踏實地的務實本領，這一對可以為彼此帶來不錯的平衡。紫色人超凡的個人魅力與旺盛的精力讓紅色人非常著迷、神魂顛倒，而這也讓他們覺得紫色人很有性吸引力。紫色人則是對於紅色人可以把事情辦好的執行力很迷人。

這兩個人都非常熱情，對於性愛很感興趣。紫色人喜歡性愛，不過性對他們來說是一種普世性、靈

性的經驗；而對於紅色人來說，性是非常肉體的經驗。這兩位在做愛時會有他們獨一無二的體驗。

這個關係的劣勢是紅色人可能會覺得紫色人的夢想不切實際，很難加以重視。紅色人喜歡眼見為憑、觸摸得到的現實世界。他們認為計劃必須要合理才行。可是紫色人多半活在當下、此時此刻，常常腦袋都是虛無縹緲的想法與概念。紅色人就會懷疑起紫色人所看到的未來。

紫色人喜歡音樂和旅行，紅色人比較務實、講求實際，偏好舒服地待在家裡，工作方面則喜歡進行具體、真正可以實施的案子。這兩個人都不喜歡受到拘束。紫色人喜歡成為別人注意的焦點，但是紅色人比較偏好一個人。紅色人大多想要待在派對活動的外圍，只有遇到自己很熟的人才會參與交談，而且話題還得是切合實際的才行。紫色人喜歡談論崇高的想法、靈性的可能性，還有拯救世界，可是紅色人對這些都沒什麼興趣，只覺得一點也不實際。這兩個人談話的主題可能各式各樣，只是彼此都不瞭解或認同對方的看法。狀態不穩定的紫色人會變得很浮誇或自大，還會想要指使紅色人做事。這樣是無法讓紅色人接受，他們會直截了當跟紫色人說自己想做什麼。雖然紫色人很尊重紅色人的坦率，但也會覺得對方態度唐突，很無禮。紫色人通常是很能接受其他人，紅色人則比較沒那麼有彈性，在紫色人的眼中，他們的態度顯得太過於死板。

紫色人超凡的個人魅力、力量、性吸引力跟紅色人非常相配。但是他們的信念體系非常不同，一個是很靈性、著眼於未來，另一個是非常肉體、聚焦於當下。他們對於情感的表達也不太一樣。紫色人有很深邃的情感，很想要表達出來，紅色人雖然有情感的力量，但是卻傾向藏在心裡，一直到爆發出來為

止。如果紫色人能夠把自己提升，不要管紅色人發脾氣，而是看到較遠的未來，等紅色人冷靜下來，兩個人就又會非常合得來。

如果這兩個人可以相處融洽，紅色人是有能力與體力完成紫色人的夢想。紅色人會採取行動，紫色人則是可以不斷想出點子。這一對非常相配、很合得來，只要他們不要討論靈性的想法或對於現實世界的看法就好。

## 紫色與橘色的關係

請見橘色與紫色的關係章節。

## 紫色與紅紫色的關係

紫色人與紅紫色人會互相吸引。紫色人對於未來的夢想會啟發紅紫色人敏捷又具有創意的頭腦。雖然紫色人常常會預見未來令人驚奇的發明，但是他們往往不知道要如何創造出來。紅紫色人可以採用紫色人的點子，利用手邊素材創造出來。

這兩個人需要尊重彼此的個體性與獨立性。紫色人要比大多數其他生命色彩的人能接受紅紫色人驚世駭俗的行為和態度。紫色人也是覺得紅紫色人的行為非常怪異。不過，其他人也常常覺得紫色人的想法與夢想不切實際，所以他們能夠理解紅紫色人。

這一對若是想要走的方向不同，可能會出現權力的爭奪，最後就各走各的路。如果他們只是朋友倒是無妨，但若是結婚就麻煩了。兩邊都沒有人想要被主導，或是放棄夢想。由於這兩個人都喜歡成為受矚目的焦點，在社交場合中也可能會出現競爭的情形。

這一對喜歡刺激的性關係。紫色人與紅紫色人都喜歡可以跟不同的人做愛，因此他們很可能會接受開放式的婚姻。

紫色人喜歡靈性與情感層次的世界，紅紫色人則喜歡體驗現實和具體層面的世界。紅紫色人無法瞭解紫色人為什麼想要拯救地球，但是通常不會去質疑或想要去阻止。紫色人則是沒興趣去撼動大眾的道德標準或社交行為。他們比較有興趣的是啟發、引導大家去過更好的生活。紅紫色人則是覺得驚嚇大眾、讓大家明白他們獨特的作風與信念比較刺激。紫色人可以預見人們和諧地居住在地球上的畫面。儘管他們倆都希望大家能成為獨特的個體，實踐自己獨特的夢想與想法，可是紫色人還預先看到更大、更普世的畫面，還有一切是怎樣運作起來的。紅紫色人則多半聚焦在眼前、當下，以及要如何才能搞得獨一無二、與眾不同。紅紫色人活在當下，而紫色人比較著重於未來。

紫色人預見夢想的才能與持續邁進的能力，令紅紫色人非常欽佩，也比其他大多數生命色彩的人更一直吸引著他們。紫色人非常嚴肅看待自己來到地球的使命，但是紅紫色人卻不會對任何事情認真。奇怪的是，這一對卻比這個類別其他許多對的組合更有可能發展得下去。只要他們不要一直愛爭相出風頭，而且只要彼此讓對方可以自由地選擇想過的生活方式，那麼這一對就非常相配。

## 紫色與黃色的關係

請見黃色與紫色的關係章節。

## 紫色與理性棕褐色的關係

請見理性棕褐色與紫色的關係章節。

## 紫色與環境棕褐色的關係

請見環境棕褐色與紫色的關係章節。

## 紫色與感性棕褐色的關係

這一對可能關係很緊密。紫色人會提供啟發與夢想，讓這個關係一直往前發展，而感性棕褐色人則是支持和照顧紫色人。問題出在紫色人看得較遠，會超過感性棕褐色人願意前進的範圍。常常紫色人有了很棒的點子與創業計劃，但是感性棕褐色人害怕若是按照紫色人沒有事實依據的夢想和願景去做，會有財務上的風險。不過，當感性棕褐色人覺得兩個人的收入加起來是很穩定、牢靠的，就會比較願意讓紫色人自由地嘗試自己的夢想。

紫色人的情感深度與熱情有時候會嚇到害羞內向的感性棕褐色人。不過，感性棕褐色人是能夠調整、甚至擴張自己的情感界限到某個程度。感性棕褐色人總是沒法理解為什麼紫色人想要拯救地球或希

望世界和諧融洽。雖然實踐夢想所帶來的風險會讓人害怕，但是忠貞不渝、盡心盡力的感性棕褐色人會在旁邊支持另一半。紫色人會想要引人矚目，感性棕褐色人則是甘於待在後面，在情感上支持對方。所以這兩個人不會互相爭著出風頭。紫色人是天生的領袖，大多數感性棕褐色人在天性上則是追隨者。

如果感性棕褐色人批評或懷疑紫色人，紫色人對自己的夢想就會有所疑慮，然後變得散漫、迷惘、沒有信心。這時感性棕褐色人必須要更加倍努力，鼓勵心煩意亂的紫色人在工作上做出成果或往前走。紫色人則必須學會對感性棕褐色人要有耐心、多多體諒，來做為回報。感性棕褐色人無法像紫色人輕易就能夠預見更遠的未來。他們需要時間，瞭解紫色人夢想背後的邏輯，還有完成夢想必須採取的步驟。

感性棕褐色人可以為這個關係提供穩定，也能夠執行完成夢想所需要的細節工作。當紫色人想要從第一步直接跳到第五十步，感性棕褐色人幫他們規劃中間的步驟會比反對他們的想法與夢想更有助益。這一對如果可以合作無間的話，成就一定更大。

## 紫色與抽象棕褐色的關係

這一對很可能走得下去，因為紫色人是少數不會在意抽象棕褐色人怎樣做完事情順序的生命色彩。這兩個人都關愛人類、喜愛知識。他們喜歡搜尋如何開啟宇宙大門的訊息。抽象棕褐色人喜愛思索與討論關於宇宙的想法；紫色人則需要採取行動，將點子具體落實。紫色人充沛的活力往往鼓舞了抽象棕褐色人找出方法，將自己的想法落實。紫色人可以預見自己未來的願景，但是不喜歡要去處理接下來進行的所有細節。抽象棕褐色人不介意處理細節的部分，只要可以不必非得按照順序來做。處理細節可以讓

## 抽象棕褐色人成為紫色人的好夥伴。

在社交場合中，外向友善的抽象棕褐色人喜歡跟各式各樣的人聊天，這樣可以獲得一些有趣又寶貴的訊息。另一方面，紫色人喜歡成為眾人注目的焦點。如果談話內容對他們來說沒有意義或很無趣，沒多久就會開始覺得無聊。紫色人喜歡討論國際大事、政治、靈性、宇宙法則、媒體、旅行、音樂、環境議題，或其他關於地球上的意識正在轉變等話題。紫色人希望可以從伴侶那裡得到強烈、豐富的情感，可是抽象棕褐色人往往會被這麼濃烈的情感給嚇到，這會讓紫色人對於兩人之間的情感關係有些失望。

如果這兩個人無法維持穩定狀態，他們的關係就會一團糟。兩邊都可以一次看到整個全貌，但卻總是無法想出完成計劃所需要的相關步驟。他們會變得都很漫不經心、不知所措，因此必須要很小心不要讓彼此更慌亂。不夠穩定的紫色人很快就會對自己的混亂難以接受，也無法忍受抽象棕褐色人茫然、沒有目標的行為，結果就會變得很挫折、愛批評、沒耐心。抽象棕褐色人感覺到對方的不認可，就會封閉起來，將自己的情緒抽離，這樣就不會被紫色人的批評影響。接著這兩個人就會彼此隔絕，兩人的關係就會開始備受折磨。

這兩個人在穩定狀態下都非常能夠接受對方的缺點。因此，如果兩個人都能保持穩定，他們會是很不錯的一對。紫色人會是非常有活力、懷抱夢想的領導者，聰明、感知敏銳的抽象棕褐色人則能夠處理好細節。抽象棕褐色人還可以幫助紫色人對人類保持樂觀的信念。這一對結合了人道關懷的理念，在一起能夠協助改變世界。

## 紫色與綠色的關係

請見綠色與紫色的關係章節。

## 紫色與藍色的關係

紫色與藍色人在一起的機率很大。藍色人想要付出的愛是如此之多，他們濃烈的情感讓大多數生命色彩的人都覺得很難以承受。但是，紫色人喜歡成為被關注的焦點，情感也很豐富，因此這一對會非常合得來。當藍色人傾注所有的愛和感情給紫色人，紫色人會很感激這份關注，而以愛來回報。紫色人非常會表現出自己的情感。他們很能感受、有同理心、善體人意，能夠讓藍色人充分地流露自己的情感。

這兩種生命色彩的人都想要幫助他人。充滿關愛的藍色人在支持紫色人拯救世界的願景時會覺得很滿足。紫色人在預見偉大的願景時，相信自己內在覺知的藍色人通常能感知到紫色人的夢想是否是對的。當藍色人支持和扶持紫色人的夢想，他們會是一個強大的團隊。雖然有些生命色彩的人，像是綠色人，會去質疑紫色人的夢想，但是藍色人大多是加以鼓勵。紫色人與藍色人都很有直覺力。他們都非常看重靈性方面的成長和理解。

藍色人喜歡紫色人真誠坦率的情感表達，紫色人則是樂意跟專情的藍色人分享自己的感受。紫色人會坦誠地讓藍色人放心，讓他們知道自己是被愛的。紫色人是唯一能夠瞭解藍色人有豐富情感和不安全感的人，而且願意給予藍色人充分的愛，幫助他們恢復安定的狀態。當紫色人變得散漫、不知如何是好

時，藍色人往往會來拯救。當紫色人一下著手太多計劃時，藍色人會跳下去幫忙。當紫色人失去方向時，藍色人直覺地就會去協助他們穩定下來，重新聚焦。

可能會出現的問題是紫色人在狀態不穩定的時候，會變得很自以為是、以自我為中心、自大傲慢。一向都是慷慨付出、充滿關愛的藍色人，這時就會變得逆來順受、被對方佔便宜。紫色人自私又侮辱人的行為會傷害到忠誠的藍色人，讓他們覺得很混亂。藍色人的朋友往往會很難過，藍色人居然因為太愛紫色人而受到這麼大的情感傷害。

另一個可能出現的問題是他們的性關係。藍色人非常忠貞、專情、老實，他們也希望自己的伴侶也一樣忠誠。可是在所有的生命色彩中，紫色人是最有可能不忠的人。紫色人非常有性吸引力，會散發出性的能量。如果他們的性慾在家裡無法獲得滿足，而且往往甚至就是無法被滿足的時候，他們就會出軌。這當然會嚴重傷害到藍色人。

不過大致上來說，紫色人與藍色人非常合得來。兩個人都非常有靈性、深情款款、情感豐富、對別人慷慨大方。藍色人希望自己的伴侶能夠跟自己有深厚的感情，紫色人則是有能力建立這種充滿感情的關係。這兩個人能夠滿足對方的許多需求，也能夠幫助對方保持穩定，安定下來。

知名的藍色─紫色夫妻檔是梅格・萊恩（藍色／黃色）與丹尼斯・奎德（黃色／紫色）。

## 紫色與紫色的關係

兩個紫色人在一起會格外地生氣蓬勃、充滿活力。當兩個紫色人在一個房間裡談論夢想時，裡頭的強大能量會令人讚嘆不已。他們在一起能夠啟發彼此的夢想，並且賦予力量。他們有這麼強大的能量，幾乎任何事情都可以達成。紫色人在性愛方面也非常契合。他們會像磁鐵一樣彼此吸引，兩人之間產生的化學反應簡直是難以抗拒。

但是這一對可能會有些不利的部分。由於這兩個人都喜歡受到關注，他們會很爭強好勝。而且他們可能想要實踐不同的夢想，這意味著他們可能會走不同的路。而當他們想要同時完成太多計劃時，還會變得到處瞎忙，導致兩個人就更難有機會找到時間相處了。（演藝圈很常見兩個紫色人結為夫妻，但忙得各過各的生活。）另外，紫色人常會有婚外情。

另一個可能的問題是，儘管他們都很善於看到未來的願景，但是兩個人都很不會規劃所有的細節部分。如果至少其中一位可以保持專注、平穩，那麼計劃就可以完成。

一般而言，紫色和紫色人在一起是很有活力、魅力十足、精力充沛。他們都熱愛音樂、性愛、旅行、鼓舞眾人。這兩個人多半有許多共同的興趣。只是他們必須要多花點時間在一起。若變得太過忙碌，就可能會有漸行漸遠的危險。

以下的知名人物是紫色—紫色關係具有強大活力的明證：史蒂芬・史匹柏與喬治・盧卡斯（電影

《星際大戰》）；約翰藍儂、保羅麥卡尼、喬治・哈里森、林哥・史達（披頭四）。巧合的是，以上的人全是紫色／黃色人。此外，「喜劇救濟」（Comic Relief）是一項為了無家可歸者舉辦的慈善活動，由羅賓・威廉斯、琥碧・戈柏、比利・克里斯托這三位紫色／黃色人以強大的力量所催生出來。

## 紫色與薰衣草紫色的關係

請見薰衣草紫色與紫色的關係章節。

## 紫色與透明色的關係

請見透明色與紫色的關係章節。

## 紫色與靛藍色的關係

紫色人有預見未來的能力，所以能夠理解靛藍色人的新時代信仰。紫色人能夠看見靛藍色人在直覺上感知到即將來臨的未來。（靛藍色人似乎身旁都是紫色人，他們有領導能力、活力十足、體力充沛，能夠為靛藍色的時代開闢道路。）紫色人開疆闢土，帶頭前進，保護靛藍色人避免受到那些不支持或不認同他們靈性道路的人干擾。紫色人也相信靛藍色人所篤信的更崇高法則。這一對有極大的發展性，只要紫色人不要變得讓人難以忍受、專橫傲慢，最後導致靛藍色人違抗或離開。

他們之間只有一些地方可能會出現摩擦。這兩個人有不同的社交需求。靛藍色人偏好跟少數密友往來，在靈魂的層面上彼此建立密切的關係。紫色人則是不時喜歡表現一下，旁邊最好都是人。雖然紫色

人想要成為眾人矚目的焦點，不過他們不會有什麼競爭，因為靛藍色人比較喜歡安靜。紫色人若是欠缺安穩，又想引人注目的話，就會試著去操控靛藍色人。然而，靛藍色人是無論如何都不會被支配、掌控或操縱的。這樣就會造成權力的爭奪，導致兩人關係緊張。如果他們都能保持穩定，就可以接受和支持對方。

一般來說，這兩個人能夠建立一個非常靈性、懷有夢想的合夥關係。他們對於其他文化都很有興趣，也喜歡旅行，對於世界各地的人們都非常有同理心。他們所感知與預見的更崇高的真理，能夠擴大許多人的視野。紫色人和靛藍色人都在追求真理與更高的意識。當處於穩定狀態時，他們內在都能感知到什麼是正道。這一對有共同的目標，因此能夠相處融洽。他們都希望世界上是和平的、有同理心和靈性的啟蒙。

靛藍色—紫色的知名夫妻有麥可・傑克森（靛藍色）與麗莎・瑪麗・普里斯萊（黃色／紫色）。

## 薰衣草紫色

### 薰衣草紫色與紅色的關係

薰衣草紫色人和紅色人完全沒有共通點。薰衣草紫色人喜歡待在幻想的世界裡，他們對於現實世界沒什麼興趣，比較常活在想像之中，而不是存在於自己的身體裡。紅色人則是喜歡現實的存在感，樂於

透過身體表達自己。

對於脾氣暴躁、喜歡肉慾的紅色人而言，薰衣草紫色人太嬌貴、太像小孩子了。紅色人喜歡活力、力量、體力、勇氣。他們喜歡在現實世界裡搬龐大的重物、跟別人一起合作、表達自己的感官感受。薰衣草紫色人則是喜歡幻想、靈性、多愁善感、創意。這兩種生命色彩的人不太知道要怎麼跟對方溝通。他們沒有共通的興趣或信仰，也不是很有自信、健談的人。薰衣草紫色人無法理解紅色人活力充沛、喜歡肉慾的人格特質，紅色人則認為，薰衣草紫色人應該被關到精神病院。

## 薰衣草紫色與橘色的關係

薰衣草紫色人和橘色人完全沒有共通點。薰衣草紫色人住在幻想的世界裡，不想花太多時間待在現實世界中，而橘色人百分百是活在現實的環境裡。薰衣草紫色人實在難以理解，為什麼橘色人要冒著生命危險或是去面對危險的挑戰。他們比較偏好躲進幻想的世界裡，不要接受現實的挑戰。相較於橘色人身體上高超的本領與膽量，薰衣草紫色人太敏感、脆弱、溫和，而且對於務實、喜歡體能活動的橘色人來說，薰衣草紫色人太不食人間煙火，也跟現實脫節。

橘色人或許有一陣子會被純真的薰衣草紫色人所吸引，但是這份吸引力很快就會消散。橘色人最後會嘲笑不切實際的薰衣草紫色人。這兩個人都非常需要時間自己獨處，所以不會有人想要展開進一步的關係。不務實的薰衣草紫色人往往需要有人來照顧他們，橘色人則是不想要承擔關係裡的責任。這兩種生命色彩的人不太可能會出現在同一個場合裡，所以也不太有機會認識。如果真的認識了，兩個人也無

法瞭解對方。

## 薰衣草紫色與紅紫色的關係

請見紅紫色與薰衣草紫色的關係章節。

## 薰衣草紫色與黃色的關係

請見黃色與薰衣草紫色的關係章節。

## 薰衣草紫色與理性棕褐色的關係

請見理性棕褐色與薰衣草紫色的關係章節。

## 薰衣草紫色與環境棕褐色的關係

有時候，薰衣草紫色人和環境棕褐色人可以為彼此帶來不錯的平衡。薰衣草紫色人可以讓環境棕褐色人比較柔軟一些，環境棕褐色人則可以為薰衣草紫色人的生活增加一些理性和安定。不過，大致上來說，這兩個人會對彼此很失望。環境棕褐色人對薰衣草紫色人來說太講究實際、過於務實、情感上太死板；環境棕褐色人則認為，薰衣草紫色人只會空想、不負責任。他們對於薰衣草紫色人老是待著的幻想世界無法產生共鳴。他們喜歡的是真實的世界。薰衣草紫色人會短暫地吸引環境棕褐色人，然後他們會期待薰衣草紫色人能夠務實一點。環境棕褐色人會想試著限制薰衣草紫色人的自由。

薰衣草紫色人覺得環境棕褐色人的生活很無趣，一點也不好玩，跟他們在一起的時候無法在情感或靈性方面探索生命，而且薰衣草紫色人對於他們無法或不願意從其他角度看待生命，也覺得很無聊乏味。這一對的共通點非常少，雙方都無法理解對方看待世界的方式。

## 薰衣草紫色與感性棕褐色的關係

請見感性棕褐色與薰衣草紫色的關係章節。

## 薰衣草紫色與抽象棕褐色的關係

雖然這兩個人都很體貼、和善，但是這一對無法彼此互相照顧或維持親密的關係。薰衣草紫色人大部分時間都在做白日夢或在自己的世界裡幻想，他們不會停留在現實生活裡太久，因此無法照料家務事。抽象棕褐色人則是太忙，做事太沒有條理，總忘了要繳帳單。他們多半很散漫、混亂，無法替不切實際的薰衣草紫色人處理大小事。兩個人都希望對方可以把所有事情都打理好，結果什麼事都沒人做。

這兩位都不太會自在地表達情感，因此他們無法建立親密或深厚的情感關係。儘管抽象棕褐色人喜歡把自己的想法和人生觀跟另一半分享，但這兩個人卻很難聽懂對方在說什麼。抽象棕褐色人常常對於薰衣草紫色人所描述的幻想世界很感興趣，但是他們的心思本來就很雜亂，在試著瞭解對方說什麼的時候，會一下就飄走了。

這兩個人還是跟能為他們生活帶來穩定與目標，願意照顧他們的人在一起比較好。

## 薰衣草紫色與綠色的關係

請見綠色與薰衣草紫色的關係章節。

## 薰衣草紫色與藍色的關係

請見藍色與薰衣草紫色的關係章節。

## 薰衣草紫色與紫色的關係

薰衣草紫色人跟紫色人非常相配。紫色人是力量強大、獨立自主的人，他們進入現實世界創辦事業，而薰衣草紫色人則是安逸地待在家裡，打造充滿愛的家庭環境。薰衣草紫色人有時候會替紫色人的夢想加入自己的創意點子。紫色人有豐富的情感，他們在安穩的時候，對其他人是非常能夠包容。他們會讓薰衣草紫色人自由地待在幻想的世界裡，而且比其他多數生命色彩的人更能理解薰衣草紫色人的行徑。兩個人之間沒什麼競爭。紫色人想要成為領導者與關注的焦點，薰衣草紫色人則會避免受人矚目和承擔責任。薰衣草紫色人感激紫色人能夠掌管一切。

不過，如果薰衣草紫色人花太多時間待在自己的幻想世界裡，但是這時紫色人又需要跟另一半有情感的交流時，問題便會產生。紫色人喜歡有人陪伴，但是薰衣草紫色人常常不在身邊。當紫色人感到迷惘的時候，薰衣草紫色人也無法給予太多的指引。紫色人可能會有的另一個抱怨就是薰衣草紫色人沒有能力賺錢。然而，只要紫色人能夠接受自己就是要負責賺錢，這兩個人就不會有什麼衝突。

紫色人似乎比薰衣草紫色人性慾更強。不過，薰衣草紫色人通常能夠應付紫色人的性能力與吸引力。當薰衣草紫色人跟紫色人在一起時，他們移動到幻想的世界就行了。

當他們都處於穩定狀態時，薰衣草紫色人跟紫色人能夠讓彼此的生命相得益彰。薰衣草紫色人會為紫色人的強烈情感與強大力量加入一些奇幻色彩、輕鬆跟樂趣。紫色人則可以替不太務實、散漫的薰衣草紫色人帶來力量、深度跟往前走的行動。薰衣草紫色人會為紫色人的夢想加進創意和想像力，紫色人則能夠將薰衣草紫色人的想像具體落實。兩個人都不需要對方特別撥出時間或給予關注。只要薰衣草紫色人有足夠的時間回到現實生活陪伴紫色人，那麼這兩種生命色彩的人在情感上與靈性上是非常契合。他們會給彼此所需的空間，探索自己的感受、想像和夢想。

## 薰衣草紫色與薰衣草紫色的關係

兩個薰衣草紫色人在一起就成了「沒人顧店」的狀況。雖然分享在其他世界裡有趣的歷險故事讓這兩個人樂此不疲，但是雙方都缺乏責任感這點卻會造成麻煩。兩邊都沒有人想待在現實生活中夠長的時間，好打理日常生活的大小事。兩個人都指望對方去處理。如果另一個人沒有扮演好照顧者跟負擔家計者的角色，雙方各自都會覺得很失望，甚至心生怨懟。

薰衣草紫色人還是跟可靠、負責任、有行動力的伴侶在一起比較好，這樣的關係組合能讓薰衣草紫色人無拘無束地徜徉在內心的世界裡。雖然薰衣草紫色人對彼此都很體貼入微、和藹溫柔，而且也能給對方獨處的時間，但是他們需要的伴侶是可以提供某種穩定感的人，而不是加入他們虛無縹緲、充滿幻

想的世界。

## 薰衣草紫色與透明色的關係

這兩個人都太過於害羞內向、不善於表達情感，而無法建立起親密的關係。他們老是待在自己的世界裡，因此沒法好好互相交流。這兩位都無法為對方帶來務實的影響。

雖然他們都是很溫和、體貼、有直覺力的人，也都喜歡幻想的事物，但都不夠能幹或欠缺雄心壯志，無法應付現實的世界。這兩個人都不想穩定地工作、賺錢養家，也不喜歡打理家務事。他們的居家環境會非常靜謐，因為他們都要冥想沉思或探索內在世界。但是，誰來為這個寧靜的家付房租，就會是個問題。

薰衣草紫色人和透明色人在一起會覺得很自在，因為兩個人都不會對彼此有什麼強硬的要求，或者期待談一場轟轟烈烈的戀愛。他們都不會讓彼此產生畏懼，而是欣賞對方溫柔的個性。這兩位在一起會像是很安靜、體貼的室友；但若是在親密的婚姻關係裡，他們卻無法提供什麼給對方。

## 薰衣草紫色與靛藍色的關係

請見靛藍色與薰衣草紫色的關係章節。

## 透明色

### 透明色與紅色的關係

請見紅色與透明色的關係章節。

### 透明色與橘色的關係

請見橘色與透明色的關係章節。

### 透明色與紅紫色的關係

透明色人與紅紫色人非常合不來。透明色人希望自己的伴侶是舉止冷靜沉著、溫和、有教養的人，可是紅紫色人的行為對敏感內向的透明色人來說，實在太過於怪異，令人反感。如果紅紫色人發現透明色人不喜歡蟲子，他們可能反而把特大號的蟲子帶回家，裝飾在家裡面，就只是為了要驚嚇透明色人。紅紫色人試圖想要表現幽默感，但最後只會讓透明色人崩潰。透明色人最重視的就是接觸到自己的靈性和直覺的悟性，但紅紫色人沒時間、也沒興趣涉入關於靈性的層面。雖然他們一開始會想知道到底是什麼啟發了透明色人，但很容易就會感到厭煩。

刺激的事情、人群、派對會讓紅紫色人興奮起來，透明色人卻是偏好平靜與祥和的家裡、讓人覺得療癒的氛圍、跟幾個好朋友在一起。透明色人難以忍受紅紫色人外向、愛交際、脫離常軌的行徑，而紅紫色人終究對透明色人的觀點漠不關心、也沒興趣。這兩個人幾乎不太可能出現在同一個地方，更別說

結婚或有共同的朋友。他們根本無法瞭解對方。

## 透明色與黃色的關係

透明色人和黃色人都是非常體貼入微、充滿關愛的人。這兩位的共通點就是他們天生的療癒能力。他們都喜歡療癒、在花園裡工作、跟大自然連結。透過觸碰，他們在身體上與心靈上有非常敏銳的感受力。透明色人和黃色人都瞭解彼此需要有時間安靜地獨處。

不過問題會在於，黃色人往往太過於精力旺盛，很像桀驁不馴的青少年，讓本質纖細的透明色人很受不了。當黃色人想要出去玩、找樂子，透明色人卻想要安靜地冥想，對生命反思。透明色人很溫柔、謙和、常常省思，黃色人則比較喜歡玩樂、活潑開朗。過了一段時間，黃色人就會對於透明色人需要平靜和安靜毫不在意。黃色人需要的是身體的活動和玩樂。儘管透明色人喜歡黃色人天性樂觀與隨性的態度，但是他們的精力最後還是會讓透明色人疲累不已，需要離他們遠一點。

這兩個人就像孩子一樣，沒有人想要出去工作，負擔家計。雖然他們對彼此都很好、很體貼，但是還是不夠務實，無法在財務上支持對方。這兩個人多半也都想逃避伴隨婚姻而來的責任與承諾，因此寧可一輩子都保持純真，像孩子似的。他們最好還是找能夠賺錢養家、情感比較穩定的伴侶比較好。

## 透明色與理性棕褐色的關係

透明色人跟理性棕褐色人都傾向隱藏自己的想法和感受，因此他們多半最後會分開。這兩個人之間

通常是沒什麼互動。

透明色人對理性棕褐色人來說太過嬌弱，而理性棕褐色人嚴格的標準、規則與信念又讓透明色人覺得太受侷限。理性棕褐色人很難理解透明色人的靈性人格特質，也無法明瞭他們為什麼需要省思、與上天對話。理性棕褐色人覺得透明色人就像一件精緻的瓷器一樣。

透明色人需要信任另一半，和對方建立親密的情感關係，而理性棕褐色人卻無法跟任何人建立密切的關係。他們比較喜歡可以一起動腦思考的伴侶，能夠一起討論事實、理性想法。分享情感這種親密的行為會讓理性棕褐色人很害怕。透明色人不會很想要討論世界大事或經濟現況，但這些卻是理性棕褐色人有興趣的領域。透明色人比較想把時間跟精力花在思索關於靈性的想法與人生的目的。理性棕褐色人太善於分析、過於理性，而無法理解追求靈性的透明色人。

如果這兩個人結為連理，他們可能大部分時間都待在各自的房間裡，兩個人的房間還各在房子的另一頭。雖然這樣可以使他們成為相處十分融洽的室友，但卻無法建立起親密、彼此相愛的婚姻。

不過，這一對若是能夠保持穩定，他們或許有可能為彼此帶來有趣的平衡。理性棕褐色人可以為透明色人提供一個穩定的環境以及財務上的安全感，透明色人則可以為理性棕褐色人井然有序、邏輯清晰的世界帶來柔和與美感。透明色人還能夠啟發理性棕褐色人思索內在與精神層次的想法，而不只著重於理性和數據資料。理性棕褐色人則能夠幫助透明色人比較務實一點、在現實世界裡覺得自在一些。

如果這兩個人都無法保持穩定，他們可能會彼此隔絕，就很難維持或繼續兩人之間的關係了。

## 透明色與環境棕褐色的關係

請見環境棕褐色與透明色的關係章節。

## 透明色與感性棕褐色的關係

透明色人跟感性棕褐色人都是非常體貼、呵護別人、有同理心、安靜內向的人。他們大多會把自己的感受和想法隱藏起來。由於他們都很沉靜、充滿關愛、很有愛心，他們對彼此也非常地溫柔和善。感性棕褐色人通常希望透明色人現實一點、理性一些，但是他們又很深情、能夠包容別人，所以會讓透明色人做自己就好。

這一對的挑戰是帶有藍色面向的感性棕褐色人，會需要伴侶在情感上的投入。然而，透明色人往往不希望別人倚賴自己，或向自己要求情感方面的支持。如果透明色人總是逃避，無法滿足另一半情感上的需求，感性棕褐色人就會感到自己被遺棄。不過，如果感性棕褐色人可以保持平衡與穩定，瞭解透明色人已經儘可能付出自己的感情，這一對仍然可以攜手走下去。感性棕褐色人必須學會不要對脆弱的透明色人要求太多，透明色人則需要多為另一半付出。

另一個可能的問題是：透明色人不喜歡講究實際，或是注重細節。打理家務、工作賺錢、照顧家人

的責任全會落在感性棕褐色人身上，過了一段時間後，他們可能會覺得這些責任很繁重。感性棕褐色人會希望伴侶是可靠的人，能夠分攤養家的責任與義務。但透明色人基本上不太能夠承擔家計，他們連自己都快養不起了。對於責任和義務要如何分配，這兩個人必須要達成共識才行。

不過大致上而言，這一對算是相處融洽。他們會敬重彼此的善解人意，尊重對方需要安靜、思索的時間。他們對彼此是非常情深意重和設想周到。透明色人跟感性棕褐色人都想要有一個平靜、安穩的家，還有愉悅、體貼的關係。

## 透明色與抽象棕褐色的關係

請見抽象棕褐色與透明色的關係章節。

## 透明色與綠色的關係

透明色人與綠色人若是在一起，對透明色人會是過於嚴酷的考驗，綠色人則是會覺得非常沮喪。透明色人是很內向、沉靜、平和、省思的人，不會很想要功成名就。他們並沒有很想要賺錢。綠色人則是充滿企圖心、外向開朗、積極想要成功。綠色人的精力對透明色人來說實在過於旺盛，會讓他們感到害怕。綠色人獲得成功所採取的行動和面臨的挑戰，讓透明色人覺得非常嚇人。他們需要的是獨處、冥想、和諧，才能感覺安穩。

綠色人無法明瞭透明色人靈性方面的需求，也無法理解他們靈性方面的人格特質。安靜內向的透明

色人會被綠色人強硬、講究實效的態度所侵擾。他們可能會想避開綠色人的強烈情緒。綠色人想要的是能力與自己匹配的伴侶，一個可以挑戰、進行智識方面討論的人。氣餒又憤怒的綠色人，在跟透明色人溝通時會很唐突、很老實地什麼都講出來，讓敏感又脆弱的透明色人受到非常大的傷害。

這一對若是真的在一起，只有在這種情況下才有可能走得下去：透明色人將綠色人的一些能量加到自己的光環，讓自己的力量變得較為強大，能夠比較有活力地進入現實世界。（透明色人通常傾向躲藏起來。）綠色人的影響可以幫助透明色人比較有安全感和有自信。如果透明色人不會覺得綠色人的能量難以承受，那麼它是能夠為透明色人的生命加添力量、方向與穩定。綠色人則是必須保持安穩狀態，不要對透明色人太粗暴或太苛刻。這兩種生命色彩的人都需要保持獨立，也需要時間獨處，因此他們能夠瞭解跟尊重彼此的這項需求。綠色人是少數能夠面對透明色人退縮而不覺得被拒絕的人。雖然這兩個人都喜歡自己周圍的環境乾淨整齊、有條不紊，但是他們想要擺在裡面的物品卻不相同。綠色人喜歡雅緻的家具和昂貴的藝術品，透明色人則是喜歡簡單的東西。不過，從正面來看，綠色人會去打拼事業，讓透明色人有時間可以一個人安靜地待在家裡。綠色人是很喜歡出外工作賺錢。

綠色人或許會對於透明色人的靈性思想感興趣，雖然他們可能會對其中許多部分加以質疑。在情感與性愛方面，這兩種生命色彩的人都傾向冷漠以對。綠色人希望自己的伴侶很能幹、很熱情。但如果透明色人並不是很熱衷性愛的話，要和綠色人有激情的性愛，可能會嚇壞透明色人。若是透明色人可以汲取綠色人的精力，達到他們的標準，那麼這兩個人就能夠合得來。比較常出現的情形是，綠色人想要去掌控透明色人，卻因為他們缺乏動力和企圖心而感到挫敗。透明色人不會去挑戰或激勵綠色人，而綠色

人則是會驚嚇到透明色人，讓他們難以承受。

## 透明色與藍色的關係

這一對的關係有可能非常融洽。透明色人和藍色人都非常欣賞生命中具有美感和靈性的事物，因此他們能夠一塊打造出和諧美麗的居家環境。藍色人充滿關愛，也非常體貼入微，能夠支持和保護透明色人在情感方面脆弱的天性。只是藍色人必須要非常有耐心跟體諒，因為透明色人往往是沉默寡言，把最深的情感隱藏起來。想要在情感層面上與伴侶建立連結與互動的藍色人，往往會對於透明色人需要自己獨處而覺得很失望。

這一對偶爾會出現一些問題。當藍色人失去平衡、覺得自己沒有價值，就會很需要別人的關懷、情緒變得起伏不定。透明色人這時通常就會退縮，躲到自己的隱密世界裡，這就讓藍色人覺得被遺棄、不被愛。透明色人不是拯救者。藍色人在愛著一個人的時候，會想要隨時都黏在對方身邊，可是透明色人又需要大量時間自己一個人靜坐冥想，淨化與平衡自己的光環色彩。藍色人要注意，不要拿自己的情感需索讓透明色人覺得喘不過氣，透明色人則是需要更經常從冬眠狀態中出來，跟藍色人在一起。藍色人喜歡有人在自己身旁，通常也有很多朋友。透明色人則是想要避開他人，也不想參加社交活動。藍色人可能得自己去參加社交活動，讓透明色人有時間一個人待在家。

藍色人天生就很會照顧別人，能夠因為愛透明色人、保護他們，而讓他們變得純淨、平穩。他們的能量很脆弱，容易消散。藍色人能夠幫忙為透明色人打造出一個安穩的居家環境。然而，若是藍色人太

過度呵護透明色人，他們會覺得被侵擾。他們其實只是想要一個人而已。

這一對若要合得來，透明色人必須學會對藍色人表達感謝，藍色人則是要學會什麼時候可以溫柔地付出、什麼時候維持原狀即可。他們必須要學習，當透明色人想要自己一個人時，不要覺得是被拒絕了。透明色人很感激對方無條件給予的愛與包容，這些在藍色人安穩時是非常能夠付出的。若要讓情感豐富的藍色人感覺滿足與感激，透明色人必須要更常常表達出自己的情感。如此一來，他們會是非常溫柔、相愛的一對伴侶。

## 透明色與紫色的關係

這一對的關係有正面的部分，也有負面的部分。這兩個人能夠為彼此提供不錯的平衡，只是他們也會覺得對方無法滿足自己的需求。透明色人傾向躲避世人，紫色人則是想要出去拯救世界。紫色人想要受人矚目，透明色人則是完全不想要被注意到。雖然兩個人都很有靈性，但他們是活在不同的世界裡。透明色人是活在內在的世界裡，紫色人則是活在外在的世界，並且想要加以改善。

紫色人喜歡音樂和旅行，透明色人則是比較喜歡安靜地一個人待在自己小小的避風港。紫色人能夠把外面世界的訊息帶回來，讓總是在內心思索的透明色人平衡一下。這可以使得透明色人能夠增廣見聞。如果透明色人可以吸收紫色人的一些能量，就能夠比較有活力，沒那麼脆弱。不過他們必須要小心不要沾染到紫色人在失衡時的散漫特質。

這一對的關係中，紫色人絕對是強勢的主導者。透明色人很感激紫色人到外面工作養家，讓他們可以待在家裡，不必負擔家計。當紫色人忙了一整天拯救世界、回到家裡，透明色人已為他們打理好一個平靜、一切都照料好的環境。當這一對讓彼此的需求都得到滿足了，他們會非常合得來。如果紫色人能夠克制自己不要太強勢，嚇壞脆弱的透明色人，那麼透明色人就會替紫色人打造一個充滿愛的家，來表達感激之情。可是透明色人常常在情感和肢體方面表現得很疏離，這讓紫色人無法和伴侶有互動。為了要滿足這方面的需求，紫色人就得要仰賴跟外界其他人互動了。

## 透明色與薰衣草紫色的關係

請見薰衣草紫色與透明色的關係章節。

## 透明色與透明色的關係

雖然兩個透明色人在一起很相配，因為需求和信念相近，不過卻無法從對方身上學到什麼東西。他們都瞭解對方需要靜坐冥想和安靜的獨處，因此家裡會非常祥和、單純、安靜。然而，因為他們都很沉默寡言，喜歡往內在思索，所以沒有人會先出面表示要在一起。這兩個人都明瞭，對方為了內在的平衡而需要融入大自然。他們都希望家裡頭是一片平靜、和諧，可是卻沒有人想要扛起責任，到外面賺錢養家。透明色人大多很羞怯，缺乏自信心，而且也非常不喜歡社交。他們比較喜歡一個人待在自己的世界，躲在自己的房間裡。

這一對發展的可能性很小，因為沒有人從外面的世界帶點什麼回來給對方。他們最好還是各自找比

較有自信、能負責任的伴侶。

### 透明色與靛藍色的關係

請見靛藍色與透明色的關係章節。

## 靛藍色

### 靛藍色與紅色的關係

靛藍色人跟紅色人沒有什麼相似之處。靛藍色人覺得生命和物質都是一種能量，紅色人則認為，靛藍色人是從外太空掉下來的。紅色人無法理解靛藍色人看待現實世界的另類方式，也不能明白他們為何無法把生命看成是具有真實的形體。

靛藍色人常常太過於敏感，也非常偏向於靈性，因此很難面對紅色人極為旺盛的精力、力量、體能。靛藍色人會去質疑人們對於現實的侷限看法，紅色人則是認為現實全都是有形體的。靛藍色人不太知道要怎麼看待自己的肉體，紅色人則對自己的身體很有感。性愛對於靛藍色人來說，是一種靈魂層次的體驗，在那當中，兩個靈魂能夠一起遨翔在更高的靈性層面。紅色人卻認為，性愛是色慾的、肉體的、很真實的經驗。紅色人無法瞭解靛藍色人所講的話、想法，或靈性的信仰。

靛藍色人看起來孤傲不群這點，倒是不會讓紅色人覺得困擾，因為他們常常也都是獨來獨往。但是如果他們想要跟對方攀談，可能沒有什麼可說的。相較於紅色人講究現實、實事求是的性格，靛藍色人太不食人間煙火。務實、理性、實際的紅色人覺得，靛藍色人太像新時代的孩子了。

## 靛藍色與橘色的關係

請見橘色與靛藍色的關係章節。

## 靛藍色與紅紫色的關係

請見紅紫色與靛藍色的關係章節。

## 靛藍色與黃色的關係

敏感的靛藍色人和友善的黃色人會是很好的朋友。靛藍色人對生命的觀點讓黃色人覺得很新奇，黃色人愛開玩笑的態度則是讓好奇心重的靛藍色人覺得有趣。黃色人非常隨和，很愛嬉戲，因此很喜歡靛藍色人與眾不同的人生觀，還有對於現實世界的獨特看法。黃色人有好奇心與創意，能夠花很多時間探究靛藍色人的一些想法。這兩種生命色彩的人都很敏感，希望大家都喜歡自己；但是也很固執己見，都不想被指使去做什麼事。因為這個緣故，他們瞭解彼此都需要空間和自由，沒有一個人想要去控制對方。

雖然他們兩個人都很能察覺、體貼對方的感受，但靛藍色人會想要跟自己的伴侶在靈魂的層面上有更深的連結。黃色人則會很輕率地看待兩人之間的關係跟性愛，會出於好玩地跟一個又一個萍水相逢的

人任意發生關係。靛藍色人是壓根想都不會想這樣做。黃色人相信，人生就是要活在當下，要自由地想怎麼做選擇就怎麼選擇。儘管靛藍色人也相信要活在當下（因為那就是人生的全部），但也認為應該要具有更深刻的同理心和承諾。

黃色人是活在自己的肉體中，能夠理解絕大部分的現實世界，靛藍色人則根本很難理解自己的身體。黃色人喜歡多多活動身體，靛藍色人則想要多專注於理解關於靈性的真理、道德方面的議題、倫理上的概念，他們喜歡多多冥想沉思、更內斂一些。在這種時候，靛藍色人需要退隱到自己靈修的研究裡，讓黃色人出去玩樂。靛藍色人必須瞭解，黃色人並不需要那麼投入專注在更崇高的思想上，那也不是他們的目標。黃色人則可以幫助靛藍色人更懂得自己的身體，並且將樂趣和享受加進他們的人生體驗裡。靛藍色人可以教導活力充沛的黃色人關於生命靈性的面向。這兩個人能夠為彼此帶來很好的平衡。

靛藍色人跟黃色人都喜歡對方不帶偏見、包容別人的個性。但是當靛藍色人需要知道自己可以信任、倚靠身旁最親近的人時，黃色人卻常常在靛藍色人需要他們的時候不見人影。黃色人不喜歡別人依賴自己，因為這責任太沉重。這點讓靛藍色人很難過，也很失望，會因此失去對黃色人的信任。黃色人在這個關係裡必須要更可靠、更有責任感一些。由於他們兩個都不想傷害對方，也不喜歡衝突，靛藍色人跟黃色人應該會好好維持和諧的關係。

靛藍色跟黃色的伴侶包括：麥可・傑克森（靛藍色加紫色）與麗莎・瑪麗・普里斯萊（黃色／紫色）；麥可・傑克森（靛藍色）和他小孩的母親黛比・羅維（藍色／黃色）。

## 靛藍色與理性棕褐色的關係

這兩個人很難相互瞭解對方。靛藍色人質疑世界上大部分的法律和侷限的觀念，理性棕褐色人則是相信，法律跟規範不僅是大家都知道的常識，而且是人類生存所不可或缺的。這一對會一直產生摩擦。靛藍色人需要有人可以在情感方面建立密切的關係，但情感上的親密連結卻不是理性棕褐色人最重視的事情，他們大多把自己的感受隱藏起來。靛藍色人的想法在理性棕褐色人看來根本是不切實際、脫離現實，而且常常很怪異。理性棕褐色人要求一切都得合乎邏輯、經過解析與實證。理性棕褐色人認為，任何事情都必須是有事實根據、真真實實的經驗。生命對靛藍色人而言，則是包含了能量、情感、靈性。理性棕褐色人一般都是嚴守紀律者，靛藍色人卻是反對紀律。靛藍色人質疑舊有的想法與規範，這點攪亂了理性棕褐色人井然有序的生活方式。靛藍色人的新時代想法、靈性方面的觀念、看待生命的獨特方式，跟理性棕褐色人的觀念更是相差十萬八千里。

如果這兩個人都處於穩定狀態，而且理性棕褐色人可以敞開心胸，至少能跟對方談論一下不同的看法，他們或許可以成為朋友。靛藍色人可以幫助理性棕褐色人探索其他的可能性，理性棕褐色人則能夠提供事實真相與數據訊息，幫助好奇的靛藍色人瞭解真實世界的樣貌。（但是靛藍色人可能認為，理性棕褐色人提供事實並不足以為信。）靛藍色人相信，我們表面上所看見的，並非真實世界的全貌，而理性棕褐色人希望靛藍色人現實、務實一些，面對明顯的事實時，不要老是質疑真實狀況。但靛藍色人無法順應潮流或變得實際、講求理性，這點終究會讓理性棕褐色人很火大，因為他們的目標是理解和分析三度空間的真實世界。靛藍色人想要讓人們知道，他們對於真實世界的瞭解是有限的，可能無法反映出

真實世界真正本質。這兩個人很可能會一直都在質疑和反駁對方的想法。

## 靛藍色與環境棕褐色的關係

這一對其實很不匹配。靛藍色人是超越有形的現實世界來理解生命，而環境棕褐色人是從自己周遭的實體環境來領會真實的世界。環境棕褐色人希望人生是合乎理性、可以分析、務實的，靛藍色人則會先出來質疑傳統與基於理性的信仰體系。可是環境棕褐色人卻偏好遵從規範，依照既定的準則生活。混亂會讓他們躁動不安。

不過，這兩個人對於大自然是非常崇敬。他們會從樹木、動物、土地的美和莊嚴當中獲得啟發，這能夠成為兩個人可以討論的共同話題。對環境棕褐色人來說，靛藍色人太與眾不同、過於靈性、思想太新時代。環境棕褐色人想要的是有條理、有規範，但靛藍色人卻希望大家可以從自己的限制中解脫出來。這兩個人還是去找跟自己信念契合的伴侶比較好。

## 靛藍色與感性棕褐色的關係

請見感性棕褐色與靛藍色的關係章節。

## 靛藍色與抽象棕褐色的關係

請見抽象棕褐色與靛藍色的關係章節

## 靛藍色與綠色的關係

這兩個人在某個程度上絕對會互相吸引。一開始，靛藍色人會對綠色人感到好奇，綠色人則因為喜歡比任何人還要反應敏捷、頭腦聰明，會對於靛藍色人靈敏的頭腦、前衛的思想、獨特的觀念深感著迷。可是他們也會不斷挑戰靛藍色人，提出質疑。如果靛藍色人無法提出合理的解釋支持自己的看法，綠色人會覺得很失望。

綠色人非常需要掌控自己的人生，也會想控制身邊的人的人生，但靛藍色人會拒絕被別人掌控。就這點看來，這兩個人可能會有衝突。雖然綠色人對靛藍色人很失望，但是也會尊重對方不想被別人掌控。

喜歡鑽研的靛藍色人能夠從聰明又博學多聞的綠色人身上學到很多，但是綠色人要注意，不要對敏感的靛藍色人太過於嚴苛或干涉太多。靛藍色人的情感非常深邃，他們會需要能相信自己身邊的人。綠色人很沒有耐心，總是匆匆忙忙；靛藍色人需要依照自己的步調前進，不能被催促或逼迫去做任何事。另一個問題是，當靛藍色人想要跟伴侶建立親密的情感關係時，會碰到綠色人的防護牆。綠色人因為必須要掌控一切，使得他們要在情感上保護自己。

綠色人在這個關係裡絕對是賺錢養家的那一位。靛藍色人不喜歡處理錢的事。他們寧可去發想具有創意的點子，讓綠色人可以利用這些點子，將它們轉換成具體、實際的形式。

這兩個人對人、金錢、工作的看法與態度不同，可能會因此產生摩擦。不夠安穩的綠色人往往會超

越靛藍色人的道德理念範圍之外行事，在公司組織裡頭沒有經過仔細思考，就直接踩著別人往上爬。靛藍色人相信這種行為是違逆了世界上已經進化者的靈性本質。

這一對非常能夠促進彼此成長，但也會出現嚴重分歧，而變得很沮喪。綠色人無法和靛藍色人有一樣的靈性目標或對靈性的理解，這一點常常造成他們分道揚鑣。儘管這兩個人各自帶進這個關係裡的訊息可以提升與啟發對方，可是綠色人對於靛藍色人來說，還是太過於強勢、大膽、放肆。雖說在生命色彩的人當中，靛藍色人是少數能夠跟綠色人的力量抗衡的人，但他們若是不夠穩定，就很容易被擊倒與嚇到。然後靛藍色人就會躲進自己的內心世界，覺得很難再去相信控制慾很強的綠色人。

## 靛藍色與藍色的關係

請見藍色與靛藍色的關係章節。

## 靛藍色與紫色的關係

請見紫色與靛藍色的關係章節。

## 靛藍色與薰衣草紫色的關係

在靈性和情感方面，這兩個人有相似的特性。兩個人都非常體貼、和善，都相信生命絕不只是有形的實體，而且願意給對方空間探索自己的信念。這兩個如同孩子般的人都靠著自己的直覺生活，而非理性思考或頭腦的理解。由於他們都具有高度的創造力，一起創作藝術作品會讓彼此都覺得很有成就感，

也能帶來獲利。

不論是靛藍色人，還是薰衣草紫色人，他們都不想去控制或支配任何人。他們對彼此非常包容，要求也不多。他們能讓彼此有自己所需要的空間，過自己的生活。這兩個人都理解對方想要保持個人的獨特性。普遍來說，別人都對他們有所誤解，因此他們之間的相互理解是值得珍惜的。

雖然在穩定的狀態下，他們都是很善解人意的人，在很多方面也相處融洽，不過卻往往無法給彼此什麼。靛藍色人需要有人能夠一起討論、確認自己對於現實世界所感知到的東西；但是薰衣草紫色人通常沒法為喜歡鑽研的靛藍色人提供解答，因為他們自己根本就很少待在現實世界中。薰衣草紫色人大概只能描述他們所經歷的奇幻世界，讓靛藍色人對現實世界有個奇怪的認知。

薰衣草紫色人大多無法達到靛藍色人希望伴侶能夠有的情感深度。靛藍色人希望可以和另一半在靈魂的層次上互動密切；薰衣草紫色人則是希望人生不要那麼嚴肅。他們會花非常多時間躲在自己的世界裡，而讓靛藍色人覺得很孤單，感到被丟下。

雖然靛藍色人可能會對薰衣草紫色人的奇幻世界感到好奇，但是他們對於探究這個世界更有興趣。薰衣草紫色人則是無法理解，為什麼靛藍色人那麼想要追求真理，因此常常就神遊到其他想像的世界裡，讓靛藍色人自己去實踐真理。靛藍色人則是不太能從薰衣草紫色人那裡瞭解到這個世界上的生活。

## 靛藍色與透明色的關係

靛藍色人跟透明色人有相似的需求和信念。他們的能量是契合的。這兩個人雖說都很體貼溫柔，容易被別人影響，但是他們卻非常能夠撫慰到對方。

他們在生命中最在意的就是與靈性的來源和知識連結。靛藍色人非常渴望理解、並依循更崇高的法則和更高層次的意識過生活。透明色人的人生則是以靈性為中心。他們能對於靈性和內在本體的討論是非常精彩、具有啟迪性。這兩個人都需要有安靜、沉思的時間靜坐冥想。他們理解深入內心尋找答案的重要性。他們也都明瞭在情感上要有安全感的需求，偏好跟善體人意、值得信任的人在一起。在處於安定的狀況時，靛藍色人跟透明色人覺得可以信任彼此。儘管他們都是很敏感的人，身體和情感的系統高度靈敏，但這兩個人的能量卻非常契合。不過，很獨立自主的靛藍色人似乎比較能夠應付外在世界的強度，因此通常是他們把現實世界的訊息帶回來給脆弱的透明色人。

透明色人天生就能夠成為宇宙能量的純淨傳導，這種能力對於靛藍色人有療癒和供給能量的作用，幫助他們保持穩定，並且和自己感受敏銳的身體產生連結。這兩位都瞭解自己與眾不同，也都能包容和接受對方的獨特性。

靛藍色人跟透明色人都有很深的情感層面。然而，當靛藍色人需要跟另一半在靈魂層次上建立非常緊密的關係時，透明色人卻畏懼這樣的關係太過於強烈，害怕會被傷害到或崩潰。脆弱的透明色人往往就會遠遠躲到自己的內在世界裡，兩人因此很難有溝通，甚至是不可能。雖說靛藍色人很溫柔和善、體

貼入微，可是如果透明色人太常常自我封閉起來，他們也會覺得悵然若失。一般來說，這兩個人對於彼此的需要都很能理解，也很能接受。他們會幫助對方保持穩定與平衡，因此透明色人就能對靛藍色人比較敞開心懷。由於他們都非常仰賴直覺生活，所以大多知道對方需要什麼才能覺得安心。

若是缺乏穩定，這兩個人就會變得很迷惘、害怕、惶惑。如果其中一方老是躲藏起來，他們就會失去對彼此的信任。不過，如果他們保持對於自己靈性的理解，溫柔地跟對方溝通，那麼這一對在情感、靈性、身體方面都會很合得來。

## 靛藍色與靛藍色的關係

兩個靛藍色人在一起絕對能夠互相瞭解。他們在情感和靈性方面都很合得來。這兩個人在這個世界上行走時都會經歷到類似的挑戰。在穩定時，他們都期待兩人的關係裡存在著坦率真誠，也能將這些賦予給對方。兩個人都有高度直覺力與超自然的感受力，因此他們的溝通和對彼此的理解都特別強。

靛藍色人在一起會成為非常要好的朋友、伴侶、知己、愛人。他們不會想去掌控伴侶的人生，因為彼此都很尊重另一半對自己人生的體驗。他們能夠在靈魂的層面上密切互動，在情感和靈性方面的理解也非常契合。只不過他們無法處理日常生活的大小事，這點倒是很麻煩。這兩人都不想待在家裡處理這些瑣事。

他們需要保持安穩，並且與內在的覺知保持連結，否則就會感到困惑，而讓兩個人都覺得很煩亂。

當靛藍色人沒有連結上自己內在對真理的感知與更崇高的法則，就會變得自我毀滅，或者過度亢奮。靛藍色人在身體方面是極為敏感，是不會讓自己周遭有這種破壞性的能量。只要其中一人保持覺察與平穩，就極有可能幫助另外一個人恢復穩定。

在情感方面，兩個靛藍色人在一起，是比跟其他心智類或身體類生命色彩的人更合得來。他們能為彼此帶來極大的慰藉、感激與理解。

# 第九章　結論

## 常見問題Q＆A

### 我能改變或增加光環上的色彩嗎？

光環外圍的顏色帶常常會改變。生命色彩一般來說是不會改變的，不過我們擁有自由意志，可以自由地去做任何想要做的事情。我們並不受任何限制。請參考導論的部分，進一步瞭解關於為什麼有人會改變自己的生命色彩。

你一直都在增加和改變自己生命色彩外圍的顏色帶，只是都沒有覺察到自己在這麼做。這些色彩反映的是你當時意念的狀態。舉例來說，如果你決定自己要變得更負責任、更努力工作，還有要賺更多的錢、達成財務上的目標，你的外圍顏色帶就會開始出現綠色。你的生命色彩通常不會改變，但是你的行為舉止會暫時轉變得更偏向綠色的特性。你可能會發現自己不同於以往，變得更奮發努力、更在乎錢，有時候對於別人沒有企圖心還會感到很失望。

有一些方法可以幫助你增加光環上的色彩。你的意念和想像力就是你最厲害的工具，可以創造出你想要的東西。想像加上宣稱你的光環上有某個顏色，這就啟動了增加色彩的過程，你想要的那個顏色便會開始出現在你的光環上。你可以想像或預想自己被那個顏色所環繞的畫面。還有，把那個顏色加入到

你的周遭環境。身上穿戴著那個顏色，也會真的影響到你的光環，那個顏色或許就會加入你的光環。深深吸一口氣，想像你正把那個顏色吸進自己的身體裡，這也可以幫助你具有那個色彩的人格特質。

當你決定要將某些特質與行為加進自己的生命裡，相對應的色彩就會漸漸開始出現在你的光環中。舉例來說，如果你決定放輕鬆一些、讓人生多一些樂趣，或者你想要設計出具有創意的作品，這時候黃色就會開始出現在你的光環中。如果你決定想要開始幫助世人，參與和人道關懷、環境、政治相關的議題，紫色就會出現在你的光環中。你對於新的想法愈是意念堅定、專注投入，並且朝著那些目標越積極行動，那個色彩就會變得愈鮮明濃烈。

即使你並沒有刻意想要做出某些行為舉止，相對應的光環色彩也還是會逐漸出現。比方說，如果你突然火冒三丈、怒不可遏，紅色就會開始在你的光環上發亮；如果你懷孕了，而且發現自己出現母性的本能，藍色就非常可能也顯現在你的光環中。

若想要有意識地在光環中加入其他色彩，必須先想像某個特定的顏色環繞在自己的周圍，不然就是培養與那個顏色相關的特質和行為。如果想要更愛自己的家人、呵護他們，可以想像藍色環繞著自己，或者開始表現得更充滿了關愛。這兩種方式都會將藍色加入光環中。

請注意：如果你加了某個色彩到光環中，很可能除了那個色彩在穩定時會有的性格特質之外，還會出現它在失衡時所具有的特點。例如，假設你加上的是紫色，可能會因為最近同時進行太多新計劃而搞

得自己忙亂不已、快要崩潰。如果你加上的是藍色，可能會發現自己突然變得比較多愁善感。如果加上的是黃色，可能會覺得自己沒有動力完成什麼目標，或者特別想吃甜食。

當你在光環中加入新的顏色時，必須懂得如何讓新出現的性格特質保持穩定，就像那些一出生就已擁有某個生命色彩的人要學會平穩一樣。當你讓各個生命色彩都保持平衡，它們就會形成完美的白色光芒。

經常有人問起，如果把綠色加進光環，是否就可以刺激療癒力？許多的療癒者的確會將綠色運用在工作上。他們會把辦公室漆成綠色，或是請患者想像綠色這個色彩。不過這與生命色彩的綠色無關。他們運用綠色是因為它位於色彩光譜的中間，因此可以激發自癒所必需的平衡。

## 我能夠學會看到光環嗎？

來到這個世上的每個人，都具有看到光環的能力；只是當我們逐漸長大時，我們學會了不去看它。嬰兒和動物還是能夠看到光環，因為他們沒有被教化。這是為什麼狗會區分陌生人，對某一個人狂吠咆哮，但對另一個人卻很友善；小嬰兒會對某一個人微笑、伸手要抱抱，卻對另一個人哭出來、想要推開。每個人看到色彩的方式都不太一樣，就像我們品嘗食物時感覺到的味道也會不太一樣。舉例來說，不是所有人都覺得香菜吃起來是同一個味道，有些人就真的很喜歡，從這點即可證明。

人們常常是透過不同方法學習看到光環，最重要的是要相信自己看到或感覺到的。擁有身體類生命

色彩的人，通常是先透過身體感知到光環的存在。有些人能夠透過手感覺到某個人身上光環所發出的熱度。你也可以嘗試看看這個用觸覺感知的方法：在距離某人身體大約三呎遠的地方，把手掌舉起，然後慢慢靠近那人的身體，直到你感覺到對方的熱度或能量。一開始，你可能要到距離幾公分的地方，手才會有一些感覺，但只要有耐心多練習並在心中相信，你的感受能力會愈來愈強，而且可以學會在很遠的距離就能感受到某個人的光環。

心智類生命色彩的人，則通常是這樣學習辨識出某個人的生命色彩：把對方的言行舉止跟他們所瞭解到的每個生命色彩加以比對。比方說，對於某個熱愛運動、很孩子氣、喜歡玩樂、不喜歡工作的人，他們會推論此人可能具有黃色的生命色彩。擁有心智類生命色彩的人，最不相信自己有直覺能力。他們會覺得分析某個人的生活方式、行為、職業等實際狀況會比較可信一點，而且他們常常是學習用頭腦去「看」光環。

許多有情感類生命色彩的人，在真正見到某個人之前，就能直覺地感知對方的生命色彩。他們能從感覺接收到訊息，知道這人是不夠牢靠、敏感的黃色人，還是情緒抑鬱的藍色人，或者是非常能幹的綠色人。例如，藍色人能夠在內心安靜下來，詢問更高的自我，另一個人的生命色彩是什麼，通常都能獲得正確的答案。而紫色人本來就是很有預見的能力，他們往往都能在大多數人看到之前就準確地看到光環色彩。他們的天眼似乎是比較發達。靛藍色人則看起來是新的靈感之子，他們保有可以看見或感知光環的能力。

有個簡單的練習可以幫助你看到光環：找一個人站在一面白牆前面，然後定睛看著這人的頭上或頭部上方。過了一會，你會看到對方身體周圍發出一圈柔和的白光。很多人認為自己看到的是一種視覺上的錯覺，是對方身體的殘影。（譬如說，如果凝視著某個紅色的東西一陣子，然後看別的地方，眼前就會出現綠色這個對比色。這就是視覺上的錯覺。）為了要證實自己看到的是光環，可以請對方集中心力，想像有一道強烈的光從頭頂上射出。這時你應該就可以看到白色的光擴張開來、愈來愈強，或者波動著。

這個練習的關鍵在於，要請求你更高的的源頭來幫助你看到光環，然後相信自己所看到的。請確定你不會害怕看到光環，因為恐懼會讓你退縮。你擔心朋友和家人會覺得你瘋了嗎？你害怕他們因此就不愛你了嗎？你恐懼自己擁有的力量或者你的靈感嗎？

以下的五個步驟可以幫助你學習看見光環，或者培養直覺力或超自然的能力：

1. 願意（很多人害怕培養這些能力）
2. 學習靜下心來
3. 相信自己所看到的（或者聽到、感覺到的）
4. 練習
5. 承認，還有感謝（承認你真的看見光環，不要懷疑或不予理會）

我們在進入光環時，是可以覺察得出自己是不受任何限制地存在著。我們具有的能力遠多於此時此刻我們相信自己所擁有的。看見光環是我們與生俱來的能力，只是我們忘了怎麼使用它。不過，重新喚起這項能力並不難。

學習看到光環可以幫助我們瞭解到，我們比自己認知的更有天賦和能力，也能幫助我們更理解別人跟自己。如果我們經歷過世界上的和平與和諧、互相體諒，除了接受彼此的相似處，也能接受彼此的差異，那麼就是往達成這個目標前進了好幾大步。

## 除了主要的生命色彩之外，光環中還會有別的色彩嗎？

經常有人說看到白色、金色、粉紅色的光環色彩。金色的生命色彩會出現在高度進化的靈性大師周圍，通常會顯示出非常高頻的振動。粉紅色大多出現在外圍的顏色帶，並不算是生命色彩。粉紅色代表這人對於愛情和戀愛有強烈的渴望。

在光環中看到白色則完全是另一回事。身體周圍的每吋白光，都代表這個人的某個重大人生問題已被解答。如果問了一個問題但還沒有得到答案，白色就會留在生命色彩的外圍。大家最常會問的人生問題是：真有上天存在嗎？上天知道我是誰嗎？我現在知道這些問題的答案了，那我要怎麼處理這些訊息？

一般來說，人們一開始學習去看光環時，會看到白色的光從某個人的頭上或身體發出。但這和光環

中出現白色並不一樣。

也有人會看到某人的頭部周圍有金色的光。很多人認為自己看到的是金色，但我看到的是黃色。黃色人是非常有力量的療癒者，他們的頭部往往會散發出很強的能量。不論你看到的是什麼顏色，相信自己所看到的，然後問自己這些顏色對你而言代表什麼。即使每個人看到的顏色不同，但是關於同一個人的資訊應該是一致的。

有些人問說，是否會有人的光環是黑色或「邪惡的」。黑色並不存在於色彩之中。我從沒有見過有人的光環中出現黑色。若是我看到有人很生氣（我相信是出於恐懼或傷害），或者顯現很兇暴的樣子，他們通常是有紅色覆蓋。

褪色的光環往往代表出現了重大疾病、全身缺乏生命的能量循環，或者不想要留在這個世界上。

## 動物有光環嗎？

有的。不過，除了海豚之外，其他動物的光環與人類的光環不太相同。動物的光環如果是銀色或是藍色，代表牠們相信自己是動物；如果是金黃色，代表牠們相信自己是人類。大多數的寵物主人從牠們的行為都大概可以知道自己寵物的光環色彩。對於喜歡海豚的人來說，可能不會覺得意外，海豚擁有跟人類一樣的生命色彩。

## 不同的城市和國家，有不同的光環色彩嗎？

是的。雖然擁有不同光環色彩的人會分布在不同地區、城市和國家，不同的地方還是會吸引到特定的生命色彩的人。例如，黃色人會很喜歡去氣候比較溫暖、偏向大自然的環境。黃色人不太能適應有很多建築物、交通擁擠、鋼筋水泥的地方。令人屏息的美景、極端的惡劣天氣則會吸引紫色人；他們也需要接觸有趣的文化、政治相關、或靈性方面的活動跟群眾。紫色人會覺得冷清的小社區很乏味，除非他們可以常常出去旅行。綠色人需要住在大城市，或住在附近，因為這樣才有機會賺到更多錢。薰衣草紫色人和透明色人會被安靜、單純、美麗的地方吸引。橘色人偏好住在天然的環境中，但要方便他們從事自己最愛的冒險活動；他們可能會住得靠近險峻的高山、湍急的河流，或是搬到好萊塢附近，因為這樣他們就可以去從事替身工作。紅紫色人則大多住在大城市裡，因為那裡比較能接受他們怪異的行為。

下面列出的地點會明顯吸引相對應生命色彩的人。如果你住在這些地方，並不一定代表你就會具有這些生命色彩。不過若是你覺得自己深受其中哪個地方所吸引，可能你的光環中至少有一個那裡的色彩。

很多紫色人不太確定自己到底是以何處為家。因為紫色人是屬於世界的，他們需要瞭解世界就是他們的家。他們可能一輩子都在四處旅行，四海為家。

國家部分：

非洲——黃色和紫色
澳洲——黃色
巴西——紅色和黃色（帶有部分藍色）
英格蘭——理性棕褐色
法國——綠色／紫色
德國——綠色
義大利——黃色／紫色
日本——綠色加紫色
墨西哥——黃色
俄羅斯——紫色加理性棕褐色
西班牙——紫色／黃色
美國——黃色／紫色（黃色／紫色的國家會認為美國應該是綠色、理性棕褐色、藍色，這可能造成衝突。紫色人想要的是自由與世界和平；黃色人則像是叛逆的年輕人，只想要玩樂；棕褐色人認為自己應該專注於穩定感和工作；綠色人是工作狂，只想要發大財；藍色人則一直想要拯救每個人。）

美國幾個代表的地區：
東岸——綠色和紫色
西岸——黃色和紫色
東北部——綠色

東南部——黃色、棕褐色、藍色
中西部——棕褐色和藍色
西北部——紫色
西南部——黃色和棕褐色（帶有部分紫色）

美國幾個代表的州
阿拉斯加——紅色和黃色
亞利桑納——黃色和棕褐色
加州（南）——黃色（帶有部分紫色）
加州（北）——紫色和綠色
科羅拉多——黃色和棕褐色
佛羅里達——黃色和綠色
夏威夷——黃色、藍色、紫色
紐澤西——綠色和藍色
新墨西哥——黃色和棕褐色（帶有部分紫色）
紐約——綠色

城市：
底特律——綠色和棕褐色

倫敦——棕褐色和紫色
洛杉磯——紫色、黃色、棕褐色（比佛利山——綠色）
紐約——綠色
巴黎——紫色和綠色
里約熱內盧——紅色和黃色
舊金山——紫色和綠色
西雅圖——紫色
東京——綠色
華盛頓特區——紫色

# 發現你的生命色彩：
## 透過 14 種色彩光環找回內在平衡，開啟你的專屬天賦
Life Colors: what the colors in your aura reveal


| | |
|---|---|
| **作　　者** | 帕瑪拉・歐斯里（Pamala Oslie） |
| **譯　　者** | 曾婉玉 |
| **執行編輯** | 顏妤安 |
| **行銷企劃** | 劉妍伶 |
| **封面設計** | 謝佳穎 |
| **版面構成** | 呂明蓁 |
| **發 行 人** | 王榮文 |
| **出版發行** | 遠流出版事業股份有限公司 |
| **地　　址** | 臺北市中山北路一段 11 號 13 樓 |
| **客服電話** | 02-2571-0297 |
| **傳　　真** | 02-2571-0197 |
| **郵　　撥** | 0189456-1 |
| **著作權顧問** | 蕭雄淋律師 |

2021 年 12 月 1 日 初版一刷
**定價** 新臺幣 450 元



**ISBN** 978-957-32-9352-1
**遠流博識網** http://www.ylib.com
**E-mail** ylib@ylib.com
（如有缺頁或破損，請寄回更換）

Life colors: what the colors in your aura reveal
by Pamala Oslie



Originally published by New World Library in 1991.
This edition published by the arrangement of The Artemis Agency.



圖書館出版品預行編目 (CIP) 資料

發現你的生命色彩：透過 14 種色彩光環找回內在平衡，開啟你的專屬天賦 / 帕瑪拉 . 歐斯里 (Pamala Oslie) 著；曾婉玉譯 . -- 初版 . -- 臺北市：遠流出版事業股份有限公司 , 2021.12
面；　公分
譯自：Life colors : what the colors in your aura reveal.

ISBN　978-957-32-9352-1( 平裝 )
1. 超心理學 1. 靈修

175.9　　110017845

U0041397

# 發現你的 Life Colors 生命色彩

透過 14 種色彩光環找回內在平衡，開啟你的專屬天賦

作者

帕瑪拉・歐斯里（Pamala Oslie）